北京国家会计学院审计与风险管理研究所系列丛书
中国内部审计协会内部审计发展研究中心推荐专业书籍

内部审计理论与方法

——基于2013内部审计准则的解释

张庆龙　沈　征　主编

中国财政经济出版社

图书在版编目（CIP）数据

内部审计理论与方法：基于 2013 内部审计准则的解释 / 张庆龙，沈征主编．—北京：中国财政经济出版社，2014.6

ISBN 978-7-5095-5380-0

Ⅰ.①内… Ⅱ.①张…②沈… Ⅲ.①内部审计 Ⅳ.①F239.45

中国版本图书馆 CIP 数据核字（2014）第 079620 号

责任编辑：吕小军　　　　责任校对：黄亚青

封面设计：华乐功　　　　版式设计：中文天地

中国财政经济出版社出版

http：//edu.cfeph. cn

E-mail：jiaoyu@cfeph. cn

社址：北京市海淀区阜成路甲 28 号　邮政编码：100142

发行处电话：88190406　编辑部门电话：88190683

北京财经印刷厂印刷 各地新华书店经销

787×1092 毫米　16 开　20.75 印张　297 000 字

2014 年 6 月第 1 版第 1 次印刷

定价：38.00 元

ISBN 978-7-5095-5380-0/F·4354

（图书出现印装问题，本社负责调换）

本社质量投诉电话：010-88190744

反盗版举报热线：88190492、88190446

前言

近年来，随着我国经济社会的发展，各类组织对内部审计的重视程度日益提高，内部审计迎来了新的发展机遇和挑战，对内部审计准则也提出了新的、更高的要求。

2013 年 8 月，中国内部审计协会以公告形式发布了新修订的《中国内部审计准则》(以下简称新准则)，并于 2014 年 1 月 1 日起施行。新准则的发布，标志着我国内部审计准则体系进一步完善和成熟，并逐步与国际惯例接轨。本书正是在这一大的背景下创作完成的。

新准则将具体准则分为作业类、业务类和管理类，在分类的基础上，对准则体系采用四位数编码进行编号。新的编号方式借鉴了国际内部审计准则的经验，体现了准则体系的系统性和准则之间的逻辑关系，也为准则的未来发展预留了空间。同时，针对部分准则存在的内容交叉、重复以及个别准则不适应内部审计最新发展等问题，对准则体系结构和内容进行了调整。修订后的准则体系由内部审计基本准则、内部审计人员职业道德规范、20 个具体准则和 5 个实务指南构成。

此前，我已经在 2014 年 4 月出版了《成为明日胜任的内部审计师》一书。今天又向广大读者和学员推出了《内部审计理论与方法——基于 2013 内部审计准则的解释》一书。那么，如何使用这两本书？

细心的读者如果仔细阅读《成为明日胜任的内部审计师》一书后，你会发现，本书主要从能力框架的视角出发，从行为技能指导而不是操作层面来论述内部审计师在内部控制、风险管理、公司治理、舞弊等功能层面的定位。应该做什么不应该做什么，我认为，这应该是这一时期内部审计师急于思考的问题，而不是单纯地倡导有为才能有位的理念。现实中，我们发现，许多内部审计师所从事的工作在过去没有建设内部控制与风险管理体系的前提下，过多地从事了财务审计、基建工程审计、经济责任审计、专项审计。而这些审计范围中，最为有效的还是管理层最为关心的专项审计。但是否这些就是内部审计部门帮助企业增加价值的真实路径呢？事实上，国际内部审计师协会早在定义中就已经明确了内部审计帮助组织增加价值的路径是内部控制、风险管理与公司治理。纵览国外优秀的内部审计教材与专著，也是将内部审计人员的职责锁定在这三个方面。于是，在撰写《成为明日胜任的内部审计师》时，我就集中通过论述这三个层面来撰写内部审计师的角色定位问题，而没有谈及一个完整的审计程序如何实施的问题。作为一本姊妹篇，《内部审计理论与方法——基于 2013 内部审计准则的解释》一书则弥补了这一缺憾。

当 2013 年新的内部审计准则发布之后，北京国家会计学院审计与风险管理研究所迅速组织了相关研究，提出了写作大纲，将全部章节进行了分析和合并，从阅读者和实践操作者方便的角度，将基本准则、内部审计人员职业道德规范、20 个具体准则和 5 个实务指南整合为 10 章。

本书由我和天津财经大学沈征教授主编，特别感谢北京国家会计学院审计与风险管理研究所的所有老师的参与和辛勤付出。北京国家会计学院的张宇飞、李亦霖、马龙、丁琳、胡秋晨、韩尚杰、朱栩蕊、张艳敏、葛佩雯、郝孟楠、王增慧、李洛、王科等同学参与了资料的搜集及相关章节的撰写工作。

当然，本书还存在很多不足之处，恳请广大读者批评指正，并将您的意见发至：zhangql@mail.nai.edu.cn。

审计与风险管理研究所所长　张庆龙

2014 年 5 月于北京国家会计学院

目录 CONTENTS

第一章
内部审计概述

第一节　内部审计产生与发展

内部审计历史源远流长，经历了漫长的发展过程，但作为一项职业被提出来，还仅是近现代的事情。正如“内部审计之父”劳伦斯·索耶（Lawrence Sawyer）所言：“内部审计在古代就有其起源。但是，只有到近代这棵大树才开始根深叶茂。内部审计的历史从古到今，经历了一个缓慢而艰苦的过程。”纵观历史，我们可以发现，内部审计从奴隶社会就已经出现了萌芽，几千年的历史长河中，内部审计历经了从萌芽、发展到成熟三个历史阶段。当前，内部审计已经成为企业内部控制与风险管理的重要组成部分，日益受到企业治理层与管理层的高度重视，尤其是对于那些已经进入成熟期大型国有企业、上市公司、集团型企业、全球性跨国公司，内部审计更是受到前所未有的高度重视。

探寻内部审计的成长之路，在这个缓慢而艰苦的过程中，内部审计经历了怎样一个发展历程？

一、西方内部审计的产生与发展

我们想要了解和研究现代内部审计，必先探寻内部审计的起源，按照客观事物运行的一般规律而言，现代内部审计只是内部审计发展的新阶段，这个阶段不会就此停止，它会随着社会发展不停前进。想要真正理解现代内部审计产生的价值和存在的意义，我们必须着眼整个内部审计演进的历史长河，从内部审计的诞生开始追本溯源。

（一）内部审计的萌芽阶段（奴隶社会至18世纪60年代）

内部审计活动的萌芽最早出现在奴隶社会。当人类进入奴隶社会以后，奴隶主建立了许多大庄园，使用大批奴隶种植葡萄、谷物、橄榄和开展畜牧业方面的生产，并将产品在市场上出售。奴隶主为了坐享其成，过上不劳而获的寄生虫生活，往往将自己的私有财产委托给精明能干的代理人去经营管理，同时，委派亲信审查财产经营管理者是否切实地为奴隶主的利益诚实经营。这些亲信实际上就充当了内部审计的角色，这时候的内部审计不仅有了服务的对象——奴隶主，也有了审计的对象——内部委托责任，同时表明了内部审计的服务是向内的。只不过除了审计业务外，他们还要负责其他的管理事务。这就是最早的内部审计雏形，但其专业化水平尚未达到一定程度，内部审计并非由独立的人员来承担，审计只是这些管理的多种责任之一。在古罗马，人们采用“听证账目”的方式来检查负责财务的官员有无欺诈、舞弊行为。审计（AUDIT）一词就来源于拉丁文“听账人（AUDITUS）”，英文“Audit”也来源于此。这些远古时期的内部审计是伴随财产所有权和经营管理权分离及由此导致的受托经济责任而出现的一种自发性的简单思想和行为，但是由于分权的程度和范围并不深入，内部审计活动尚未与其他管理职责分开，内部审计行为也并非由独立的人员来承担，且内部审计活动仅限于监督和验证。

到了中世纪的欧洲，随着分权思想不断深化和分工的出现，独立内部审计人员开始出现，同时，复式记账基本原理产生并逐渐系统化，也促进了内部审计的发展。这一时期的内部审计在整个内部审计发展史上是承上启下的阶段，一方面继承了奴隶社会内部审计的思想，同时也为将来内部审计的快速发展奠定了坚实的基础。但此时的内部审计仍然并非一项独立的活动。内部审计师在整个管理体系中承担着非常有限的责任（Sridhar Ramamoorti,

2003），内部审计在当时还在充当着会计部门的附属角色，而且也只是独立审计的伴随者和附和者，很大程度上内部审计活动还只是独立审计业务的延伸。此时的内部审计主要表现为城市审计、银行审计、寺院审计、行会审计以及庄园审计等形式。

1. 寺院审计。寺院审计的产生是由于在西欧很多寺院兴办了各种类型的手工作坊，拥有了大量的财产，交易十分频繁，为了加强管理，减少和防止管理人员舞弊，寺院专门配备了专职管理人员，用来监督检查管理人员经济责任的履行情况，同时还配备了一些具有专业会计知识的人来充当审计人员，负责对财务收支和会计账目进行检查。

2. 行会审计。行会审计产生在英国，11 ~ 12 世纪就出现了行会。行会是由一些生产者和商人出于共同的商业目的，按产区或地区结合在一起而组成的组织，主要作用是为会员提供在产品取得和商业贸易方面互相优惠，并对发生的经济纠纷进行仲裁。每个行会一年要召开 1 ~ 4 次会议，议事内容是选举产生理事和审计人员。理事是行会的执行机构，主要负责征收会费和罚款、记录反映行会经济业务的会计事项、调查行会的财产状况和仲裁会员间的经济纠纷等事务。审计人员从行会成员中选举产生，是行会成员的代表，主要职责是定期检查理事报送的会计账簿，并在大会上向全体成员报告审查的结果。

3. 庄园审计。中世纪的庄园审计被认为是现代内部审计的先驱，庄园既是封建社会的政治单元，同时也是独立的经济单位。与奴隶制庄园相比，封建庄园的等级制度更加严密、分工更为细化。当时庄园主不再亲自参与庄园的管理，而将直接管理庄园的责任委托给数名庄园管理者去执行，庄园主配备了审计人员负责对庄园财务总管编制的反映庄园经济事项的会计账簿定期进行审查，根据审查的结果，提出审计意见并呈送给庄园主或向其作口头汇报。

通过对几种内部审计形式的介绍可以看出，在封建时代就出现了独立的内部审计人员，但审计目的仍然是查错防弊，审查单位内部承担经济责任者的诚实性。

14 世纪，威尼斯由城市议会开设的造船厂已经在复式记账的基础上试行了成本控制，要求严格进行资金、材料和人力消耗的核算，每隔一段时间由议会派人对厂长进行审计，厂长也会派人对会计随时进行查账。复式记账使内部审计对象由资产、资金以及简单的账目转向建立在科学的核算原理基础上的会计账簿，使内部审计技术由简单的验证、核对转向了对账簿的审查。

这一时期的内部审计关注更多的是财产、资金保管的合法性以及账目的正确性，但是此时的内部审计思想、内部审计活动和相关的内部审计技术已经初步成型，而复式记账的使用和独立内部审计人员的出现则标志着内部审计正在一步步的开始成长。

（二）内部审计快速发展阶段（18世纪60年代至20世纪30年代）

随着西方资本主义不断发展，内部审计也开始迎来了快速发展的时期，从工业革命到垄断的出现再到世界经济危机，为适应西方的资本主义市场不断变化，内部审计所涉及的业务事项和总体目标也跟随着市场的变化而进行调整，使自身更符合市场和企业的需要，那么我们就一起来了解这一时期内部审计的变化。

1. 财务导向内部审计。18 世纪 60 年代至 19 世纪初英国工业革命爆发，使英国演变为机器大工业占统治地位的国家，出现了由股东融资的股份制公司。股份公司的股东和债权人为了维护自己的利益，客观上需要由审计人员对企业的会计资料进行审查，并陈述审计意见。1844 年，英国国会颁布的《合资公司法》明确规定公司董事会负有登记账簿的义务，必须每年向股东提供“详细而又真实的资产负债表”，并且为了保证所提供资料的真实性，还要求由董事会以外的第三者（监事）对资产负债表和账务处理的准确性和合理性作出报告，从而确立了内部审计制度。

19 世纪中叶至 20 世纪初，资本主义进入垄断阶段，托拉斯、康采恩等垄断组织获得迅速发展。这些垄断企业经营规模庞大，经营地点分散，经营业务复杂，高层管理人员再也不能像以前那样亲自观察和控制所有的经营活动，只能实行分权管理和多级控制。管理职责的履行状况如何、各部门的经营活动是否合规合理、各分支机构的经营目标能否实现，又在客观上需要有一个专门的职能部门去审查、评价和报告。这个时期，外部审计已经取得了很大发展，但是由于职业的限制，外部审计人员不可能像企业期望的那样对经营管理和财务状况作深入的检查，并提出切实可行的建议和方案，同时审计费用也比较高，因而，外部审计无法满足企业管理的需要。在这种情况下，企业管理者便将眼光转向企业内部，从职工中挑选具有经营管理知识和能力的特殊人才，让他们从企业的利益出发，对分支机构或分公司进行经常性的监督，这就形成了一个与业务控制并列的相对独立的控制系统——内部审计。这些特殊人才就是内部审计人员，由他们组成的机构就是内部审计机构。1844年、1845年，英国《公司法》从法律上确认了特许会计师（注册会计师）承担审计业务的地位，独立审计由此发展起来。独立审计的正式确立从审计对象、方法、技术上直接影响着内部审计的实践。1875年，德国集采煤、冶金、机器和军火生产的康采恩—克如朴公司（Krupp）开始设置内审部门开展财务合规性审计。19世纪中叶，美国具有显著规模经济的铁路行业开始配备内审人员，以巡视各路站，他们被冠以"旅行审计师"的头衔，他们不仅检查公司财务制度的遵守情况和有关会计记录的真实性和正确性，还开展了经营审计。20世纪初，美国的通用公司也成立了独立的内部审计部门来抑制由于企业规模和组织结构的迅速变化，使资产不清、损失浪费甚至盗用公款与会计文书混乱等日益突出的问题。1934年，美国证券交易委员会要求上市公司必须提供经过注册会计师审查的财务报表，这促使了公司设立内部审计机构来协助注册会计师的工作（王光远，2003）。从此，独立审计发展到财务报表审计的新阶段。

在这一时期内部审计还有两个里程碑式的重要发展大大推动了内部审计的前进。1941年，国际内部审计师协会（简称IIA）的成立，在很大程度上推进了内部审计理论和实务的发展。而另一个里程碑是第一部论述内部审计的专著《内部审计——程序的性质、职能和方法》的出版，它标志着内部审计学的诞生并开始有了自己的理论体系，此时内部审计才逐渐成为一门独立的学科并真正意义上被确立起来。

在IIA成立后的10年中，内部审计理论的发展是以财务导向内部审计实践为基础的。1947年由IIA出台的第一号"内部审计师责任说明书"（SRIA No.1）认为：内部审计是组织内部检查会计、财务及其他业务的独立性评价活动，以便向管理部门提供防护性和建设性服务。它主要涉及会计和财务事项，但也可以适当涉及业务性质的事项。此时的SRIA反映了财务导向内部审计的主要对象是会计和财务事项，但也适当涉及了业务性的事项，这为财务导向内部审计向业务导向内部审计发展提供了条件，但是SRIA还是将业务审计作为财务审计的附属，认为内部审计总体目标是帮助管理者有效管理组织的业务活动，以保护公司利益。这说明内部审计除以财务审计为核心内容之外，正逐渐尝试涉及业务审计领域。

2. 业务导向内部审计。业务活动为关注点的内部审计在20世纪40年代末才开始出现，并于60年代发展到了顶峰。1948年，内部审计师对梅迪希银行伦敦支行的管理当局及其所从事的业务活动进行了审计，并出具了详细的业务审计报告。20世纪60年代，美国工业委员会以及IIA对内部审计实务的调查充分说明了内部审计师已大量从事业务审计。美国工业委员会调查了177家公司的内部审计目标，调查结果显示，确定内部控制制度的恰当性、调查公司方针和规程的符合性、协助开展有利于增加盈利的活动、为管理当局提供全面服务、协助制定新的程序等业务审计的内容都已在公司内部审计目标中得到体现。而1968年IIA的调查结果显示，内部审计实务已大量涉及采购、库存规划与控制、保险计划、基建、运输、管理信息系统、广告、生产、组织控制等具体业务领域。其中，75%的受访公司的内部审计重点是财务审计与业务审计兼而有之。同时，内部审计机构的地位也日益提高，大部分受访公司内部审计负责人的报告对象是主计长以上的管理人员，内部审计人员与企业管理者的关系更为密切。而在内部审计的人员专业结构方面，41%的内部审计人员来自于非会计专业。

IIA于1957年出台的SRIA No.2认为，内部审计是组织内部检查会计、财务及其他业务，向管理当局提供服务的独立性评价活动。虽然此定义中仍保留了会计和财务活动，但已将对业务的检查与对财务、会计的检查等同视之。IIA于1971年颁布的SRIA No.3认为，内部审计作为一种对管理部门的帮助，是组织内部审核经营业务的独立评价活动，它是一种管理控制，其作用是衡量和评价其他控制的有效性。在这一阶段，内部审计关注的受托责任内容是受托管理责任，目标是揭露公司经营管理的缺陷并提出建议，帮助管理人员有效履行其职责，通过提高业务活动相关的控制的效率而实现兴利。同时，业务导向内部审计采用“访谈式”审计技术，注重了解公司经营管理的意识和理念。可见，内部审计由财务导向转向业务导向后，拓展了自身范围，提高了自身地位，内部审计目标由查错防弊走向了兴利，由防护性走向建设性。

3. 管理导向内部审计。20 世纪中后期因垄断的出现及世界性经济危机爆发等外部经济环境的急剧变化对企业的内部管理产生了深远的影响，同时也促使人们对内部管理体系的重新思考，管理理论和实践都要求更加关注外部环境的影响，用一种动态的、系统的眼光来看待现代管理。新的环境对内部审计提出了新要求：内部审计需要充分考虑外部多方利益相关者的影响，审计的关注点也需要从低层次的经营业务和内部控制转向高层次的决策和外部受托责任。而公司治理理论及实践的逐步成熟，特别是审计委员会制度的建立赋予了内部审计更高的地位，也为内部审计对高层受托管理责任的审查提供了保证。20 世纪 70 年代开始内部审计进入以管理为核心的管理导向审计阶段。

日本的九保田音二郎教授将内部审计划分为三种形态：以揭露经济业务和会计记录中发生的工作差错和舞弊行为等为目的；以会计事项为中心，对工作差错和舞弊行为进行审计；不仅针对会计事项，而是针对全部经营活动，其目的在于找出妨碍经济效益的问题所在，并采取改进措施。可见，管理导向内部审计是传统内部审计发展的最高阶段。

管理审计是区别于传统的财务审计的一种审计模式，根据内部审计的两个职能——验证和建设性服务，传统的财务审计偏重于验证服务，而管理审计偏重于建设性服务，但仍然是建立在验证服务基础上的，只有企业的信息是可靠的，才能谈得上进行增值性服务，即通过验证服务促进企业有序运行，通过建设性服务促进企业有效运行。

从企业内部审计的产生和发展，我们能够清楚地看到：内部审计是随着经济的发展、企业内部管理层次的增多和控制范围的扩大，基于企业内部经济管理与监督的需要而产生，并随着管理的需要而不断发展，它是企业管理体制的重要组成部分。

（三）内部审计趋于成熟阶段（20世纪90年代至今）

围绕内部管理功能建立的内部审计体系并非就是内部审计的最终形式，

宏观、微观环境的变化使管理导向型内部审计的缺陷被暴露出来，由于审计工作的领导主体是企业的管理者，内部审计的范围受到了严格的制约，因而内部管理审计的治理功能受到了限制。所以现实的需求推动着内部审计继续前进，并将内部审计带到以公司治理为导向的新时代。

20世纪90年代以后，世界经济呈多元化发展，新技术产业革命的加快，特别是信息技术和电子商务的发展、企业产品的多元化战略、企业发展的国际化扩张的思想，新兴业务的不断涌现，导致了企业经营的复杂化多样化，使得对组织的控制更加困难重重。组织分权的加大促使越来越多的评估和保证的出现，如何在防范和控制企业经营风险上发挥积极作用，成为内部审计新的挑战。

外部环境的变化使内部审计不断接受着新的挑战，但在内部，企业组织也同样发生着重大的转变。在外部环境的推动下，仅局限于传统的对内部控制的再控制已经不能满足企业发展的需要。为适应环境的变化，首先，企业积极实施战略经营，对外部威胁与机会进行分析，制订高标准的战略目标，组织结构、文化资源以及生产过程均重新整合（庄江波，2001）。内部审计部门需要更多地关注组织的战略目标，在战略管理中发挥作用。其次，战略重组成了企业谋求发展的重要途径。许多企业为了降低成本，增强竞争力，纷纷进行内部组织结构的重构与调整，将一些非核心、不能为组织实现价值增值的职能部门转由外部的专业公司承担。同样的威胁也对内部审计机构的生存和发展造成了巨大的影响。为此，内部审计部门必须重新思考其职能定位，立足于为组织总体目标服务。面对外部经济环境的剧烈变化，管理层需要积极作出反应，包括主动提高质量和管理风险，结构与流程再造即承担更大的受托责任。在这种趋势下，内部审计部门被视为帮助改善治理、支持关键治理程序的职业团体就成了必然。

21世纪初，安然、世通等公司财务丑闻催生了内部审计的一部重要法案的诞生——《萨班斯—奥克斯利法案》。而此时的社会大环境同样为内部审计提供了新的机遇，这一时期的内部审计被提升到公司治理层面，并对整个公司治理产生作用，内部审计活动也不再是低层次的管理活动而是更高层次的治理活动，内部审计被纳入了公司价值链的轨道，关注公司治理、协助公司治理的完善、促进整个公司治理的有效性并为企业价值增值和利益的合理分配提供支持成为新型内部审计的使命。总之，为了适应不同的环境变化需求，内部审计必须寻求在公司治理中发挥更大的作用，这是新世纪赋予内部审计的新职责。

二、我国内部审计的发展及现状

我国内部审计的产生同样可以追溯到奴隶社会。在西周时期，朝廷设有天、地、春、夏、秋、冬六卿管理朝政，六卿下面分设若干官职。其中司会是天官之长，设在大宰之下，其职责主要是负责稽核全国财计，同时还负责对上报的财产和业绩资料进行审查。西周时期的司会是我国内部审计的最初萌芽。据《周礼》记载，在中央政权设置的官员中，就设有“宰夫”一职，负责审查“财用之出入”，并拥有“考其出入，而定刑赏”的职权。这个职位虽不高，但其所从事的工作却具有审计的性质。其后，秦、汉两代都采用“上计制度”，以审查监督财务收支有无错弊，并借以评价有关官吏的政绩。但秦汉官制中，尚无专司审计职责的官员，也无专职审计机构。到了唐朝，由于经济发达，政治稳定，审计地位提高，对中央和地方的财务收支实行定期的审计监督，国家审计有了明显发展。隋唐时期是我国封建王朝审计日臻完备的阶段。宋代设立审计司和审计院，标志着我国用“审计”一词命名的审计机构的产生。元、明、清三代均未设专门的审计机构，国家审计陷于衰退时期。

在漫长的封建社会，由于封建王朝的专制统治，王权、皇权处于至高无上的地位，“普天之下，莫非王土；率土之滨，莫非王臣”，整个国家的一切经济活动都体现为皇室朝廷的活动，从决策到立法、行政和司法权，都集中于皇帝或君主一人。因此这段时期的审计活动均体现为国家审计。内部审计在这个漫长历史时期几乎无所发展和提高。

19 世纪下叶，随着民族资本主义工商业的产生和发展，我国出现了一些按照西方企业管理模式建立的银行、造船厂、矿山和兵工厂等较大型的企业，他们纷纷在企业内部设立“稽核”职务和部门，实行内部审计。

虽然我国内部审计起步较晚，发展历程不同于西方，但随着我国改革开放的不断深入、经济社会的日益进步及企业组织的发展变化，我国的内部审计近些年发展迅速。自1983年新中国成立审计署至今，短短的二十几年中，我国的内部审计事业迅猛发展，各种法律、法规的相继出台，标志着内部审计向着规范化、法制化的道路前进，而加入IIA更是将我国的内部审计推向国际化。我国的内部审计是如何取得今天的成绩，我们可以通过表1-1来了解我国内部审计的发展之路。

表1-1　　中国内部审计发展编年史

发展阶段	时 期	内部审计进程
我国内部审计萌芽期	西 周	出现审计的雏形
	秦 汉	奠定审计发展的基础
	隋 唐	审计职能进一步扩大
	宋 朝	出现“审计”一词
	元明清	审计的全面衰退
	1912年	北洋政府设立审计处
	1914年	颁布我国历史上第一部审计法典《审计法》
	1918年	北洋政府颁布我国第一部注册会计师法规《会计师暂行章程》，民间成立第一家会计师事务所
	1928年	国民政府成立审计院
新中国内部审计发展期	1983年	我国成立了审计署
	1985年	国务院发布了《关于审计工作的暂行规定》，要求政府部门和大中型企业事业单位实行内部审计监督制度，根据审计业务需要，分别设立审计机构或审计人员，在本部门、本单位主要负责人的领导下，负责对本部门、本单位的财务收支及其经济效益的审计
		审计署发布了《关于内部审计工作的若干规定》，具体规定了内部审计机构、任务、职权以及其他有关事项
	1987年	中国内部审计学会成立
		中国内部审计学会加入国际内部审计协会，成为IIA的国家分会
	1989年	颁布《审计署关于内部审计工作的规定》，同时废止1985年的《规定》

续表

发展阶段	时期	内部审计进程
新中国内部审计发展期	1994年	《中华人民共和国审计法》颁布
	1995年	审计署发布了《关于内部审计工作的规定》，对内部审计机构的隶属关系、审计范围、主要职权、工作程序、干部任免、职责要求等做了具体的规定，这样就使内部审计工作的开展有了法规性的依据，取代了1989年的《规定》
	2002年	中国内部审计学会正式更名为中国内部审计协会。协会依据《中华人民共和国审计法》、《中国内部审计协会章程》履行职责，开展工作
	2003年	中国内部审计协会根据《审计署关于内部审计工作的规定》制定了《内部审计基本准则》、《内部审计人员职业道德规范》和10个具体准则，标志着内部审计走上了制度化、规范化、正规化的行业管理的道路
	2004年	国资委发布《中央企业内部审计管理暂行办法》、《中央企业经济责任审计管理暂行办法》、中国内部审计协会又发布了第二批内部审计具体准则（第11～15号），为内部审计工作提供了具体的指导原则和工作方法
	2006年	审计署修改《审计法》；中国银监会发布《银行业金融机构内部审计指引》
	2007年	中国保监会发布《保险公司内部审计指引（试行）》
	2008年	财政部、审计署五部委联合发布《企业内部控制基本规范》
	2010年	财政部、证监会、审计署、银监会、保监会联合发布了《企业内部控制配套指引》；审计署发布了《中华人民共和国审计法实施条例》；中办、国办印发了《党政主要领导干部和国有企业领导人员经济责任审计规定》
	2011年	中国内部审计协会发布了内部审计实务指南第5号《企业内部经济责任审计指南》。该指南是内部审计准则体系的重要组成部分。指南的草拟和制定充分总结了内部审计机构开展经济责任审计的实践经验，适应内审工作发展的新要求，对于进一步规范审计行为，提高审计质量将发挥积极的作用
	2012年	中国内部审计协会发布《内部审计质量评估机构管理暂行办法》
	2013年	中国内部审计协会发布新修订的《中国内部审计准则》
	2014年	审计署开始修订《内部审计工作规定》并面向全社会公开征求意见

我国的内部审计萌芽很早，在西周时期就已经出现了内部审计的雏形，但是漫长的封建统治抑制了内部审计早期的发展，甚至到了元、明、清时期内部审计已经开始衰退，清朝的闭关锁国政策更使内部审计发展跌至谷底。辛亥革命后，北京的北洋政府在1914年设立审计院，颁布了《审计法》。1928年，南京国民政府设立审计院，后改为审计部，隶属监察院。国民政府的《审计法》虽几经补充修改，但是由于政府贪污腐败，审计制度徒具形式，并没有发挥应有的作用。当时的中国共产党领导下的革命根据地成立了中央苏维埃政府审计委员会，颁布了《审计条例》，实行审计监督制度。对战争年代节约财政支出，保障战争供给，树立廉洁作风，起到了积极的作用。内部审计真正开始发展是从新中国成立以后，1983年国家成立审计署才正式结束，自新中国成立起34年间我国一直没有独立的政府审计机关的时代。同年，国务院转发了审计署《关于开展审计工作几个问题的请示》，首次提出建立内部审计监督制度问题，这标志着我国现代内部审计正式启动。二十多年来，我国内部审计取得了巨大的发展，总体上可以分为三个阶段。

（一）初步建立阶段（1983~1994年）

1983年，根据国务院转发审计署的指示精神，我国有关部门和单位开始边组建、边开展内部审计活动。同年9年，中国石化总公司率先成立审计部，开展了内部审计监督活动。此后，在审计署的组织、推动和指导下，许多部门、单位根据国家的要求，相继成立了内部审计机构。

1985年8月，国务院发布了《关于审计工作的暂行规定》，为内部审计工作的开展提供了法律依据。《关于审计工作的暂行规定》要求政府部门和大中型企事业单位实行内部审计监督制度，根据审计业务的需要，分别设立审计机构或审计人员，在本部门、本单位主要负责人的领导下，负责对本部门、本单位的财务收支及经济效益进行审计。同年12月，审计署发布了《关于内部审计工作的若干规定》，具体规定了内部审计的机构、任务、职权以及其他有关事项。这样，内部审计就开始在国家各级行政机关、大中型企事业单位中全面展开，并成为我国社会主义审计监督制度中的重要组成部分。1989年12月，审计署发布了《关于内部审计工作的规定》，对内部审计机构的隶属关系、审计范围、主要职权、工作程序、干部任免、职责要求等做了具体的规定。这一时期，主要是通过行政立法确立了内部审计的基本制度，促使我国内部审计走上了依法审计的轨道。

这个阶段是我国现代内部审计的起步阶段，审计的侧重点是包括揭露错误和舞弊行为在内的财务会计事项的审计，属于消极的防弊功能。我国现代内部审计的产生和建立不同于西方国家，并非起源于内部受托责任，而是强制性建立，从属于国家审计，是国家审计职能的延伸。此时，我国内部审计的主要职责就是监督控制，对部门、单位的财务收支、财务决算进行审计，即通过稽核单位财务状况和经营成果，评价内部控制效果，履行监督职能，维护本部门、本单位的合法经济效益，维护国家经济利益。另外，内部审计也开展经济效益审计，但这种经济效益更注重损失浪费，防止国有财产流失，而非促进企业管理。

在审计组织方面，1987 年 4 月，中国内部审计学会成立，并于同年加入国际内部审计师协会，成为 IIA 的国家分会。

（二）稳步发展阶段（1995～2003年）

随着我国社会主义市场经济初步确立和改革开放进一步深入，政治、经济、法律等审计环境发生了很大变化。为了适应环境的变化，我国内部审计进入了一个稳步发展的时期，也可以说是由消极防弊向积极兴利发展过渡的阶段。这个阶段的内部审计已由财务审计逐步扩展为包括财务事项和非财务事项在内的业务审计，除了具有传统的防弊功能外，更具有积极的兴利功能。我国的内部审计虽然还是国家审计的从属，但这种从属关系正在变淡。

1995 年 7 月，审计署发布了《关于内部审计工作的规定》，对内审定义、机构设置、职责、权限、审计程序、职业道德以及审计机关对内部审计的指导、监督职责等做了全面而具体的规定。规定中增加了一条："非国有经济组织开展内部审计工作，可参照本规定的有关条款执行。"虽然只有区区的几十个字，但其意义非同小可，这说明当时非国有经济组织也开始注重内部审计，内部审计作为国家审计辅助力量的职能在退化，逐渐成为真正意义上的内部审计——对单位内部的活动进行监督审计并提出建议。相应地，内部审计的职责也扩大了，不再局限于对“与财务收支有关的经济活动及其经济效益”的审计监督，而是变成了整个部门、单位的经济效益、经济责任进行审计监督，注重提出改进管理的建议，提高单位的经济效益。这标志着我国内部审计由消极防弊走向积极兴利。

2002 年 5 月，中国内部审计学会正式更名为中国内部审计协会，成为对企业、事业单位、行政机关和其他组织的内部审计机构进行行业自律管理的全国性社会团体组织，其主要职能是管理、服务、宣传、交流，即对内部审计实行行业自律管理，为内部审计机构和内部审计人员提供业务服务和开展各种交流活动。内部审计协会的成立，意味着我国内部审计开始实行国际上通行的行业自律管理，从而推动了我国内部审计走向职业化。

（三）全面振兴阶段（2003年以后）

2003 年 3 月，审计署发布了新的《审计署关于内部审计工作的规定》，与原来的规定相比，发生了本质上的变化。首先，内部审计机构的领域拓宽到任何组织，从而摆脱了国家审计从属的地位；另外，审计机关对内部审计的直接指导和监督，变为通过内部审计协会进行间接的指导、监督和管理，这充分表明我国的内部审计已从国家审计的辅助地位走上独立行使监督职能，成为真正意义上的内部审计。其次，内部审计的职责进一步拓宽，涉及企业经营的方方面面，包括事前、事中、事后的全过程审计。此时，内部审计不再侧重于监督控制，而是着眼于服务，即评价和改善组织的风险管理、内部控制、管理过程中的有效性，从而提升组织的价值和改善组织的经营管理服务。这要求内部审计人员除及时准确地报告有关查错防弊和资产保护信息以外，更重要的是针对管理和控制的缺陷，提出建设性意见和改进措施，协助管理人员更有效管理和控制各项活动以提高经济效益，寓监督于服务之中。再次，内部审计的范围扩展到“经济活动”，使内部审计的外延大大扩展，以“促进加强经济管理和实现经济目标”，此时不再单单局限于积极兴利，更在于增加企业价值。

从 2003 年至 2005 年底，中国内部审计协会陆续颁布了中国内部审计基本准则、20 项具体准则和两个内部审计实务指南，对我国内部审计的基本概念、内部审计活动的目标、宗旨、范围、性质与功能等皆有所指导，也为我国内部审计活动和工作的有效开展提供了一套完整、科学、权威的准则。大多数企业也认识到内部审计是企业中不可或缺的一个重要环节。这些审计准则的发布，标志着我国内部审计准则体系基本框架的初步建立。另据不完全统计，截至 2006 年，我国企业建立内部审计职能的已达 7.3 万多个，而内部审计人员的人数更高达 20 多万人，此外，内部审计的独立性也不断被相关监管机关、学术机构以及企业所重视。

2008 年 5 月，财政部等五部委共同制定了被称为中国的“萨班斯法案”的《企业内部控制基本规范》。此规范的颁布，是中国内部审计发展的另一个重要里程碑，2010 年财政部、审计署等五部委再次联合发布了《企业内部控制配套指引》。至此，内部审计的独立性和客观性，已被视为建立企业内部控制是否完善的必要评估条件之一。

2012 年，为了适应内部审计的最新发展，更好地发挥内部审计准则在规范内部审计行为、提升内部审计质量方面的作用，中国内部审计协会对 2003 年以来发布的内部审计准则进行了全面、系统的修订。此次修订将内部审计具体准则分为作业类、业务类和管理类三大类。在分类的基础上，对准则体系采用四位数编码进行编号，借鉴国际内部审计准则的经验，体现准则体系的系统性和准则之间的逻辑关系，为准则的未来发展预留了空间。修订后的内部审计准则体系由内部审计基本准则、内部审计人员职业道德规范、20 项具体准则、5 个实务指南构成。

2013 年新修订的《中国内部审计准则》发布，自 2014 年 11 月 1 日起执行，原执行的《内部审计基本准则》、《内部审计人员职业道德规范》以及 1 ~ 29 号具体准则同时废止。随着我国内部审计的转型和发展，内部审计的理念、目标和定位也逐渐由“查错纠弊”向防范风险和增加价值方向转变。内部审计机构和内部审计人员在审计实践中，不断创新审计方法，拓展审计领域，积累了许多宝贵经验，需要加以总结并通过准则予以规定。原来的准则体系存在逻辑性和系统性的不足，需要对内部审计准则加以修订，进一步提高准则的科学性、实用性和先进性。

2014 年，审计署开始修订《内部审计工作规定》并面向全社会公开征求意见。《内部审计工作规定征求意见稿》规定，大型国有和国有资本占控股地位或者主导地位的企业，或者有关规定对设立首席审计官有明确要求的企业，应设置首席审计官，对内部审计的整体质量负责。《内部审计工作规定征求意见稿》还提出，是否设立以及如何设立内部审计机构，既要考虑落实内部审计法律制度的需要，也需要考虑单位性质、实际审计需求、内部治理结构和经营规模等因素，因此，《内部审计工作规定征求意见稿》从实际出发，区分企业和非营利性组织的不同特点，并根据企业规模和性质分四种情况对内部审计机构的设置进行了规定。一是大型国有和国有资本占控股地位或者主导地位的企业或者有关规定对设立内部审计机构有明确要求的企业，应当设立内部审计机构；二是中小型国有资本占控股或者主导地位的企业根据需要设立内部审计机构；三是鼓励其他企业设立内部审计机构，其中包括民营企业等其他所有制性质的企业；四是财政财务收支数额较大、下属单位较多或者实行系统垂直管理的国家机关、事业单位、社会团体以及其他单位，可以根据需要和国家编制管理规定设置内部审计机构。

至此，我国的内部审计进入了一个快速发展的新阶段。

三、内部审计的未来发展趋势

内部审计是经济发展到一定规模的产物。并在一定的历史环境下，随着社会经济发展状况、组织需求的变化而变化。步入知识经济的 21 世纪，随着全球经济的快速发展，新知识、新技术、新思维对传统的理念形成强大的冲击。电子信息技术、通信技术的日益发达，对单位的外部经营环境和生产经营方式产生了重大的影响，特别是计算机会计信息系统的广泛应用和发展，对审计人员、审计技术的要求愈来愈高，也给内部审计带来新的机遇和挑战。近年来，内部审计的发展和其作用的发挥在世界各国产生了广泛的影响，得到了产业界、政府部门和学术界的充分肯定。在经济高速发展的今天，经济一体化和全球化的趋势使各国间的经济合作和交往进一步加强，我国经济发展要在竞争激烈的世界经济中保持较高的速度，必须使企业的管理和效益再上台阶。在完善现代企业制度的同时，必须建立与之相适应的内部审计制度，帮助企业堵塞管理中的漏洞，进一步完善内部控制制度，提高管理效率、效果和投资效益，才能在世界日益激烈的竞争环境下获得较快的发展。在面对中西方内部审计发展的巨大差异面前，我国的内部审计之路该何去何从？我们是否可以照搬西方的内部审计，而西方的内部审计是否适合现今的中国国情？我国的内部审计未来将如何发展，怎样进行前瞻性的预测？这些摆在内部审计从业人员面前的一系列问题需要我们一一地去解答。

在研究我国内部审计未来发展趋势之前，首先要了解一下国际内部审计师协会（IIA）发布的国际内部审计的十大未来发展趋势。

（一）国际内部审计十大发展趋势

1. 从控制到风险。在过去数十年中，控制导向审计是内部审计人员普遍使用的审计方法，是增进内部审计绩效和管理组织风险的主要工具。内部审计人员已被训练为只做内部控制的规划、测试与报告，容易将审计工作偏向于单位的内部控制系统，而忽视了单位本身的目标。在未检查组织目标和所处风险前直接评估控制程序，其结果意义不大，因为审计人员无法判断哪些是最重要的控制，哪些控制对于风险而言是最重要的，以及缺少哪些控制。这一审计模式已经带来许多问题，如过度控制情况日益严重；多余的控制阻碍了组织程序的正常运作；沟通变得更加困难；许多人员从事于附加价值的工作；固定的、过时的控制限制的发展，用以应付审计的无效率的控制不断增加。同时，由于控制的变更滞后于组织作业的快速改变，使对原有的、与组织目前所面临的风险根本无关的控制的审计变得更无意义。

没有风险就没有控制，控制只为管理风险而存在，不分析风险而想有效的评价控制是不可能的。最新的控制模型如美国的 COSO 报告、加拿大的 COCO 报告、英国的 Cadbury 报告及南非的 King 报告，将风险评估引入了内部控制并将其列为控制的核心，在风险管理上向前迈进了一步，不仅是管理上重要的一环，也是审计特别是内部审计发展的重要的里程碑。以风险评估为基础的风险导向审计使审计人员开始关心组织所面临的风险，审计人员必须根据风险评估的思路开展对内部控制的评估，使审计报告将目前的控制与策略计划和风险评估连接起来。

2. 从风险到环境。环境是风险的根源，控制系统就是针对它设计的。组织暴露于周边不断变化的条件和情况所导致的风险中，风险的来源——对组织产生威胁的危险和创造潜在收益的机遇，必须成为风险分析的焦点。这些条件、情况、危险和机遇就是可能影响组织的环境。

环境包括一组相关内容：①通用环境：国际的、法规的、环保的、知识的、科技的、社会的；②社会环境：社会的、私人的、非盈利性的、公共的以及宗教的；③行业环境：各类不同的私人行业、公共行业、中介行业以及这些行业的产品、流程、资源和其他市场要素；④组织环境：权力、规模、文化、地理、社会学等子环境；⑤内部审计应用环境：经营、财务报告、遵循性、信息系统、质量、环保、安全。

3. 从回顾历史到着眼未来。内部审计人员一般通过对历史的回顾和评价，提出改进以后工作绩效的建议。虽然历史交易和记录可以用以预测未来，内部审计评价和建议也可以对未来具有价值和建设性意义，但是，在快速变迁的过程中，以史为鉴只是隔靴搔痒，甚至是南辕北辙，只有着眼于未来才能提高控制和绩效。内部审计人员必须变成未来情况的预期者——即直接预测环境风险，判断组织是否采取了适当的预防和应对措施，是否具有足够的适应变化的能力，提出相应的改进建议。这对现有内部审计的开展方式提出了挑战，并对内部审计人员的胜任能力提出了更高的要求。

4. 从评价到预测。评价一直是内部审计的基本功能，是内部审计履行其职责和发挥作用的重要手段，这是以经验管理假设为基础的。在经济时代，影响企业经营的外部环境因素和内部因素基本上是稳定的，或虽有变化，但变化具有连续性的特征，从而基本可以从过去推断未来。但在知识经济即将到来的今天，经营管理的上述背景正在或应发生变化：影响企业经营的环境不仅日益复杂，而且愈来愈不稳定，其变化更加迅速和彻底；多样化的顾客需求和频繁变化的市场要求企业活动的内容与方式及时调整。在这样的背景中，未来的变化和现状截然不同，二者之间没有任何继承性，这些应对环境变化的适时调整是难以在过去累积的历史经验中找到现成答案的。批评过去没有任何价值，管理层面对着未来的挑战。因此“评价”一词应停止使用，而代以零起点的预测，内部审计必须更多地参与面向未来的规划与决策工作，时时关注未来风险发生的可能性。

5. 从关注未来事项到多角度并行。在审计过程中，内部审计人员应对每一审计事项的现状进行了解，独立地分析，提出审计发现和审计建议。内部将注意力集中于当前事项是有用的，它能使审计人员从审计的视角，对组织的各个部分逐一地理解和思考。但是，这些项目之间互相割裂，缺乏全局观和整体感，而且审计人员站在局外人的立场所提出的建议可能脱离实际资源条件，或超出组织和相关责任人的能力范围。相比而言，多角度的关注更有意义，即在同一时间，同一地点，假设自己作为职能经理和员工，对此事项会作何反应，有哪些要求和顾虑。只有全面考虑各相关人员的局限和所受影响，内审人员才能提出切实可行的建议，促进自身作用的发挥和组织价值的增加。

6. 从强调独立到注重价值。在国际内部审计师协会颁布的《内部审计实务标准》中，独立性的要求居于首位。一般认为，独立性是内部审计工作的必要条件，内部审计的独立性是指内部审计人员独立于他们所审查的活动之外，即内审人员不应承担经营责任。要做到这一点，内审人员必须置身于从设计、执行到记录的全部管理职能之外，不能参与组织的业务经营活动。但果真如此的话，内部审计就无法深刻全面地理解组织的生产经营和内部关系，无法提出切合组织需要的建议。虽然内审职能的独立是一个有用的属性，但如果独立妨碍了参与，马上就会有反效果，这是因为客观性只是内部审计的鉴证服务中必要的特征之一，但是，判断内部审计是否成功最重要的标准是其服务给组织提供的价值。因此，如果对独立性的强调损害了内部审计的价值的增加，应当优先考虑后者。

7. 从审计知识到经营知识。内审人员一直把控制当作是金钥匙——对任何组织、任何功能都普遍适用的切入点，认为通过对控制进行测试，可以了解所有的业务并提出建议，因而审计人员不需要具备关于生产经营的过细的知识。只要了解一些基本知识并掌握审计工具就足够了。这是控制导向审计思维模式的产物，但这一点不再正确。内部审计应以帮助实现组织目标，增加价值为己任，目标及风险是内部审计的出发点和归宿。对经营活动的深刻了解是对症下药的前提，因而内审人员需要关于当前经营的真实的知识，而不仅仅是虚拟的流程，以提供有效的服务。这会改变提供内部审计服务的人，要求他们提供与程序、技术、产品和服务等有关的知识。

8. 从经营审计到战略审计。内部审计从财务审计到经营审计已经经历了很长时间，一些组织的内审至今还没有实现这一转变。但是新的变化已经发生，即对组织战略——那些关系到组织未来的关键的长远计划、优先安排、投资和决策等进行审计。对组织来说，这些确实是重要事项，影响到组织的生死存亡，需要进行有效的控制。如果没有正确的战略方针，经营的改善只是使在错误的道路上越走越远，加速组织的灭亡。因此，对组织战略的审计是内部审计应该最关注的根本环节，也是内审发展的方向。战略决策和战略管理是管理职能中最重要和最高的层次，内审要提升自身地位和价值，应参与到高层次的管理活动中来。

9. 从强迫接受到自愿主动进行。长期以来，内部审计是以“警察”的形象出现的，其身份是监督者，对被审部门的业务和管理进行评价，发表意见，因此是组织中不受欢迎的人。所以应该将此种情况尽量避免，让他们自己来发现审计问题，自己认识到事件的严重性，从而从根本上来解决这种问题。

10. 从说服到协商。内部审计报告是审计的主要产品。衡量审计报告是否成功的标准一直是其是否有说服力，一份有说服力的报告意味着内审人员的观点将被接受。由于审计报告中所提问题是否受到重视，所提建议能否付诸实施，直接取决于管理当局的兴趣和决心，因而审计人员往往通过增加事实的准确性、清晰性，建议的可行性，采用图表、照片、幻灯等多种手段，来争取管理当局的重视和支持。这一标准已经受到了质疑，因为被动接受审计人员观点的被审部门缺乏足够的选择空间和内在动力。协商取代说服成为传递审计信息和寻求问题解决办法的方式，它注重获取对组织最佳的结果，既考虑职能经理的目标，又考虑内审人员对动态环境未来关口、风险和现有控制的预期。这种方式使得职能经理与内部审计的合作更加广泛，在决策中发挥更为积极主动的作用。

与西方内部审计相比，我国内部审计起步较晚，发展历程不同于西方，因而与西方现代内部审计存在着不小的差距，可以说还处于初级发展阶段。西方国家的内部审计已完成从传统财务审计向经营审计的过渡，并开始向风险导向审计、战略审计转变，它们重视内部审计的咨询与服务功能，内部审计的目标也从服务于管理当局发展为增加价值，改善组织经营，帮助组织实现其目标。而我国仍处于从传统财务审计向经营审计过渡的阶段，所以内部审计的职能仍局限于监督和评价的传统职能，审计的重点是经营活动及内部控制的适当性、合法性和有效性，审计目标是促进组织目标的实现。我国内部审计实务发展相比西方落后了几十年，因此，现阶段许多企业内部审计工作内容仅仅针对财务、会计事项，但是随着一些大中型企业现代企业制度的建立健全，管理层对内部审计提出了新的要求，要求内部审计承担对经营活动、内部控制、管理事项等的监督、评价，为改善经营、提高效率服务。西方的内部审计是根据企业保护资产、加强内部控制、提高经营管理水平和经济效益的内在需求逐步发展起来的，而我国的内部审计由于有国家审计机关的指导，又有西方发达工业国家的经验可资借鉴，起点是比较高的，从一开始就采取了两条腿走路的方针，即把财经法纪审计和经济效益审计同时作为中心工作去抓，而没有西方企业内部审计那样一个先从财务审计抓起，逐步发展到经营审计和管理审计的过程。

要在新的世纪中抓住历史机遇，在新经济的发展中争取自己的一席之地，我国内部审计不能亦步亦趋，甘落人后，而要直接进入内部审计发展的最前沿。因此，西方内部审计的未来发展趋势对我国内部审计的发展具有重要的借鉴意义。

（二）国际内部审计发展对我国的启示

1. 审计理念由监督制约向管理服务转变。我国内部审计在建立初期，作为国家审计的补充，从属于国家审计，其职能是监督，扮演的是经济警察。而服务导向型内部审计的服务职能，则注重经济评价，即内部审计人员除了及时、准确地向组织管理层报告有关查错防弊和资产保护信息之外，更重要的任务是针对管理和控制的缺陷，提出建设性意见和改进措施，协助管理人员更有效地管理和控制各项措施，合理使用资源，提高经济效益。服务导向型审计并不意味着要放弃监督，相反，其目的正是通过对评价职能的有效发挥，促使其监督职能的到位，从而真正发挥内部审计的作用。随着我国社会主义市场经济的建立和发展，内部审计由监督型向服务型转变并与国际接轨是其重要的发展方向。

2. 审计职能由查错防弊向增加价值转变。过去我们一直强调审计独立的重要性，但应该看到，现代内部审计更要求注重增加价值，改进经营同样非常重要。内部审计的独立性要求内部审计人员必须置身于从设计、执行到完成的全部经营管理职能之外，这就使内部审计人员无法深刻、全面地理解组织的生产经营过程和内部关系，这种局限对其提出符合组织需要的建设性意见有着一定的负面影响。研究表明，判断内部审计是否成功，重要的标准之一是其服务给组织提供的价值。也就是说，对组织具有价值意义的活动，无论是从财务数据到内部控制制度，从历史财务信息到财务预测，还是从组织目标到控制过程，内部审计人员都要从不同角度进行分析、评价，以发展的眼光、动态的观点，提出合理的改进建议。

3. 审计范围由财务收支领域向经营管理领域转变。我国内部审计的对象主要是会计凭证、账簿、报表等相关资料，内审人员将大部分精力用于会计信息的真实性、公允性、合法性的查证与监督上，其主要工作范围集中于财务收支领域。随着市场经济体制的建立与完善，市场竞争日益加剧，加之计算机技术广泛应用，会计信息的表面错弊会越来越少，单单依靠会计信息已很难发现企业在经营管理中存在的问题。所以，这种以财务收支领域为审计重点的内部审计已不能有效辅助企业改善经营管理，增加市场竞争能力，提高经济效益。由此，内部审计的审计重点应由财务收支领域向企业经营管理领域延伸。这些领域既要包括供、产、销等主要经营环节的各种具体业务，又要涵盖人、财、物的管理效率和管理水平，主要包括：①内部控制制度。通过评价各项经营业务的内部控制制度的科学合理性和健全有效性，为改进制度、完善管理和加强控制服务。②业务活动。通过审查企业材料采购、产品生产、销售等主要经营环节的具体业务活动，评价企业各项决策的正确性和各项管理规章制度的实际执行情况，考查专项业务活动是否达到了预定目标，是否做到了高效率和高效益，为进一步提高专项业务活动的开展能力服务。③管理活动。通过审查评价各项管理措施是否有效，管理职能是否得以充分发挥，为改善企业的管理水平服务。④经济责任。审查考核企业领导干部任期内经济责任的履行情况以及内部各单位、各责任中心经济责任的履行情况。

4. 审计时间由鉴证历史向着眼未来转变。传统的内部审计通常是对已有控制或已发生的经济事项进行检查和评价，但是现代企业处于一个快速变革的社会环境之中，多样化的客户需求和瞬息万变的市场，仅仅以史为鉴是不够的，一味地评价过去已不能解决企业管理中面对的新挑战。因此，内部审计应由单一的事后审计扩展为事前、事中、事后审计相结合，把审计工作贯穿于生产经营管理的全过程，并着眼于未来的预测，才能改进控制和提高绩效。①事前审计。对组织的各项计划、预算和决策方案进行审计，以查明前期制定的方法是否科学，所依据的资料是否翔实，有关保证措施是否可行，并进行经济技术分析和论证，提出建议，作为企业编制各项计划和预算以及进行决策的参考。②事中审计。在计划、预算和决策方案的执行过程中，对计划实施、预算落实和决策方案执行情况进行的审计，通过审计结果对实际的经济效益和工作业绩进行评价，以便及时纠正实施过程中存在的问题。③事后审计。定期对计划、预算和决策方案的完成情况作全面、综合的事后审查，评价实际执行情况，总结经验教训，并提出改进意见。④预测。内部审计必须对面临的潜在风险进行预测，判断组织是否采取了适当的预防和应对措施，是否具有足够的适应能力。通过这种事前、事中和事后审计相结合并着眼未来的方式，降低经营风险，挖掘企业的潜力，提高企业对经营环境的适应能力和自我变革能力。

5. 审计技术由手工向信息化转变。信息技术的发展使企业的经营环境与经营方式发生了巨大的变化，以手工操作为主的传统审计手段已经不能满足新形势的需要。在企业资源计划系统中，经营业务要由信息系统处理与控制，绝大部分的会计记录由信息系统自动编制，在处理和提供会计信息的稳定性、及时性和可靠性上，已突显出计算机技术的优势。但是计算机信息系统是否合法、安全、正确与高效，直接关系到企业的安全与效益。内部审计人员必须认识到这些新的会计环境的特点和风险，掌握降低这些风险的控制和对这些控制进行审计的方法，探索新的审计方法，利用计算机手段，实现内部审计技术的现代化。这种转变可以使内部审计人员及时审查会计信息，实现实时审计和非现场审计，从而可以大大降低审计成本，提高审计效益和效率，彻底改变内审的工作模式。

6. 审计机构由双重领导向审计委员会模式转变。目前，我国的内部审计模式是采用“双重领导模式”，即既受本单位领导的管理，又接受国家审计机关的指导和监督。长期以来，内部审计无论是在业务安排上，还是在审计结论上都依附国家审计。随着现代企业制度的建立和公司管理结构的不断完善，越来越多的企业内部审计机构转向对董事会直接负责或对董事会下设的审计委员会负责，这种形式能减少股东和经营者之间的信息不对称，从而使股东利益得到有效保护，符合现代企业制度和完善的公司管理结构的要求，使得内部审计机构既能作为企业自我约束的机构又能代表包括政府在内的所有投资者和债权人的利益。

7. 审计模式由控制导向向风险导向转变。传统的控制导向审计是内部审计人员普遍采用的方法，它使内部审计的重点放在组织内部控制的规划、测试与报告上，造成审计工作偏向于内部控制系统，而忽视了组织本身的目标。这一审计模式已经带来许多问题，如过度控制情况日益严重，多余的或过时的控制阻碍了组织程序的正常运作，沟通变得更加困难，过多的人员从事无附加价值的工作。适当的组织目标和合理的评价标准是管理和内部审计工作走向规范的标志。没有合理的评价标准，就等于没有实质意义的管理，缺少有效的内部控制，内部审计工作也就无法真正发挥其作用。以风险评估为基础的风险导向审计属于开放式的模型，审计人员在开始一项审计项目时，必须首先评估组织面临的经营、管理、财务等风险，考虑组织目标是否适当，是否有相应健全的控制。这种开放型特征不仅体现在具体项目及与客户的相互沟通两个方面，从更高层次上讲，还反映在宏观上审计目标的不断演变方面。由此可见，内部审计人员根据风险评估的思路开展对内部控制的评价，以组织目标为起点和核心，能够更加有效地发挥其建设性作用，为组织增加价值做好服务。

8. 审计主体由小而全向多元化转变。21 世纪内部审计主体和内部审计人员将出现多元化的趋势，其表现有三个方面：一是内部审计主体的多元化。毫无疑问，与组织融为一体的内部审计机构和人员仍将是内部审计的主体，但在一些没有内部审计机构的小企业中，会由外部审计人员提供内部审计服务，在一些没有内部审计机构的大型企业中，很多情况下仍需要借助于具有特殊技能的外部审计人员的力量。二是审计人员结构的多元化。不仅要有财务会计人员，还要有工程技术人员、计算机专家、企业管理人员、风险管理专家等。三是审计人员知识结构多元化。审计人员除具有财务会计方面的知识以外，还需要具有企业管理、工程技术等多方面的知识。

9. 审计人员由行政管理向职业化转变。从世界范围来看，内部审计普遍采取了通过职业组织进行管理的方式。美国内部审计师协会于1941年成立后，许多国家相继加入，逐步发展为一个国际性组织，它通过制定《内部审计实务标准》、《道德准则》来规范审计人员的执业行为，通过对违反标准和准则的人员注销"注册内部审计师资格证书"的办法，增加其约束力。实践表明，通过职业组织管理内部审计组织是一种成功的管理方式。我国自内部审计产生至今，一直采用国家行政部门管理的方法，这一做法不利于内部审计的发展。正因如此，我国把内部审计由行政部门管理改为由内部审计的职业组织进行管理，并将中国内部审计学会改组为中国内部审计的职业组织——中国内部审计协会，这一方式的采用必将大大促进我国内部审计事业的发展。

第二节　内部审计定义的演进

内部审计的历史经历了一个由浅入深，由简单到复杂，由初级到高级的发展历程。内部审计职能也由最初的财务审计、经营审计发展到管理审计，直至现在的风险导向审计，这种演进可以从内部审计定义的演进历史得以验证。国际内部审计师协会自1941年成立至今共发布了8个关于内部审计的定义，这些定义的修改和发展，记录了内部审计前进的足迹，我们从中也可以得到很多启示。

一、1947年第一次定义

内部审计第一次定义为："内部审计是建立在审查财务、会计和其他经营活动基础上的独立评价活动。它为管理者提供保护性和建设性的服务，处理财务与会计问题，有时也涉及经营管理中的问题。”这个定义提出以后，由于那时内部审计人员水平较低，为管理服务能力不强，内审人员的地位也比较低，只能向低层管理人员报告，因而内部审计职能还有很大的局限性。

二、1957年第二次定义

管理人员和内部审计人员经过10年的努力，克服了存在的障碍，1957年国际内部审计师协会对内部审计定义做了修改。第二次定义为：“内部审计是建立在审查财务、会计和经营活动基础上的独立评价活动。它为管理提供服务，是一种衡量、评价其他控制有效性的管理控制。”该定义首次提出内部审计“是一种衡量、评价其他控制有效性的管理控制”。从而大大提高了内审的地位，指出它是一种管理控制，但又反过来衡量、评价其他控制的有效性，体现了内部审计是较高层次的监督。

三、1971年第三次定义

第三次定义为：“内部审计是建立在审查经营活动基础上的独立评价活动，并为管理提供服务，是一种衡量、评价其他控制有效性的管理控制。”这个定义最突出的一点是取消了“建立在财务会计基础上”这句话，预示着内部审计从财务审计向经营审计的方向发展，但并不意味着内部审计从此不审查财务会计，不去处理财务会计问题，而是说审查、处理财务、会计问题是基础，是理所当然不言而喻的，它已包括在“审查经营活动”这一概念中了。另外，这个定义还表明，内部审计评价的范围扩展到发生在组织内部的、应由内部审计评价的所有经营活动。实践表明，在定义修改后，审计人员用于财务、会计审计的时间不断减少，而用于经营活动审计的时间越来越多。据美国燃气协会和爱迪生电器协会的统计，内审人员1980年有40%的工作时间用于财务、会计审计，到1989年便下降到19%，更多的时间已用在合同审计和经营审计方面了。同一期间内审主管向董事长报告的比例由39%上升到

52%，而向财务主管报告的比例则由 10% 降为 4%。

四、1978年第四次定义

1978 年协会再次对定义做了修改，这次定义为："内部审计是建立在以检查、评价组织为基础的独立评价活动，并为组织提供服务。"这条定义最令人注目的是，将为管理服务改为为组织服务，把内部审计服务的范围扩大。然而这不是要排斥为管理服务，正如维克托 · 布林克所说：内部审计的主要服务对象依然是管理。所不同的是，为组织服务要求审计人员以整个组织为服务对象，而不是以某一管理部门及其人员为服务对象，要求他们站在整个组织的立场上观察和评价问题，为组织长远的、全局的利益服务。因为组织的长远利益才是组织的根本利益，是解决各种问题的基础。

五、1990年第五次定义

这次定义为："内部审计工作是在一个组织内部建立的一种独立评价职能，目的是作为对该组织的一种服务工作，对其活动进行审查和评价。"这条定义突出的一点是，把内部审计定义为：是建立在组织内部的，以便与外部审计相区别。

六、1993年第六次定义

本次定义明确指出："内部审计的目的是协助该组织的管理成员有效地履行他们的职责。"从而解决了"为组织服务"是为谁服务的问题，明确了内部审计服务的具体对象。

七、2001年第七次定义

1999 年 6 月国际内部审计师协会理事会通过了内部审计的新定义，并于

2001年写入《内部审计实务标准》。该定义为："内部审计是一种独立、客观的保证和咨询活动。其目的在于为组织增加价值和提高组织的运作效率。它通过系统化和规范化的方法，评价和改进风险管理、控制和治理过程的效果，帮助组织实现其目标。"这是国际组织第一次赋予内部审计"确认与咨询"双重服务内容，并且是为增加组织价值和改进经营、实现组织的目标服务；这也标志着内部审计已经进入到了一个增值型内部审计的新时代。面对这种变化，理论界和实务界产生了很多困惑。比如，内部审计一直被认为是一种客观收集证据、评价监督企业经济活动、提供鉴证服务的确认服务，内部审计向咨询服务的扩张被认为可能损害它作为治理程序有效性的确认者和独立分析师的价值。这种常见的忧虑与对外部审计人员的担忧是一样的（即提供咨询服务是否都会损害确认过程的价值）。

再比如，Nagy和Cenker（2002）的调查表明，一些内审主管不愿被贴上"咨询"的标签，并认为传统的鉴证职能仍是内部审计的"根基"。有学者认为尽管提供咨询服务似乎有利于管理层，也可能有利于企业的股东，但它会影响内部审计的独立性，从而对以独立性为灵魂的鉴证服务产生不利的影响。还有很多基层审计人员不能正确理解确认服务和咨询服务这种变化的实质和必然性，甚至存在对内部审计工作认识的一些误解：有些人认为审计的作用就是"程序的执行"，因此审计人员的作用就是监督人们遵守组织所制定的程序；还有人认为审计就是纯粹的咨询，因此审计人员只需要回答相关部门经理的询问。这两类观点相对都有些极端，前者更多的是一种确认服务，后者更多的是一种咨询服务。那么，内部审计为什么被添加了咨询服务的内容呢？这种咨询服务的提供是否会影响原有传统确认服务的开展呢？甚至是否会造成对传统内部审计确认服务的替代呢？确认服务和咨询服务到底是什么？二者之间又有什么样的区别与联系呢？

确认性服务是通过发表内部控制是否适当的意见，或通过披露重大控制问题来暗示对控制是否适当的意见而实现的。咨询服务是提供建议及相关的客户服务活动，其性质与范围通过与客户协商确定，目的是在内部审计人员不承担管理者职责的前提下，为组织增加价值并改进组织的治理、风险管理和控制过程，提高组织的运作效率。可以认为是咨询服务的业务类型包括：

进行内部控制培训、为管理层提供关于新系统的控制建议、起草相关政策、参与质量管理小组等。

咨询服务是在确认服务基础上拓展的，与确认服务彼此之间是一种前后相继发展的关系，有效的确认活动可以提高咨询服务的质量，优质的咨询服务有助于确认活动的加强。因此，二者紧密联系。

首先，二者的目标一致，都是为组织提供价值增值的服务。按照迈克尔波特关于“组织活动”的划分，内部审计的确认和咨询服务属于组织的质量保证活动，它们是确保直接活动（生产、制造、营销等）和间接活动（预测、决策、计划、管理等）质量的各种活动，因此二者既有助于与组织竞争优势直接相关的生产、营销等活动质量的提高，又有助于决策、计划等价值链间接活动质量的改进，统一于组织战略目标的实现。

其次，确认和咨询服务相容且可相互衍生，二者并不相互排斥或彼此割裂，多数审计服务既包含确认服务，也包括咨询服务。确认服务可以直接衍生出咨询服务，比如在评价内部控制充分性和有效性的过程中，管理层可能要求内部审计部门为内部控制的建设提供建议；同时，咨询服务也可能衍生出确认服务，比如在提供咨询服务的过程中发现存在的问题比较重要，需要按鉴证性审计程序进行独立的确认服务等。

再次，确认服务是内部审计的基础，咨询服务是内部审计的补充。内部审计首先要向董事会、审计委员会及高级管理层提供其所需的信息并作出相应评价，完成“管理层的耳目”的任务，因此确认服务是内部审计最根本、最基础的服务。在此基础上，再根据高管和各层次管理层改善自身状况的需求提供专业咨询服务，比如以“顾问”、“参谋”的身份，对其制定的目标、决策、计划以及在经营过程中出现的差异、漏洞和薄弱环节提出改进建议，以便其更好地履行受托责任。由于咨询服务是在确认服务之上的更高层次的内部审计服务需求，因此咨询服务的实现，实际上就是内部审计人员发挥能动性、通过以往审计过程中问题的总结，对将来审计过程中可能出现问题的预判并提前堵住漏洞，是对传统只包含确认服务的内部审计的补充。

确认服务与咨询服务既前后关联，又各不相同，咨询服务的添加是为了更好地提升内部审计的增值，它不会影响确认服务的开展，因为确认服务是内部审计的基础，而咨询服务是在确认服务的基础上为企业高管层提供建议，没有这个基础，咨询服务无从谈起，它更不会替代确认服务。因此二者的服务对象、内容、功能都是不一样的，彼此互为支持和补充，共同完成为企业增值的目标。

八、2004年第八次定义

2004 年发布的定义为："内部审计是一种独立、客观的确认和咨询活动，旨在增加价值和改善组织的运营。它通过应用系统的、规范的方法，评价并改善风险管理、控制和治理过程的效果，帮助组织实现其目标。"表面上看，该定义与 1999 年定义相比，没有更多的变化。但是在 IIA 的解释公告中，我们会发现，其服务的对象范围更加广泛，不仅为增加本组织价值提供服务，还为组织的所有利害关系人（如政府、股东、债权人、客户和委托人）创造价值或利益服务。作为一项客观活动，内部审计并非必须在组织内部设立，可以通过外包来获得。该定义强调内部审计范围包括确认和咨询活动，内部审计是确认服务与咨询服务的统一体，突出内部审计要积极主动、以客户为中心，并关注内部控制、风险管理和治理过程的关键问题。该定义明确内部审计的目的是增加价值和改善组织运营，强调内部审计对各种组织的重要贡献。

在此定义中，内部审计关注组织治理，而组织治理也由以往的静态命令控制模式转变为与不断变化的经营风险相适应。传统的管理将注意力放在个别控制系统和经营机制上，而现代管理则强调总体管理理念，把总体管理控制系统与组织的长远目标联系起来，把目标的达成与可能发生的风险联系起来。因此，评价和改进风险管理、控制和治理过程，就必然成为内部审计的一项重要内容，将变化的风险管理模式融入内部审计程序，使内部审计更加关注风险管理，注重组织经营的未来风险。风险分析的方法和风险管理的原则，改变了内部审计计划和报告的方式。

2003 年中国内部审计协会发布的《内部审计准则》中将内部审计定义为："在组织内部的一种独立客观的监督和评价活动，它通过审查和评价经营活动及内部控制的适当性、合法性和有效性来促进组织目标的实现。”此定义与IIA最新的定义相比，可以看出，我国内部审计的职能突出强调的是监督和评价，其主要业务是监督和评价内部控制与经济活动。可见，我国对于内部审计的认识、定义尚不完善，只关注内部审计在监督、控制方面的作用而忽视内部审计的其他职能，是“监督型”的内部审计。事实上，在实务操作中，我国企业内部审计的主要职能是提供确认服务，咨询服务很少。通过对我国内部审计服务范围和职能的现状考察，发现内部审计人员主要通过会计凭证、财务报表等相关财务资料的确认服务来监督企业财务数据的真实合法性，它的主要职能定位是通过监督和评价达到查错纠弊的目的，服务范围主要局限于财务审计和经济效益审计两个方面。近年来开始逐步向业务审计（或经营审计）、管理审计方向发展。

咨询服务在我国发展相对缓慢和滞后是有其深层次原因的。首先，我国企业和内部审计发展水平相对滞后和不平衡：一方面，与西方发达国家相比，我国企业尤其是私营企业、跨国企业的发展水平相对落后，管理水平和对内部审计的需求远没有达到发达国家的水平；我国国有企业产权不明晰，由于所有者不明确，造成内部审计部门隶属于经营者，缺乏所有者对经营者的监督评价。另一方面，我国内部审计整体水平也相对落后，且存在内部发展不均衡，因为不同企业组织治理程序和结构的成熟水平、内部审计在组织中的角色定位及内审人员的素质水平差异很大，严重制约了咨询服务的发展。此外，我国企业内部审计还有相当一部分由总会计师或主管财务工作的负责人领导，这在一定程度上影响了内部审计的独立性、客观性和权威性，不利于内部审计确认咨询服务的正常发挥。并且在人员安排上，由于管理层的错误认识，对审计人员的重视程度不够，内部审计人员和公司、单位其他部门人员同属于一个机构，无法避免利益冲突和偏见。在这种情况下，确认和咨询服务较难开展，尤其对于不具有强制性的咨询服务更难开展，人员之间的利益冲突会演变为对确认服务的不作为、对咨询建议的不需要和不采纳。最后，我国很多企业内审人员大多来自于财会部门，缺乏审计知识和现代管理知识，使得审计只能从凭证到账面查找问题，难以从实际工作的深层次上发现问题，更不可能为领导提供决策依据和咨询建议，尤其对于咨询服务，它需要内审人员能够从管理的视角为高管层提供咨询建议，以帮助企业降低成本、提高效率、规避风险。而欠缺管理知识的内审人员是不能满足现代内部审计发展的需要的，自然内部审计咨询服务的开展受到局限。

当然，历史不会是一成不变的。随着时间的推移，我国在2006年之后，经济及企业发展速度惊人。企业内部控制与风险管理随着2008年、2010年基本规范与配套指引的发布更加趋于完善，内部审计的抓手更加牢靠，内部审计在内部控制与风险管理、甚至是治理中的作用越来越得到企业董事会与高层管理者的重视。**我国《内部审计准则》(2013)规定，内部审计是一种独立、客观的确认和咨询活动，它通过运用系统、规范的方法，审查和评价组织的业务活动、内部控制和风险管理的适当性和有效性，以促进组织完善治理、增加价值和实现目标。**

修订后的定义力求反映国际、国内内部审计实务的最新发展变化，与IIA对内部审计的定义接轨。与2003年的定义相比，主要变化体现在：

1. 关于内部审计的职能。IIA在内部审计最新定义中将内部审计界定为一种“确认和咨询”活动。实际上，“确认”的含义就是指通过监督检查，对被审计的事项予以鉴证，并在此基础上提出评价意见和建议。而“咨询”是在评价的基础上提出的意见和建议，是评价的进一步发展。因此，从内涵上来看，确认和咨询包含了监督和评价的含义。相对于“监督”所体现的内部审计的查错纠弊功能，现代内部审计更强调由“咨询”所体现出的内部审计的价值增值功能。随着我国内部审计的全面转型和发展，原内部审计定义中的“监督和评价”已不能全面反映当前内部审计理念和实践的最新发展，借鉴IIA的定义，此次修订将原内部审计定义中的“监督和评价”职能改为“确认和咨询”职能，进一步扩大了内部审计的职能范围。

2. 关于内部审计的范围。修订后的定义将内部审计范围界定为“业务活动、内部控制和风险管理的适当性和有效性”，将原来的“经营活动”改为“业务活动”，体现了内部审计的业务范围不仅仅局限于以盈利为目的的组织，还适用于非盈利组织。定义中增加了对“风险管理的适当性和有效性”的审查和评价，以体现内部审计对组织风险的关注。

3. 关于内部审计的方法。修订后的定义增加了运用“系统、规范的方法”

的规定，强调了内部审计的专业技术特征，体现内部审计职业的科学性和规范性，有助于内部审计人员和社会各界人士了解内部审计职业对技术方法和人员素质的要求。

4. 关于内部审计的目标。修订后的定义将内部审计的目标界定为“促进组织完善治理、增加价值和实现目标”，进一步明确了内部审计在提升组织治理水平，促进价值增值以及实现组织目标中的重要作用。对内部审计目标更高的定位将进一步提升内部审计在组织中的地位和影响力，提升内部审计的层次。

第三节　内部审计准则体系

一、国际内部审计实务准则框架

国际内部审计师协会的职业实务框架（PPF）于 1999 年 6 月经国际内部审计师协会董事会正式批准。PPF 主要由三部分构成：强制性指南、实务咨询和发展与实务支持。

强制性指南，是指在不同的国家或地区、不同的环境下，内部审计人员都必须使用的准则，它包括内部审计定义、内部审计人员的职业道德规范、内部审计职业实务准则。这是内部审计的职业基础。

实务咨询，是内部审计准则的第二个层次，为内部审计人员提供一个建设性的条款，目的是对新准则的解释和运用提供详细的建议；同时还包括一些新的信息，像国际内部审计师协会发布的内部审计准则公告（SIAS）和新近流行的职业道德规范的关注项目、风险管理的细则、咨询性服务准则、信息的安全性服务准则等。

发展与实务支持，是指那些最近发展的实务，国际内部审计师协会往往以专题报告、研究报告、参考书籍、研讨会文集、教育培训项目等方式来推荐这些参考性意见。

在国际内部审计师协会所设计的 PPF 中，强制性指南属于第一层次，具有法定约束力。而在这一层次中，职业道德规范又居于最高地位；实务咨询为第二层次，具有指导性作用；发展与实务支持则是第三层次，仅供参考。

二、中国内部审计准则框架体系

2003年颁布实施的中国内部审计准则框架体系是由内部审计基本准则、内部审计具体准则、内部审计实务指南三个层次组成。其中，内部审计基本准则是内部审计准则的总纲，是内部审计机构和人员进行内部审计时应当遵循的基本规范，是制定内部审计具体准则、内部审计实务指南的基本依据。内部审计具体准则是依据内部审计基本准则制定的，是内部审计机构和人员在进行内部审计时应当遵循的具体规范。内部审计实务指南是依据内部审计基本准则、内部审计具体准则制定的，为内部审计机构和人员进行内部审计提供的具有可操作性的指导意见。内部审计准则体系中的三个不同层次，具有不同的约束力和权威性。基本准则，是内部审计准则体系的第一层次，是内部审计准则的总纲，具有最高的权威性和法定约束力。基本准则、具体准则是内部审计机构和人员进行内部审计的执业规范，内部审计机构和人员在进行内部审计时应当遵照执行。具体准则的权威性虽低于基本准则，但要高于实务指南，并有法定约束力；而实务指南是给内部审计机构和人员提供操作性的指导意见，不具有法定约束力和强制性，内部审计机构和人员在进行内部审计时应当参照执行。

2013年修订的内部审计准则针对现有具体准则中存在的内容交叉、重复，个别准则不适应内部审计最新发展等问题，对准则体系结构进行了调整，对部分准则的内容进行了整合，并根据实际情况取消了部分准则。修订后的内部审计准则体系由内部审计基本准则、内部审计人员职业道德规范、20个具体准则、5个实务指南构成。其中，内部审计具体准则分为作业类、业务类和管理类三大类。作业类准则涵盖了内部审计程序和技术方法方面的准则，具体包括审计计划、审计通知书、审计证据、审计工作底稿、结果沟通、审计报告、后续审计、审计抽样、分析程序等9个具体准则；业务类准则包括内部控制审计、绩效审计、信息系统审计、对舞弊行为进行检查与报告等4个具体准则；管理类准则包括内部审计机构的管理、与董事会或者最高管理层的关系、内部审计与外部审计的协调、利用外部专家服务、人际关系、内部审计质量控制、评价外部审计工作质量等 7 个具体准则。

在分类的基础上，对准则体系采用四位数编码进行编号。四位数中，千位数代表准则的层次，百位数代表准则在某一层次中的类别，十位数和个位数代表某具体准则在该类中的排序。新的编号方式借鉴国际内部审计准则的经验，体现准则体系的系统性和准则之间的逻辑关系，为准则未来发展预留了空间。

内部审计基本准则和内部审计人员职业道德规范作为准则体系的第一层次，编码为 1000。其中内部审计基本准则为第 1101 号，内部审计人员职业道德规范为第 1201 号。

具体准则作为准则体系的第二层次，编码为 2000。其中，内部审计作业类编号为 2100，属于这一类别的 9 个具体准则编码分别为第 2101 号至第 2109 号；内部审计业务类编号为 2200，属于这一类别的 4 个具体准则编码分别为第 2201 号至第 2204 号；内部审计管理类编号为 2300，属于这一类别的 7 个具体准则编码分别为第 2301 号至第 2307 号。以第 2305 号《内部审计具体准则——人际关系》为例，千位数 2 代表该准则为准则体系中的具体准则，百位数 3 代表该准则为具体准则中的管理类准则，个位数 5 代表该准则在管理类准则中的排序。

实务指南作为准则体系的第三层次，编码是 3000。第 3101 号为《审计报告指南》，第 3201 号至 3204 号分别为《建设项目审计指南》、《物资采购审计指南》、《高校内部审计指南》和《企业内部经济责任审计指南》。以第 3202 号《内部审计实务指南——物资采购审计》为例，千位数 3 代表第三层次实务指南，百位数 2 代表与具体准则的业务类准则相对应，个位数 2 代表在此类指南中的排序。

内部审计具体准则的具体内容调整如下：

1. 将原第 12 号、第 16 号、第 21 号具体准则与原第 5 号具体准则合并修订为第 2201 号内部审计具体准则——内部控制审计。原第 5 号准则《内部控制审计》规范了内部控制的定义、要素、内部控制审计的目标、内容、方法等，属于对内部控制审计的总纲式规定；原第 12 号准则《遵循性审计》具体规范内部控制目标中关于遵守国家有关法律法规和组织内部标准的内容；原第16号准则《风险管理审计》具体规范内部控制中风险评估要素的审查和评价；原第21号准则《内部审计的控制自我评估法》规范了控制自我评估这一具体方法，以及内部审计人员如何运用该方法协助管理层对内部控制进行评估。遵循性审计、风险管理审计、内部审计的控制自我评估法等三个准则从内容或逻辑上都应当属于内部控制审计的组成部分，因此，此次修订将原分属四个准则的内容进行了整合和补充，并充分借鉴《企业内部控制基本规范》及配套指引的相关内容，制定了《内部控制审计准则》。

2. 将原第25号、第26号、第27号具体准则合并修订为第2202号《内部审计具体准则——绩效审计》。按照经济性、效率性和效果性等三个方面分别制定具体准则是我国准则制定工作的有益探索。然而，由于经济性、效率性和效果性均为绩效审计的目标，实践中往往需要对某一事项或项目的经济性、效率性和效果性同时作出评价，因而原准则存在内容重复、实践中不好操作等弊端。因此，此次修订将原来的三个具体准则进行了合并，修订为《绩效审计准则》。

3. 将原第9号、第19号具体准则合并修订为第2306号《内部审计具体准则——内部审计质量控制》。原第9号具体准则《内部审计督导》中将督导定义为通过内部审计机构负责人和审计项目负责人对实施审计工作的审计人员所进行的监督和指导，其目的是为了保证内部审计质量。而原第19号准则《内部审计质量控制》中规定的项目质量控制，主要是指审计项目负责人指导内部审计人员执行审计计划、监督内部审计过程、复核审计工作底稿及审计报告。从内容上看，内部审计质量控制涵盖了内部审计督导，因此，此次修订调整了原第19号准则《内部审计质量控制》的结构，与原第9号准则《内部审计督导》的相关内容进行整合，并做进一步修改和完善。

4. 不再保留原第17号具体准则——重要性和审计风险。与国际内部审计准则的有关内容相比，制定《重要性与审计风险》准则是我国内部审计准则体系的尝试和创新。但是，随着内部审计逐步从财务审计发展到更加关注内部控制、风险管理的阶段，原来侧重于财务报表审计的重要性、审计风险等概念及运用已经发生了变化。鉴于此，此次修订不再保留该准则，将“重要性”和“审计风险”的内容分散在基本准则以及相关具体准则中予以反映。

5. 不再保留原第 22 号具体准则——内部审计的独立性和客观性。独立性和客观性是内部审计的基本特质，也是内部审计人员职业道德规范的重要组成部分。因此，此次修订不再保留该具体准则，相应条款充实到内部审计基本准则和内部审计人员职业道德规范中。

6. 不再保留原第 29 号具体准则——《内部审计人员后续教育》。原第 29 号具体准则所指的内部审计人员包括取得内部审计人员岗位资格证书或取得国际注册内部审计师（CIA）资格证书的人员。目前，国际内部审计师协会对取得 CIA 证书和内部控制自我评估专业资格证书（CCSA）人员的后续教育作出了新的规定，中国内部审计协会根据该规定出台了《国际注册内部审计师后续教育办法》和《内部控制自我评估专业资格证书后续教育办法》，对中国大陆地区持有上述资格证书人员的后续教育进行规范。鉴于第 29 号具体准则的内容和目前的实际情况已有较大出入，本次修订不再保留该准则，同时在基本准则和内部审计人员职业道德规范中对内部审计人员后续教育方面的要求进一步明确和强化。今后协会将结合内部审计人员后续教育的实际情况，制定更有针对性的办法或规定。

第四节 内部审计与外部审计的区别

所谓的内部审计与外部审计主要是针对审计主体的不同进行的划分。内部审计是由部门、单位内部审计机构或者是专职审计人员实施的审计。内部审计师为整个企业内部的管理者提供履行职责所需要的信息，它从事的是一项对企业经营进行的独立评价活动，这种活动是通过衡量和评价内部控制的充分性和执行的效率与效果来实现的。此外，他们还密切关注与公司治理和风险相关的所有活动。而外部审计则主要是指注册会计师审计，它是由独立的外部机构进行的，外部审计师的主要职责是对组织的财务报表发表专业意见，其目标在于判断财务报表是否真实公允地反映了特定经营期间内该组织的财务状况和经营成果，同时，他们必须确信财务报表是按照公认会计原则要求编制的。可见内、外部审计二者存在很多不同，当然，在检查会计控制的充分性方面，二者又具有很多的重合性，但外部审计关注的范围相对狭窄一些，内部审计关注的范围则更加广泛。具体的区别表现在：

第一，在审计目标上，内部审计的目的是提高组织的运作效率，是出于管理目的；外部审计则是为对组织的财务信息的合法、公允、一贯提供合理的保证。

第二，在审计独立性上，内部审计在组织、工作、经济方面都受本单位的制约，独立性受到局限，具有相对性，仅能做到独立于被审计事项或者单位；外部审计则需要在经济、组织、工作等方面都必须与被审计单位毫无关系，具有较强的独立性。这种独立性体现在形式上的独立性和实质上的独立性，外部审计对于独立性的要求很高，并且形式上的独立性重于实质上的独立性。

第三，在审计方式上，内部审计是根据本单位的安排进行审计工作的，具有一定的任意性；外部审计则必须是受托执行的。如果没有接受委托，外部审计师是不能随意审计被审计单位的。

第四，在工作范围上，内部审计的工作范围涵盖单位管理流程的所有方面，包括风险管理、控制和治理过程等；外部审计则集中在企业的财务流程及与财务信息有关的内部控制方面。

第五，在审计方法上，内部审计的方法是多样的，应结合组织的具体情况，采取各种不同的方法，其中也可以包括外审的一些程序；外部审计的方法则侧重报表审计程序。

第六，在审计报告的作用上，内部审计报告只能作为本单位进行经营管理的参考，对外不起鉴证作用，不能向外界公开；国家审计除涉及商业秘密或其他不宜公开的内容外，审计结果要对外公示；社会审计报告则要向外界公开，对投资者、债权人及社会公众负责，具有社会鉴证的作用。

第七，在审计的服务对象上，内部审计人员在处理企业生产经营管理活动的问题中，充当企业管理当局的参谋和助手，并帮助各级管理人员有效地履行他们的职责，其主要的、直接的服务对象就是包括企业管理当局和董事会在内的组织内部的各级管理人员。通常，外部审计人员是受托对企业的财务会计报表进行年度审计，其服务对象是与企业利益相关的社会各界，包括股东、银行、债权人、政府和潜在的投资者等。当然，这不排除他们的意见被企业管理当局和董事会采用的情况，但这是次要的，不是其主要的使命和目的。

第八，在与内部控制的关系程度上，外部审计人员主要关注对会计信息的真实性和完整性有实质性影响的控制，而内部审计人员则对整个内部控制系统都给予了极大的关注。另外，二者的出发点不同，外部审计人员关心内部控制，是因为它们影响其设计的审计程序性质和进行细节测试的范围，这与他们对财务会计报表发表独立意见相比是次要的。内部审计人员关心内部控制的目的在于检查和评价内部控制系统的适当性和有效性，并针对控制的缺陷提出强化控制的意见和措施。

第九，在对待舞弊的态度上。外部审计师一般对未达到重要性水平的舞弊和浪费不会予以过多的关注。内部审计师则对于所有浪费和舞弊行为都非常关注，无论其原因与数量，即使是很小的背离行为，因为内部审计师的理念始终认为“千丈之堤，溃于蚁穴”。

虽然内、外部审计有着诸多的不同，但是，内、外部审计师的协作、沟通是非常必要的，它对于提高公司整体审计活动的经济性、效率和效果具有重要意义。任何一种审计形式都不可能替代另外一种。在很多情形下，他们会彼此之间相互影响。如果他们不进行协作、沟通，就会因为许多不必要的重复增加成本，并且容易混淆审计责任，这对于企业来说是得不偿失的。当然，审计成本的提高并不是促使内部审计与外部审计进行协作的唯一原因，相关法律法规的变化也是一种促动，当外部审计融合了内部审计师的意见和公司内部的相关情况后，能够制定出更加先进的审计方法，这种做法将使得公司管理层和董事会增加满意度。

虽然内部审计师与外部审计师具有协作、沟通的必要性，但是，事实上，现实中的许多问题还是阻碍了二者的协作。例如，内部审计师的工作可以被认为是外部审计师工作的一部分，但是内部审计师的工作不能直接替代外部审计师的工作。当然，为了避免这种重复，内部审计师已经开始逐步将财务审计的工作范围和工作量缩减，向更广阔的业务流程、治理层面延伸。外部审计要想真正利用内部审计师的工作，也需要对其胜任能力和客观性进行评估，如果这些方面没有问题，外部审计师可以邀请内部审计师直接承担一些外部审计的工作，事实上这种合作已经越来越少，但在内部控制领域的交叉会越来越多。

第五节　内部审计机构设置模式

内部审计机构，是指在部门、单位内部从事组织和办理审计业务的专门组织。应该看到，内部审计在公司治理结构中是不可或缺的部分，一个企业的内部审计组织结构的设置，关系到内部审计功能的发挥。不同阶段、不同企业对内部审计功能的需求也有不同，因此，根据企业规模、管理方式、企业目标等实际情况，内部审计组织结构的设置也有不同。在公司治理框架内，常见的内部审计机构设置有以下几种模式：

一、财务总监领导模式

这种结构的内部审计部门在公司治理框架内层次较低，只能开展部分日常性的审计工作，不能直接为经营决策者服务，更多的是履行检查功能，并未涉及内部审计的确认与咨询活动，独立性较差，如图 1–1 所示。一般多见

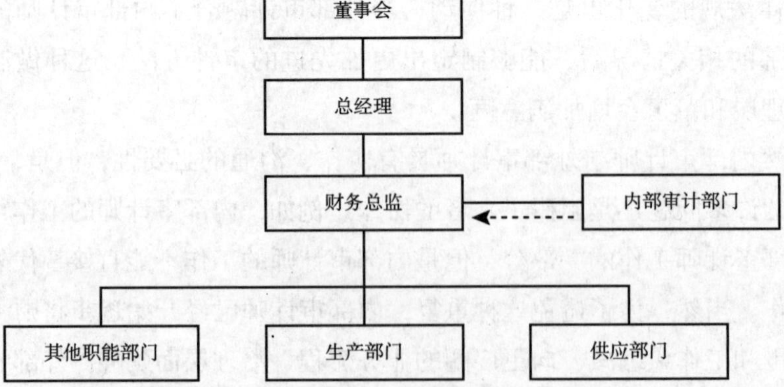

图 1–1　财务总监领导的内部审计机构设置

于企业规模较小、股权结构简单的企业。

二、总经理领导模式

这种结构的内部审计部门地位比财务总监领导的内部审计部门来得更高，更接近于经营管理层，能直接为日常经营决策服务，审计的范围主要是经营审计和总经理对董事会财务责任的审计，如图 1–2 所示。有利于发挥内部审计在提高经营管理水平方面的作用，保持了审计的独立性和较高的组织地位，但难以对总经理的受托管理责任进行独立的监督和评价。

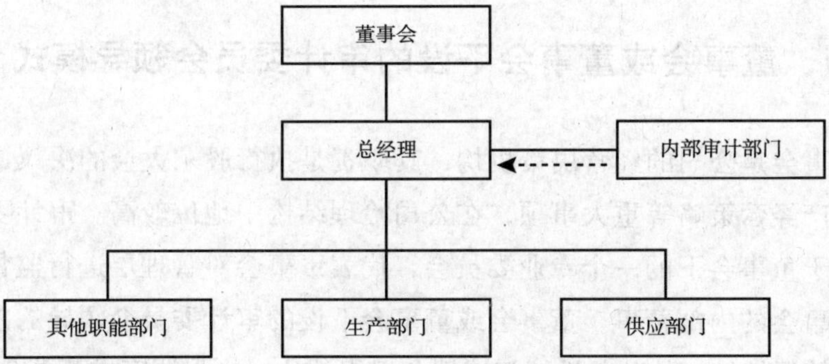

图 1–2 总经理领导的内部审计机构设置

三、监事会领导模式

在现代公司治理结构中，股东大会及各利益相关方作为委托人，分别将各自的资源交董事会代理，并委托与董事会平行的监事会对其进行监督。这一结构的内部审计部门地位较高，有利于履行内部审计的检查、评价、鉴证功能，监事会也能够更好地利用内部审计工作履行其自身职能，如图 1–3 所示。但这种结构下，由于监事会属于公司高层制衡机制组成部分，不参与公司的日常经营管理，相应地内部审计部门不能直接服务于经营决策，难以通

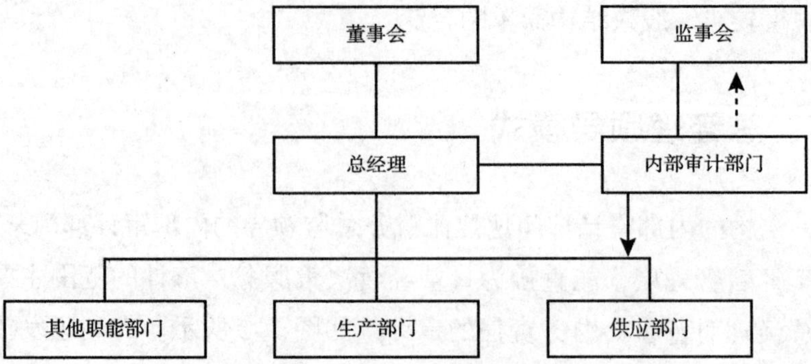

图 1-3　监事会领导的内部审计机构设置

过内部审计改善经营管理、提高经济效益的目的，从而难以实现其对企业的增值功能。

四、董事会或董事会下设的审计委员会领导模式

董事会是公司的经营决策机构，其职责是执行股东大会的决议，决定企业的生产经营策略等重大事项，在公司治理结构中地位较高。审计委员会作为隶属于董事会下的一个专业委员会，代表董事会对管理层进行监督，同时制衡董事会的内部董事。董事会或董事会下设的审计委员会领导的内部审计部门能够保持较高的独立性、权威性和组织地位，更强调完成董事会的责任，有利于内部审计的检查、评价、监证和咨询功能的发挥，如图 1-4 所示。但这种组织结构下无法监督董事会的受托责任，在一定程度上限制了内部审计的检查、评价功能。

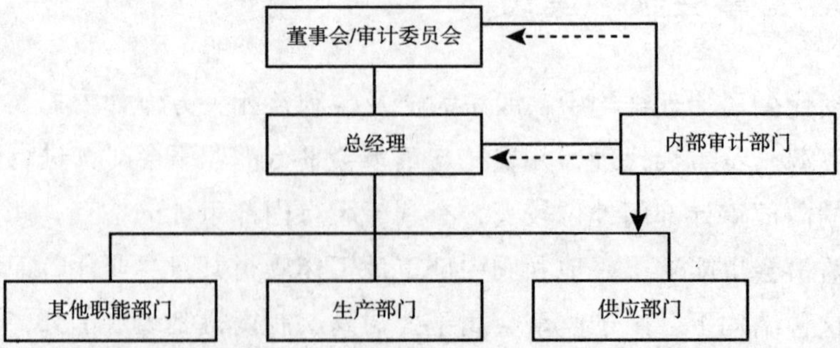

图 1-4　董事会 / 审计委员会领导的内部审计组织结构

五、双重领导模式

以上的几种组织结构都不能同时平衡内部审计职能与独立性之间的关系，因此产生了一种新的组织结构——双重领导的内部审计组织结构，即在职能上向审计委员会报告业绩，在行政上向总经理负责并报告工作。这种双向负责、双轨报告、保持双重关系的组织结构，符合公司治理对其履行报告受托责任的要求，能够最大限度地发挥内部审计的检查、评价、鉴证和咨询的功能，而且保证了内部审计的独立性。其中，审计委员会的职责主要包括：（1）负责对公司内部审计部门的业务指导工作，以保证公司对外公布的财务信息的真实性、可靠性，避免对公众产生误导；（2）选择并审核企业的首席审计执行官（CAE，内部审计部门主管），审批内部审计章程，审查内部审计的范围、适用性和审计结果等，以提高内部审计工作的独立性、规范性和可操作性；（3）审查公司的财务政策、运营及控制系统的状况，保证企业监控的充分和完整；（4）负责聘请并监督外部审计机构，作为协调与沟通外部审计、内部审计和董事会的渠道；（5）参加董事会会议，对董事会的决策提出恰当的建议，以保证决策的有效性；（6）监督企业文件、财务、责任、法律方面有无违规之举，检查公司的方针、政策及审计原则，为创建良好的企业文化环境作出积极的贡献，如图 1–5 所示。

目前来看，双重领导的设置模式是一种最优的设置模式，也是 IIA 最为

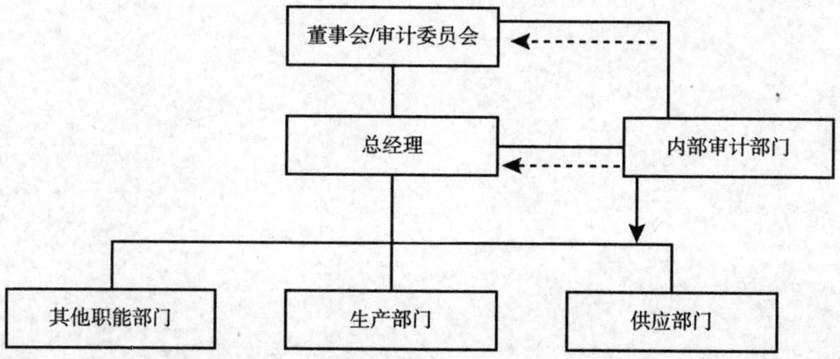

图 1–5　双重领导的内部审计组织结构

推崇的一种设置模式。但是在实践中，内部审计组织设置会直接受到企业管理理念、企业规模、内部治理结构、人员水平和胜任能力等各方面因素的影响。尤其是针对我国企业股权结构、治理模式的不同现状，在构建内部审计机构设置时还要遵循科学性、适应性和可操作性原则。对于一些特殊类型的，或管理上有特殊要求的企业，可根据自己的实际情况，灵活设置。无论选择哪种组织结构，都要兼顾内部审计的独立性、专业性、高效性、权威性。

第二章
内部审计职业道德

内部审计职业已经成为21世纪非常令人向往的职业之一，不仅拥有令人羡慕的社会地位和薪酬，也因其在组织治理、内部控制和风险管理方面所发挥的不可替代的作用，受到组织治理层、高级管理层的日益重视，同样社会公众也对内部审计职业寄予了厚望。面对社会公众及其所在组织的殷切期望，内部审计工作从业人员必须保持和不断提升自身的道德水准，坚守职业操守，提供高品质的服务，不断满足利益相关者的要求，实现为组织增加价值的职业目标。为此，对内部审计机构和人员的行为进行严格的道德规范显得至关重要。

第一节 内部审计职业道德概述

一、内部审计职业道德的内涵

内部审计职业道德是内部审计人员在开展内部审计工作中应当具有的职业品德、应当遵守的职业纪律和应当承担的职业责任的总称。

职业品德是内部审计人员应当具备的职业品格和道德行为。它是职业道德体系的核心部分，其基本要求是客观、诚信、正直、廉洁。

职业纪律是指约束内部审计人员执业行为的纪法和戒律，尤指内部审计人员应当遵循执业准则及国家相关法规。

职业责任是指内部审计人员对国家、组织、员工和其他利害关系人所应当履行的责任。

内部审计职业道德的基本要求包括两个方面：一是内部审计人员从事内部审计活动时，应当遵守内部审计职业道德规范，认真履行专业职责；二是不得损害国家利益、组织利益和内部审计职业声誉。

我国内部审计准则是在《审计法》及其实施条例，以及其他有关法律、法规和规章的基础上，结合考虑了我国的经济情况和内部审计工作的实际情况制定的，具有科学性、现实性和前瞻性，它对内部审计工作各个环节以及专门问题作出了原则性的指导，既有可操作性，又有一定的灵活性，是内部审计人员在实施内部审计活动时必须遵循的执业标准。为了规范内部审计人员的职业行为，维护内部审计职业声誉，根据《审计法》及其实施条例，以及其他有关法律、法规和规章，中国内部审计协会还制定了内部审计人员职业道德。严格遵守内部审计准则和内部审计人员职业道德规范等规定是内部审计人员履行职责的首要要求。

内部审计人员作为组织经营活动和内部控制的评价者和监督者，应当保持自身的诚信正直，忠于国家，忠于组织，维护职业荣誉，不能从事有损国家利益、组织利益和职业声誉的活动。

二、内部审计职业道德规范的框架结构

内部审计行为的道德规范既要体现对内部审计人员道德观念和道德行为的基本指导思想，又要明确道德规则的具体操作指南，就必须结构分明、层次清晰。但是，内部审计道德规范的内容也不宜过于详细和具体，从而形成机械性的操作规程，使得内部审计人员的职业判断受到限制和禁锢，应当详略得当、伸缩自如。内部审计职业道德规范是对内部审计人员在从事内部审计工作时应当遵循的道德标准的总括，虽然各个国家由于历史、文化、思想观念和道德水准上的差异，对内部审计人员道德标准的要求可能会存在不同，

但是从总体上看，内部审计的职业道德规范可以包括职业道德的基本原则、具体的行为规则、对行为规则的解释，以及对实际问题的裁决等内容。

对内部审计行为的道德规范应该比技术规范和法律规范更加广泛和全面，因此道德规范的逻辑结构中就不仅应该包括所有的具体道德行为准则，还必须从更高的层面上提出与职业理想、职业责任等相关的高标准道德原则。道德规范对职业理想的渲染是为了在社会上形成良好的职业形象，同时也是为了要求内部审计职业的全体从业人员树立崇高的职业理想、坚定的职业信念和美好的职业追求。道德规范对职业责任的强调是为了使内部审计职业的全体从业人员热爱自己的职业，信赖和尊重自己的职业，树立与自己的职业荣辱与共的思想信念，努力履行自己的职业责任，竭诚为组织和社会公众的利益服务。为更好地实现职业理想，更有效地履行职业责任，内部审计人员必须具备丰富和广博的职业知识和技能，这不仅是对内部审计人员的技术性要求，更是对内部审计人员的道德要求，是其从事内部审计工作的最基本资格条件，因此，道德规范中就必须明确内部审计人员应该具备的基本资格条件以及获取和提高的方式。为此，内部审计行为的道德规范应当至少由理想标准的道德原则和具体标准的道德行为准则两个部分构成，坚定的职业信念加上高标准的道德准则才能确保内部审计职业的整体道德水平。

内部审计职业道德规范应当明确内部审计的职业责任，对职业责任的规定是根据内部审计职业的本质属性和职业道德的理想标准派生出来的，它倡导内部审计职业的所有从业人员树立高度负责的态度。在此基础上，具体的行为准则才能得以合理建立和有效执行，每一项具体的内部审计工作才能得到认真负责地执行，从而实现内部审计行为的科学化、规范化和内部审计结果的合理化。对此，国际内部审计师协会职业道德规范中就要求：“内部审计师应当诚实、勤奋并负责任地完成工作。内部审计师应当持续地提高其服务的熟练程度、效率和质量。”

内部审计职业道德规范的行为规则具体规定了内部审计人员可以做的行为和不可以做的行为，是对内部审计人员道德行为的最低要求，是从事内部审计工作的所有人员都必须严格遵守的基本标准。只有将这些具体规定落实到内部审计工作的全过程中去才能确保其工作的高质量。为便于内部审计人员更好地理解内部审计的行为规则并在内部审计实务中合理地遵循这些规则，内部审计职业道德行为规则的制定机构还可以就这些行为规则的性质及其具体运用作出进一步的详细解释。

由于内部审计工作具有很强的实务操作性，同时也需要面对千差万别的实际状况，内部审计人员在具体完成各项内部审计工作时往往会遇到一些十分具体的问题，这些具体问题可能在职业道德规范中并没有明确的规定，或者按照规范执行之后可能造成不良的后果，即出现所谓的道德两难。此时，从事一线内部审计实际工作的内部审计人员就迫切希望能够得到权威人士或者职业团体就这些问题给予的有益帮助，以指导他们作出正确的职业判断。所以，职业道德规范的制定机构应当充分考虑内部审计人员的实际需求，设置适当的咨询渠道，方便他们提出问题，并给予适当的解释，以解决内部审计人员的实际问题。同时，为便于其他内部审计人员在遇到类似问题时也能够得到及时的指导，职业道德规范的制定机构可以将这些问题和解释定期汇编成册予以分发，既可以提供参考，又可以开展进一步的讨论。这些问题和解释的汇编是对内部审计职业道德规范中行为准则的必要补充，也应视为职业道德规范体系的重要组成部分，虽然通常情况下是非强制性的，但是如果内部审计人员违背其中的规定也要说明充分的理由。

第二节 诚信正直原则

一、诚信原则

我国《内部审计人员职业道德规范》明确规定："内部审计人员在从事内部审计活动时，应当保持诚信正直。"

诚信是指诚实和守信，也就是说内部审计人员的言行与内心思想一致，不虚假；能够履行自己的职责取得社会的信任。内部审计人员在从事内部审计活动时，应当保持诚信。

我国《内部审计人员职业道德规范》明确规定："内部审计人员在实施内部审计业务时，不得有歪曲事实、隐瞒审计发现的问题、进行缺少证据支持的判断抑或是做误导性的或者含糊的陈述等行为。"

内部审计人员的诚信缺失将严重削弱内部审计的监督职能，还可能助长组织内部的不正之风。内部审计工作相当于在组织内部建立的组织自我完善、健康发展的免疫机制，这一免疫机制效用的发挥首先取决于内部审计人员是否具有诚实守信的职业道德和品质。如果内部审计人员不诚信，在实施审计活动的过程中歪曲事实、隐瞒审计发现的问题或者据以作出判断的审计证据不充分，那么内部审计活动的效率和效果都将大打折扣，内部审计这一监督机制也将失去其存在的意义。

二、正直原则

我国《内部审计人员职业道德规范》明确规定："内部审计人员在实施内部审计业务时，应当廉洁、正直，不应有利用职权谋取私利，屈从于外部压力违反原则等行为。"

正直原则是指内部审计人员应当将国家、组织、员工利益置于个人利益之上，能明辨是非，坚持正确的观点，不屈服于压力，按照法律及职业要求，不偏不倚地对待各相关利益方，不以牺牲一方利益为条件而使另一方受益。内部审计人员在实施内部审计业务时，不仅要求做到用权为公，不得以权谋私，还要求内部审计人员在任何情况下都不能屈从于外部压力，违反原则。

廉洁原则是指不从被审计单位获得任何可能有损职业判断的利益，包括内部审计人员自身或其亲属可能从被审计单位获取的各种直接和间接的利益。从被审计单位获取利益会使内部审计人员的独立性和客观性受到损害，内部审计人员对被审计单位所作审查和评价的公正性、客观性不可避免地都会受到质疑，从而与组织的利益相背，甚至给组织带来损害。

第三节　客观性原则

一、客观性原则的内涵

我国《内部审计人员职业道德规范》明确规定："内部审计人员实施内部审计业务时，应当实事求是，不得由于偏见、利益冲突而影响职业判断。"

内部审计的客观性是指内部审计人员执行内部审计业务时，应当以事实为依据，保持公正、不偏不倚的态度。客观性一般指内部审计人员的客观性，客观性是发自内心的，是内部审计人员在从事内部审计活动时要保持的精神态度。不论内部审计旨在查找组织经营活动或内部控制中的差异或缺陷，从而发挥监督的功能，还是旨在对经营活动或内部控制进行评价，或者希望借助自身的专业素质和技能为组织增加价值而服务，客观性都是针对内部审计人员的最基本要求。

客观性要求内部审计人员在执行审计工作的时候要始终保持一种独立的个人思考状态，不应掺杂个人感情或偏见，不受任何利益或他人观点所左右。内部审计人员在作出职业判断的时候，应该忠于自己的意见判断，不因其他因素的影响而作出重大的质量妥协，也不能把对其他事务的判断凌驾于对审计事务的判断之上。在提交审计报告之前，应该对内部审计工作的结果进行审查，以评估是否存在有违客观性的情况或内容。在现实工作中，一些内部审计人员的业务素质很不理想，执行业务时缺乏实事求是、客观独立的精神态度，因而影响到内部审计监督职能的充分发挥。还有一些内部审计人员在实施审计工作时处理简单，没有客观仔细地检查和提出问题，特别是在一些经营者的授意、强令和指使下参与或纵容了会计造假问题，导致发布错误的审计报告。

二、可能影响内部审计人员客观性的因素和保障内部审计客观性的措施

（一）评估内部审计客观性的步骤

内部审计人员实施内部审计业务前，应当采取下列步骤对客观性进行评估：①识别可能影响客观性的因素；②评估可能影响客观性因素的严重程度；③向审计项目负责人或者内部审计机构负责人报告客观性受损可能造成的影响。

（二）识别可能影响客观性的因素

我国《内部审计人员职业道德规》范明确规定："内部审计人员应当识别下列可能影响客观性的因素：①审计本人曾经参与过的业务活动；②与被审计单位存在直接利益关系；③与被审计单位存在长期合作关系；④与被审计单位管理层有密切的私人关系；⑤遭受来自组织内部和外部的压力；⑥内部审计范围受到限制；⑦其他。"

1. 审计本人曾经参与过的业务活动。内部审计人员必须避免评价其以往负责的特定业务，如果内部审计人员为其在上一年度内负责的业务提供确认服务，则视其客观性受到损害。例如，内部审计人员为即将实施的系统推荐控制标准或在程序实施之前对其进行评估和复核，并不会损害其客观性。但是，如果内部审计人员参与了这些系统的设计、程序起草、安装或操作工作，就可以认为其客观性受到了损害。当然，内部审计人员偶尔开展非审计工作并在报告过程中作出了充分的披露，就不一定会损害其客观性。但是，管理层和内部审计人员都需要对这种情况进行仔细考虑，以避免产生负面影响。

一般来说，内部审计人员可以对其以往负责的业务提供咨询服务。但是，如果内部审计人员认为对于拟开展的咨询服务的独立性或客观性存在潜在损害，必须在接受该业务之前向客户披露。如果客观性受到实质或形式上的损害，还必须向适当的对象披露损害的具体情况，披露的性质视受损情况而定。通常情况下，内部审计机构将协调与组织中其他部门的工作，这些部门有类

似的风险缓解目标和责任，如合规性和风险管理。只要内部审计机构不被要求执行业务活动或设计他们之后需要的流程和程序来评估作为内部审计机构职责的一部分，就不存在对客观性的损害。这种类型的协调，可以为组织增加重大价值，在组织的风险缓解工作中提高资源的有效利用率。

2. 与被审计单位存在直接利益关系。直接利益关系包括内部审计人员直接拥有的经济利益和内部审计人员通过投资工具拥有的经济利益并有能力控制这些投资工具或影响其决策。

3. 与被审计单位存在长期合作关系。如果长期委派同一名内部审计人员执行内部审计业务，将因长期合作关系对客观性产生不利影响。因此，在内部审计业务的执行过程中，应采用工作轮换的方式安排审计项目及审计组。

4. 与被审计单位管理层有密切的私人关系。内部审计人员与被审计单位管理层之间，存在家庭和私人关系，审计小组成员或关系密切的家庭成员过去或现在是被审计单位关键管理人员或能够对审计业务产生直接重大影响的员工，这种密切的私人关系可能会对客观性产生不利影响。例如，某一内部审计人员的主要近亲属在被审计单位担任高级管理人员。

5. 遭受来自组织内部和外部的压力。内部审计人员受到被审计单位的威胁，例如，被告知除非同意被审计单位不恰当的会计处理，否则将影响晋升，或者遭受来至外部的压力，都将影响内部审计人员的客观性。

6. 内部审计范围受到限制。审计范围受到限制会妨碍内部审计部门实现其目标和计划，常见的范围限制包括以下情形：内部审计章程所规定的范围；内部审计部门接触与开展业务相关的记录、人员和实物资产；经批准的审计工作进度；实施必要的业务程序；经批准的人员配置计划和财务预算。对于审计范围的限制及其潜在的影响，内部审计机构和人员最好以书面形式与董事会进行沟通。在组织、董事会、高级管理层或其他方面发生变动时，也有必要对此项问题再次进行沟通。

（三）评估可能影响客观性因素的严重程度

内部审计人员应当针对识别出的可能影响客观性的因素的严重程度进行评估。同样的影响因素，如果其严重程度不同，对内部审计人员客观性的影响程度必然不同，内部审计人员需要采取的防范措施也会不同。例如，如果内部审计人员与被审计单位之间存在利益关系，直接的利益关系不论其严重程度都将影响内部审计人员的客观性，而间接的利益关系则要视其严重程度以判断其对内部审计人员客观性的影响。如果可能影响内部审计人员客观性的因素被评估为严重，就应当向审计项目负责人或者内部审计机构负责人报告客观性受损可能造成的影响，以便采取必要的防范措施。

（四）保障内部审计客观性的措施

内部审计机构负责人应当采取必要的措施以保障内部审计的客观性，这些措施包括：①通过提高内部审计人员的职业道德水准来保证内部审计的客观性；②选派适当的内部审计人员参加审计项目，并进行适当分工；③采用工作轮换的方式安排审计项目及审计组，以防止内部审计人员与被审计单位存在长期业务合作关系；④建立适当、有效的激励机制；⑤制定并实施系统、有效的内部审计质量控制制度、程序和方法等；⑥当内部审计人员的客观性受到严重影响，且无法采取适当措施降低影响时，停止实施有关业务，并及时向董事会或者最高管理层报告。

三、客观性与独立性的联系与区别

内部审计部门必须保持其独立性，同时内部审计人员必须客观地开展工作。独立性是指内部审计部门和人员公正地履行职责时免受任何威胁其履职能力的情况的影响。要达到有效履行内部审计部门职责所必须的独立程度，内部审计机构负责人需要直接且不受限制地与高级管理层和董事会进行接触。这一要求可以通过建立双重报告关系来予以实现。客观性是指不偏不倚的工作态度，使得内部审计人员在开展业务时相信其工作成果并且不会作出质量方面的妥协。客观性要求内部审计人员对审计事项作出判断时不屈从于其他因素。

独立性是审计的基本原则，是内部审计人员所必须关注的原则。我国内部审计人员职业道德规范更倾向于使用客观性一词来表达内部审计的可信性，并且认为客观性更加切合内部审计的工作环境，引导内部审计人员不应片面地追求更多的独立性，在分析问题和提出建议时应实事求是、客观公正，使内部审计工作发挥更大作用，为组织创造更多的价值。独立性和客观性是审计服务内在价值的根本，独立性被看作是审计职能，特别是指在组织上的一种属性，而客观性则更多被看做是内部审计人员的一种属性。独立性和客观性所面临的各种威胁必须在审计师个人、具体业务、职能部门和整个组织等不同层面上得到解决。

第四节 专业胜任能力

一、专业胜任能力的重要性

我国《内部审计人员职业道德规范》明确规定："内部审计人员应当具备履行职责所需的专业知识、职业技能和实践经验。"

专业胜任能力是指内部审计人员为履行职责所应具备的专业知识、职业技能和实践经验。作为21世纪对复合型内部审计人员的要求，内部审计人员必须适应内部审计领域不断扩展的发展趋势，掌握全方位的、多层次的专业知识和技能，丰富自身的专业经验，提升自身的职业判断能力。

内部审计活动涉及大量的专业知识，内部审计人员不仅需要具备会计、审计等方面的知识，还需要掌握经营、管理、信息技术、风险管理和法律等方面的知识，并需要灵活运用所掌握知识的技能和经验。为此，内部审计人员应当保持并提高专业胜任能力，接受必要的专业教育，通过权威性的职业资格认证，并按照规定参加后续教育及岗位培训。

我国《内部审计人员职业道德规范》明确规定："内部审计人员实施内部审计业务时，应当保持职业谨慎，合理运用职业判断。"

内部审计人员在实施内部审计活动时，应保持谨慎的态度。根据所审查项目的复杂程度，合理使用职业判断，运用必须的审计程序，警惕可能出现的错误、遗漏、浪费、效率低下和利益冲突等情况，还应小心避免可能发生的违法乱纪的情形。对于审查中发现的内部控制不够有效的环节，应提出合理、可行的改进措施。当然，应有的职业谨慎只是合理的谨慎，并不意味着永远正确、毫无差错，内部审计人员只能是在合理的程度上开展检查和核实的工作，而不可能对所有事项都进行详细的检查，内部审计工作并不能保证发现所有存在的问题。

审计职业判断是审计工作的重要组成部分，它贯穿于整个审计工作的全过程，从对被审计单位的选择、对内部控制测试结果的评估、重要性原则的运用、审计抽样方法的选择及其结果的评价，直至决定审计意见的表述，都离不开审计人员的职业判断。职业判断水平的高低直接影响着审计工作的成败。因此，合理运用职业判断，提高职业判断的准确性是降低审计风险，实现审计目标的一个重要途径。内部审计人员在作出职业判断时，除了依据专业标准外，在较大程度上还依赖于审计人员的自身经验，通过内部审计人员的职业判断可以将审计风险降低到一个合理的可接受水平。职业判断的准确性程度越高，审计风险水平就越低，反之则相反。职业判断能力是内部审计人员学识、经验、能力和道德水平的综合反映。

二、内部审计人员专业胜任能力框架的构成

一个合格的内部审计人员不仅要充分认识自己的能力，对自己充满信心，更重要的是，必须清醒认识到自己在专业胜任能力方面的不足。如果内部审计人员缺乏足够的知识、技能和经验，却宣称自己具有提供专业服务的知识、技能和经验，就构成了一种欺诈。同时，内部审计人员要对助理人员和其他专业人员的工作结果承担责任，审计项目负责人要对助理人员和其他专业人员的工作结果负责。为此，就需要对助理人员和其他专业人员的业务能力进行评价，业务执行之前对其进行必要培训，并在业务执行过程中对其进行切实的指导、监督和检查。

内部审计人员要提供高质量的专业服务，除必须具有良好的职业道德外，还必须具备较强的业务能力。对内部审计人员的专业胜任能力的总体要求是

内部审计人员应当保持和提高专业胜任能力，遵守内部审计准则等职业规范，合理运用会计准则及国家其他相关技术规范。

具体而言，内部审计人员应当具备履行职责所需的专业知识、职业技能和实践经验。

（一）专业知识

内部审计人员应当具备的专业知识包括审计、会计、财务、税务、经济、金融、统计、管理、内部控制、风险管理、法律和信息技术等专业知识，以及与组织业务活动相关的专业知识。内部审计人员所掌握的专业知识应当确保其能够达到这样一个水平，即能够发现组织经营过程中存在的或潜在的问题，提出解决问题的建议，并将审计结果清楚地表达出来，经济、有效地完成审计业务。

（二）职业技能

内部审计人员应具备的职业技能包括语言文字表达、问题分析、审计技术应用、人际沟通、组织管理等职业技能。此外，内部审计人员还应当具备出色的口头与书面表达能力，以有效地完成审计活动，并将审计结果清楚地表达出来。内部审计工作的性质决定了内部审计人员经常需要与组织内外不同机构和人士进行接触、交流与沟通。内部审计人员的工作需要去揭露被审计单位的错误或不足之处，因此，内部审计人员与被审计单位之间具有潜在的冲突。处理好与被审计单位人员之间的关系，增加交流与合作，可以减少被审计单位的抵触情绪，减少工作阻力，对于顺利开展内部审计工作具有良好的促进作用。另外，内部审计是为组织服务的，与组织管理层以及被审计单位以外的其他部门和人员保持良好的人际关系，也是提高内部审计服务质量、促进组织目标实现的必然要求。

（三）实践经验

内部审计人员应当具备必要的实践经验及相关的职业经验。

1. 内部审计人员不得从事不能胜任的业务。如果内部审计人员不具备完成某项专业服务的专业知识、技能以及经验，却从事了这样的业务，其后果往往导致审计质量无法满足有关各方的需要，也无法维护国家、组织、员工的利益。因此，第一，内部审计机构不能进行业务能力不能胜任或不能按时完成的业务；第二，内部审计机构不得委派内部审计人员承办其专业能力不能胜任的业务；第三，内部审计人员也不得承办其专业能力不能胜任的工作。

2. 内部审计人员不得夸大自身的专业胜任能力。内部审计人员不得宣称自己具有本不具备的专业知识、技能或经验。如果内部审计人员依法取得了从业资格证书，就表明在该领域具备了一定的专业知识。但是，专业胜任能力是知识、技能和职业态度的综合体现，内部审计人员不得夸大自身的专业胜任能力。

3. 以外部专家补充内部审计人员专业胜任能力的不足。内部审计人员并非所有领域的专家，可能并不具备完成特定局部业务的专业知识、技能或经验，所具有的专业知识并不能保证对审查的所有事项都能作出合理的判断。例如，某些生产过程中的技术问题，或对某些物品的估价就超出了内部审计人员的知识范围和专业能力。内部审计人员在当所审查的事项需要运用到某些特定领域的专业知识时，应当聘请相关的专家协助。所聘请的专家可能来自组织的外部，也可能来自组织内部其他部门或机构。在聘请有关专家时，内部审计机构应当对有关专家的独立性和专业胜任能力进行评价，内部审计人员要对专家的工作结果负责。同时，内部审计人员在利用专家工作时，不仅自己应当遵守职业道德，也应当提请并督导专家遵守职业道德，确保执业质量。

三、内部审计人员的后续教育

我国《内部审计人员职业道德规范》明确规定：“内部审计人员应当通过后续教育和职业实践等途径，了解、学习和掌握相关法律法规、专业知识、技术方法和审计实务的发展变化，保持和提升专业胜任能力。”

内部审计工作与组织经营管理的各个方面紧密相连，内部审计人员的知识结构和专业水平不能只限于一个狭窄的范围之内，而应广泛涉猎，吸取多方面的知识。而且内部审计人员身处新经济时代，各类知识的更新与发展很快，只有不断学习，接受后续教育，才能保持良好的专业水平，胜任内部审计工作。

内部审计人员职业后续教育是指内部审计人员为保持和提升其专业素质、执业能力和职业道德水平进行的学习及其相关活动。内部审计人员接受职业后续教育是提高专业胜任能力与执业水平的重要手段，也是在内部审计行业造就一支业务过硬、素质合格队伍的有效途径。众所周知，内部审计人员执业环境，包括法律、社会、经济等环境因素是不断发展变化的，对内部审计人员的专业胜任能力和执业水平的要求也是在不断变化的。内部审计人员只有不断接受职业后续教育，掌握和运用相关的新知识、新技能和新法规，才能满足执业的需要，保证执业质量。这不仅是内部审计人员职业自身发展的需要，也是社会各方面对内部审计人员的必然要求。因此，内部审计人员职业后续教育应当贯穿于内部审计人员整个执业生涯。

为了迎接挑战，提升内部审计人员的专业胜任能力，内部审计人员应当通过后续教育和职业实践等途径，了解、学习和掌握相关法律法规、专业知识、技术方法和审计实务的发展变化，保持和提升专业胜任能力。后续教育的目标是加强内部审计人员的专业胜任能力和职业道德，改善审计服务的质量，最终促进内部审计职业的协调与可持续发展。内部审计人员有责任接受后续教育以加强和维持其专业胜任能力。内部审计人员后续职业教育的形式包括参加诸如国际注册内部审计师协会和中国内部审计协会这样的专业协会获得会员资格、在专业协会中担任志愿者、参加行业会议和研讨会、撰写专业论文、参加内部培训项目、进修大学和自学课程以及参加研究项目等。

第五节　保密原则

一、保密原则的内涵

我国《内部审计人员职业道德规范》明确规定：“内部审计人员应当对实施内部审计业务所获取的信息保密，非因有效授权、法律规定或其他合法事由不得披露。”

内部审计人员应当履行保密义务，对于实施内部审计业务中所获取的信息保密。由于内部审计工作的性质决定了内部审计人员经常会接触到组织的一些机密的内部信息，内部审计人员对于执行业务过程中知悉的商业秘密、所掌握的被审计单位的资料和情况，应当严格保守秘密，这一责任也不因审计业务结束而终止。为此，内部审计人员在社会交往中，应当履行保密义务，警惕非故意泄密的可能性。

我国《内部审计人员职业道德规范》明确规定："内部审计人员不得利用其在实施内部审计业务时获取的信息牟取不正当利益，或者以有悖于法律法规、组织规定及职业道德的方式使用信息。"

在内部审计机构及外勤工作处所以外的任何地点和场所均不应谈论可能涉及被审计单位机密的情况；除非得到被审计单位的书面允许或法律、法规要求公布者外，不得提供或泄露给第三者，也不能将其用于私人目的，要防止因为这些信息与资料的泄露给组织带来损失。

除此之外，内部审计人员还应当采取措施，确保协助其工作的业务助理人员和专家信守保密原则。当然，保密责任也不能成为内部审计人员拒绝按专业标准要求揭示有关信息、拒绝出庭作证的借口。

二、保密原则的例外事项

在通常情况下，内部审计人员应当对执业过程中获悉的被审计单位的信息保密，但是如果被审计单位存在违法违规行为，就面临着法规强制内部审计人员披露信息的要求。内部审计人员职业道德规范规定，内部审计人员在法律法规允许或要求披露的情况下可以披露被审计单位的有关信息，例如在法律法规允许披露并且取得被审计单位授权的情况下，可以披露涉密信息；根据法规要求，为法律诉讼准备文件或提供证据，以及向有关机构报告发现的违反法规行为时，向组织适当管理层报告有关信息时，也可以对有关信息进行披露。

除上述情况外，内部审计人员应当遵循保密原则，按照规定使用其在履行职责时所获取的信息。

第三章

内部审计过程

内部审计过程是指内部审计机构和人员有计划、有组织、有目的地执行内部审计工作的流程顺序和具体步骤，它代表了一个内部审计项目从开始到结束的完整程序。为了实现内部审计工作的目标，有必要将内部审计活动科学地划分为几个阶段，并赋予每个阶段相适宜的工作内容和具体要求，以此作为对内部审计工作的指导和控制，从而保证内部审计工作有计划、有步骤地进行，保证内部审计质量，提高内部审计效率，促进内部审计流程的规范化，降低内部审计风险，同时也有助于提高内部审计人员执行审计工作的熟练程度。一般而言，一个内部审计项目的执行过程可以分为审计计划阶段、审计实施阶段、审计报告阶段和后续审计等。

在现代组织中运作的内部审计已经越来越多地受到复杂多变的法律和文化环境的制约，内部审计活动的开展也是在目标、规模和结构完全不同的组织中进行的，并由组织内部或外部的不同机构和人员执行。在当今世界充满纷繁复杂的风险环境中，本已经身处巨大的差异化运作环境的内部审计职业更加面临了层出不穷的风险挑战。内部审计职业界及其从业人员必须认真考虑的一个重要问题就是如何更好地在内部审计的计划、实施、报告以及后续追踪阶段合理地贯彻系统化的内部审计过程的设计思路，结合对风险的识别、评估和应对采取规范化的内部审计方法，强化对内部审计活动的规划、管理和控制，以改善内部审计的工作效果和效率，从而实现内部审计为组织增加价值的功能定位。

合理、科学的内部审计过程的设计和实施是确保收集到充分、适当的审计证据以对审计事项进行审计评价，从而保证实现内部审计目标的主要手段。内部审计与组织关系的特殊性，以及内部审计业务范围的多样性决定了内部审计所面临的风险种类和风险程度相比传统的财务审计还要更多更高。为此，内部审计机构和人员在规划内部审计过程时应当全面关注组织风险以及所可能导致的审计风险，对各种风险因素进行充分考虑和科学评估，并采取全方位的和有针对性的风险应对措施，努力将审计风险控制在可以接受的低水平。这就要求内部审计人员在内部审计过程的规划中广泛和综合地识别各项内部审计风险，科学合理地评估内部审计风险可能造成的不利影响及其可能性，并在此基础上采取有效的和契合的措施以应对内部审计风险。

第一节　内部审计的计划阶段

一、内部审计计划的概念和作用

我国《内部审计具体准则第 2101 号》明确规定："审计计划，是指内部审计机构和内部审计人员为完成审计业务，达到预期的审计目的，对审计工作或者具体审计项目作出的安排。"

（一）内部审计计划的概念

内部审计计划是指内部审计机构和内部审计人员为完成审计业务，达到预期的审计目的，对审计工作或具体审计项目作出的安排。为了完成预定的内部审计任务，达到预期的内部审计目标，内部审计机构和人员应当根据组织的风险状况、管理需要及审计资源的配置情况，编制年度审计计划，在开展具体业务时应当编制项目审计方案。

（二）内部审计计划的作用

任何内部审计活动都必须在严密规范的计划框架下实施，缺乏良好计划的内部审计工作很难实现其为组织增加价值的职能定位。内部审计计划可以促进内部审计机构和人员采取有效率、有效果的方式完成内部审计业务，合理、科学的内部审计计划能够促进内部审计工作及时、有效地进行。

1. 内部审计计划是指导内部审计机构和人员以合理的成本，收集充分、适当的审计证据的有效方式。通过科学规划，内部审计机构和人员可以以最低的成本，对重点审计领域实施有针对性的审计，实施重要的审计程序，收集形成审计结论所必需的充分、适当的审计证据。

2. 内部审计计划是保证内部审计机构和人员及时、有效地执行审计业务、提高审计效率的有效工具。通过内部审计计划，内部审计人员能够简明扼要地理解自己在内部审计业务中应当完成的具体工作，知晓完成这些具体工作的适当方式，同时，严格的时间预算也可以帮助内部审计人员确保完成审计工作的进度。通过内部审计计划，项目负责人能够集中精力处理内部审计业务过程中遇到的重大问题，全面了解内部审计工作的整体安排和各项具体工作的时间安排，合理调配内部审计小组的人员，以保证内部审计工作进度。

3. 内部审计计划是协调内部审计机构和人员与被审计单位关系的有效方法。通过内部审计计划，内部审计机构和人员可以就内部审计报告的提交日期，各项内部审计项目的阶段性进度安排，被审计单位应当提供的资料和人力、物力协助，各重要审计程序的执行日期等方面与被审计单位充分协调、沟通，避免由此而可能产生的一些误解和矛盾。

4. 内部审计计划是考核内部审计机构和人员工作绩效的有效手段。通过内部审计计划，内部审计机构的管理人员可以对内部审计人员的工作绩效进行横向和纵向的比较，从而为其晋职、晋级、加薪等提供最具说服力的证据。同时，内部审计机构的主管部门或主管领导，通过内部审计计划的完成情况，也可以对内部审计机构的业绩进行考核和评价。

二、内部审计计划的层次

我国《内部审计具体准则第 2101 号》明确规定："审计计划一般包括年度审计计划和项目审计方案。"

内部审计的计划工作是通过内部审计机构编制内部审计计划得以实现的。按其编制层次进行划分，内部审计计划一般可以分为年度审计计划和项目审计方案。内部审计机构可以根据组织的性质、规模、审计业务的复杂程度等因素决定审计计划层次的繁简。

（一）年度审计计划

我国《内部审计具体准则第 2101 号》明确规定："年度审计计划是对年度预期要完成的审计任务所作的工作安排，是组织年度工作计划的重要组成部分。"

内部审计机构负责人负责年度审计计划的编制工作。编制年度审计计划应当结合内部审计中长期规划，以风险评估为基础，根据组织的风险状况、管理需要和审计资源的配置情况，确定具体审计项目及其时间安排。

我国《内部审计具体准则第 2101 号》明确规定："年度审计计划应当包括下列基本内容：①年度审计工作目标；②具体审计项目及实施时间；③各审计项目需要的审计资源；④后续审计安排。"

（1）年度审计工作目标。内部审计年度工作目标应当根据组织战略、组织年度运营目标，并考虑内部审计工作的需要而确定。内部审计年度工作目标必须与组织所制定的内部审计工作手册的相关内容保持一致。

（2）具体审计项目及其优先顺序。由于组织的经营活动和内部控制涉及的范围较为广泛，需要执行审计的内容较多，但是内部审计机构和人员所占有的资源却是有限的，在一年之内要求内部审计活动覆盖组织的所有审计领域是不现实的。为此，内部审计机构和人员在制定年度审计计划时，需要首先确定计划年度的具体审计项目以及这些项目的实施顺序。

（3）各审计项目所安排的审计资源。内部审计机构所占有的审计资源通常是有限的，如何将有限的审计资源分配到组织内部最需要实施审计的领域必然是内部审计机构在制定年度审计计划时的重要决策。年度审计计划应当将有限的审计资源在计划年度的所有审计项目中进行分配，包括每个审计项目所需要的审计人员数量和预计耗费的审计工时。

（4）对后续审计所作出的必要安排。内部审计的重点并不仅限于发现组织在经营管理和内部控制中存在的问题，更重要的是提出改进和完善的建议，并确保这些建议能够得到有效的贯彻和执行。为了督促和检查内部审计报告所提出意见和建议的后续实施情况，内部审计机构需要执行相应的后续审计。为此，内部审计机构在制定年度审计计划时，需要为后续审计预留必要的审计资源，并列入年度审计计划之中。

我国《内部审计具体准则第 2101 号》明确规定："内部审计机构在编制年度审计计划前，应当重点调查了解下列情况，以评价具体审计项目的风险：①组织的战略目标、年度目标及业务活动重点；②对相关业务活动有重大影响的法律、法规、政策、计划和合同；③相关内部控制的有效性和风险管理水平；④相关业务活动的复杂性及其近期变化；⑤相关人员的能力及其岗位的近期变动；⑥其他与项目有关的重要情况。"

（1）组织的战略目标、年度目标及业务活动重点。目标是组织运营活动的指针，战略则是组织管理层为实现运营目标采用的总体层面的策略和方法。为了实现某一既定的运营目标，组织可能有多个可行战略。例如，如果目标是在某一特定期间内进入一个新的市场，那么可行的战略可能包括收购该市场内的现有企业、与该市场内的其他企业合资经营，或自行开发进入该市场。随着外部环境的变化，组织的目标和战略应作出适应性的调整和变化。经营风险就源于对组织实现目标和战略产生不利影响的重大情况、事项、环境和行动，或源于不恰当的目标和战略。不能因环境的变化而作出适应性调整固然可能产生经营风险。但是，在变化的过程中也可能导致经营风险。例如，为应对消费者需求的变化，企业开发了新产品。但是，开发的新产品可能会产生开发失败的风险；即使开发成功，市场需求可能没有充分开发，而导致产品营销风险；产品的缺陷还可能导致企业遭受声誉风险和承担产品赔偿责任的风险。为此，内部审计机构在制定年度审计计划之前，应当充分了解组织的战略目标、年度目标及业务活动重点，确定对组织战略目标、年度目标及重点业务活动具有重要影响的风险领域，以在年度审计计划中安排必要的审计项目。

（2）对相关业务活动有重大影响的法律、法规、政策、计划和合同。任何组织在其运营过程中都需要密切关注并严格遵守国家颁布的相关法律和法规，各项政策和计划，以及签订的合同等。因为某些法规或监管要求可能对组织的经营活动具有重大的影响，如不遵守将导致停业等严重后果。某些法规或监管要求，如环保法规等，以及组织签订的合同规定了组织的责任和义务。某些法规或监管要求还决定了组织需要遵循的行业惯例和核算要求。为此，内部审计机构在制定年度审计计划之前，应当充分了解组织所处的法律环境及监管环境，主要包括：①适用的会计准则、会计制度和行业特定惯例；②对经营活动产生重大影响的法律法规及监管活动；③对开展业务产生重大影响的政府政策，包括货币、财政、税收和贸易等政策；④与组织所处行业和所从事经营活动相关的环保要求；⑤组织已经签订的各项合同和协议等，并分析这些法律、法规、政策、计划和合同可能对组织相关业务活动的重要影响，以确定对年度审计计划具体审计项目的合理安排。

（3）相关内部控制的有效性和风险管理的水平。内部审计机构在制定年度审计计划之前，应当充分了解组织内部控制在设计和执行层面的有效性。设计层面的有效性是指一项控制单独或连同其他控制是否能够有效防止或发现并纠正重大缺陷或舞弊。执行层面的有效性是指某项控制存在且在组织内部得到了一贯性地运用。

任何组织在运营活动中都会面临各种各样的风险，并对其生存和竞争能力产生影响。很多风险的产生并不为组织所控制，但管理层应当确定可以承受的风险水平，识别这些风险并采取一定的应对措施。组织进行的风险管理过程就是识别、评估和管理影响其运营目标实现能力的各种风险。内部审计机构在制定年度审计计划之前，应当充分了解组织对风险评估过程的设计和执行，确定管理层是如何识别经营风险，如何评估风险的重要性，如何评估风险发生的可能性，以及如何采取措施管理这些风险等。

（4）相关业务活动的复杂性及其近期变化。业务的复杂程度是影响差错和舞弊发生率的重要因素，一般情况下，业务的复杂程度越高，出现错误和导致舞弊的可能性越大。为此，内部审计机构在制定年度审计计划之前，应当充分了解组织相关业务活动的复杂程度，分析出现错误和导致舞弊的可能性，并在年度审计计划中对复杂业务的审计作出合理的安排。与此同时，内部审计机构还应当密切关注相关业务活动的近期变化，相对稳定的业务活动出现错误和导致舞弊的可能性通常较小，而近期发生变化的业务活动出现错误和导致舞弊的可能性将会比较大，内部审计机构在年度审计计划中也应当充分考虑。

（5）相关人员的能力及其岗位的近期变动。组织在经营管理和内部控制中是否会出现问题以及出现的问题的类型与相关人员的能力密切相关，具有较高道德素质和专业胜任能力的人员能够更好地确保经营管理和内部控制的有效运行。为此，内部审计机构在制定年度审计计划之前，应当充分了解与组织业务活动和内部控制相关的人员的能力。如果重要业务活动的重要岗位在近期发生变动，内部审计机构更需要重点关注，这可能预示着接替工作的人员由于缺乏熟练程度而出现错误，甚至可能是存在舞弊的迹象。

（二）项目审计方案

我国《内部审计具体准则第2101号》明确规定："项目审计方案是对实施具体审计项目所需要的审计内容、审计程序、人员分工、审计时间等作出的安排。"

内部审计机构应当根据年度审计计划确定的具体审计项目和时间安排，选派合适的内部审计人员开展每项审计工作。在具体实施每一项审计业务之前，审计项目负责人应当充分了解被审计项目的相关情况，并制定详细的项目审计方案。项目审计方案就是对实施具体审计项目所需要的审计程序、人员分工及其时间等作出的安排。

我国《内部审计具体准则第2101号》明确规定："审计项目负责人应当根据被审计单位的下列情况，编制项目审计方案：①业务活动概况；②内部控制、风险管理体系的设计及运行情况；③财务、会计资料；④重要的合同、协议及会议记录；⑤上次审计结论、建议及后续审计情况；⑥上次外部审计的审

计意见；⑦其他与项目审计方案有关的重要情况。”

（1）业务活动概况。审计项目负责人应当了解组织的业务活动的目标、性质、复杂程度，以及业务活动开展的效果、效率等基本情况，以便对审计项目形成总体的了解。

（2）内部控制、风险管理体系的设计及运行情况。审计项目负责人应当了解组织内部控制的设计是否健全、合理，运行是否有效，据此对审计重点进行初步判断。内部控制设计不健全或者运行无效的领域通常就是审计风险较大的地方，需要在审计中特别予以关注。

（3）财务、会计资料。审计项目负责人应当取得组织的有关财务、会计资源，对组织的财务状况及经营成果作出判断，了解组织财务方面的基本情况。

（4）重要的合同、协议及会议记录。审计项目负责人应当获取重要的合同、协议及会议记录，并通过对这些重要文件的审阅了解组织在计划年度或相关年度的重要经营活动。

（5）上次审计结论、建议及后续审计情况。审计项目负责人应当关注上次实施审计项目时所作出的结论及建议，了解上次审计中发现的经营活动及内部控制存在的问题，了解是否执行后续审计及其执行情况。如果上次审计提出的问题未得到纠正，那么在本次审计中就要特别关注这些问题的影响以及组织管理层对审计的态度。如果未执行后续审计，那么在本次审计中就需要检查组织是否已经采取纠正措施及其效果如何。

（6）上次外部审计的审计意见。审计项目负责人应当取得与该审计项目相关外部审计的审计报告，了解外部审计意见的类型及其提出的相关建议，考察组织是否还存在外部审计提出的问题。另外，由于外部审计与内部审计在范围和内容上可能存在重复之处，为了提高审计效率，内部审计可以在和外部审计做好协调工作的基础上利用外部审计工作成果，在外部审计的审计意见基础上考虑重点审计内容与一般审计内容。如果某些领域已经经过外部审计测试，并取得了充分、适当的审计证据，审计意见较为满意，那么内部审计可以考虑进行一般性的审计测试或者直接利用外部审计工作成果。

（7）其他与项目审计方案有关的重要情况。除了考虑上述情况之外，审计项目负责人还要根据审计项目的特点了解相关重要情况，以制定科学、合理的项目审计计划。

我国《内部审计具体准则第2101号》明确规定："项目审计方案应当包括下列基本内容：①被审计单位、项目的名称；②审计目标和范围；③审计内容和重点；④审计程序和方法；⑤审计组成员的组成及分工；⑥审计起止日期；⑦对专家和外部审计工作结果的利用；⑧其他有关内容。"

（1）被审计单位、项目的名称。项目审计方案需要首先注明被审计单位和具体审计项目的名称。

（2）审计目标和范围。项目审计方案应当说明审计项目的总体审计目标，例如审查和评价经营活动及内部控制的适当性、合法性和有效性，确定组织对特定政策、法规、合同等的遵循情况等。项目审计方案还应当说明审计范围，包括审计对象的范围和审计活动的范围。

（3）审计内容和重点。项目审计方案应当说明审计项目主要涉及的审计内容和重点的审计领域。审计项目负责人应当对具体审计项目的重要性和审计风险进行评估，并根据评估结果合理确定审计内容和重点审计领域。重要性是指组织在经营活动和内部控制中可能存在的差异和漏洞的严重程度。审计风险是指内部审计人员的审计结论偏离事实的可能性。审计项目负责人应当将重要的业务活动或者内部控制，以及审计风险较高的审计领域确定为重要的审计内容和审计重点。

（4）审计程序和方法。项目审计方案应当说明内部审计人员在实施具体审计项目时需要采取的具体审计程序和方法，以对内部审计项目的具体执行提供必要的指导。

（5）审计组成员的组成和分工。项目审计方案应当说明为具体审计项目配备的内部审计人员和具体的分工，以及对分配的审计时间的预算安排。项目负责人需要考虑审计项目的性质及特点，以配备相应学识、能力及经验的内部审计人员。

（6）审计起止日期。项目审计方案应当说明具体审计项目的实施起止日期，并对实施期间的时间资源做好合理的规划，以确保审计工作按时完成。

（7）对专家和外部审计工作结果的利用。某些审计项目可能涉及特殊的专业领域，内部审计机构就需要聘请专家协助，审计项目负责人应当考虑专家的独立性及专业胜任能力，并在项目审计计划中对专家的工作作出合理的安排。如果审计项目中特定范围与外部审计工作重复，在评价外部审计质量符合既定要求的基础上，内部审计可以利用外部审计工作，以减少重复审计，提高审计效率。为此，项目审计方案应当说明对专家和外部审计工作结果的利用的具体安排和规划。

（8）其他有关内容。项目审计方案中还应当根据具体审计项目的实际需要，考虑应当予以说明的其他有关内容，例如需要组织提供的资料和协助等。

三、规划内部审计计划事项的考虑因素

我国《内部审计具体准则第 2101 号》明确规定："内部审计机构负责人应当根据具体审计项目的性质、复杂程度及时间要求，合理安排审计资源。"

内部审计机构和人员可以将有限的审计资源配置在最需要进行审计的领域，即存在较为严重的内部审计风险的领域，从而实现有限的内部审计资源的最有效和最高效的配置。为此，内部审计机构的负责人必须以风险为基础制定审计计划，并在制定审计计划时充分考虑组织的风险管理框架，包括管理层针对不同的业务或部门确定的风险偏好水平。如果组织尚未建立风险管理框架，内部审计机构负责人应当与组织的高级管理层和董事会进行沟通并自行作出风险判断。

任何组织都将面临各种各样将会对其带来不利或有利影响的不确定性和风险。风险可以通过很多方式进行管理，包括接受、避免、转嫁，或者控制。内部控制就是降低风险和不确定性所导致潜在不利影响的通常方法。内部审计机构的审计计划应当基于对可能影响组织的各种风险的评估予以设计。最根本的关键审计目标就是向管理层提供信息以减少与实现组织目标相关的不利后果，同时也是对管理层风险管理活动有效性的评价。

内部审计的计划领域应当涵盖组织战略计划的各个方面。通过将内部审计计划与组织战略计划的各个方面进行整合，内部审计的计划领域将考虑和反映组织的整体经营目标。战略计划还可以反映组织对风险的态度以及实现计划目标的困难程度。

四、内部审计的计划要求

我国《内部审计具体准则第 2101 号》明确规定："内部审计机构应当在本年度编制下年度审计计划，并报经组织董事会或者最高管理层批准；审计项目负责人应当在审计项目实施前编制项目审计方案，并报经内部审计机构负责人批准。"

内部审计计划必须在审计工作开始前编制完毕，只有这样审计计划的指导作用才能得以有效发挥。年度审计计划一般针对下一年度审计任务进行规划，因此应在下年度开始前编制完成。年度审计计划一般由内部审计机构负责人制定，并且必须报送对内部审计机构具有领导职责的组织适当管理层批准。项目审计方案是针对具体审计项目进行的事先安排，因此应当在项目审计实施前编制完成。项目审计方案一般由审计项目负责人制定，并报经内部审计机构负责人批准。

我国《内部审计具体准则第 2101 号》明确规定："内部审计机构应当根据批准后的审计计划组织开展内部审计活动。在审计计划执行过程中，如有必要，应当按照规定的程序对审计计划进行调整。"

内部审计机构应当根据批准后的审计计划组织开展内部审计活动。但是，内部审计计划并非是机械的、一成不变的，在审计计划执行过程中，内部审计机构负责人应当定期检查审计计划的执行情况，内部审计项目负责人也必须密切关注审计计划的执行情况和审计环境发生的各种改变，如有必要，应当按照规定的程序对审计计划进行调整。

第二节　内部审计的实施阶段

在内部审计的实施阶段，内部审计人员应当依据年度审计计划编制项目审计方案，并采取适当的审计方法，获取充分适当的审计证据，揭示审计发现的事实、原因和后果，为形成审计结论和意见以及提出有价值的审计建议创造必要的条件和基础。

一、内部审计通知书的编制与发送

我国《内部审计具体准则第 2102 号》明确规定："审计通知书，是指内部审计机构在实施审计之前，告知被审计单位或者人员接受审计的书面文件。"

内部审计人员在实施内部审计之前，以审计通知书的形式事先告知被审计单位本次审计项目的审计目的、审计范围、要求被审计单位事先准备的具体资料和必要的协助等相关信息，以便被审计单位做好相应的准备工作。内部审计通知书就是内部审计机构在实施审计之前，通知被审计单位或人员接受审计的书面文件。审计通知书是内部审计机构与被审计单位之间相互沟通的媒介之一，是与被审计单位协调关系、促进合作、保证审计项目顺利进行的手段。

我国《内部审计具体准则第 2102 号》明确规定："审计通知书应当包括下列内容：①审计项目名称；②被审计单位名称或者被审计人员姓名；③审计范围和审计内容；④审计时间；⑤需要被审计单位提供的资料及其他必要的协助要求；⑥审计组组长及审计组成员名单；⑦内部审计机构的印章和签发日期。"

在实施内部审计具体项目之前，内部审计人员应该通知被审计单位即将进行的审计的目标、范围是什么，何时开始审计，审计的时间表以及被审计单位应当事先准备的资料和需要被审计单位提供的必要协助等。审计通知书就是内部审计人员用于通知被审计单位上述内容的载体。内部审计通知书的内容主要包括：①被审计单位或人员及审计项目的名称；②审计目标和审计范围；③审计时间；④需要被审计单位准备提供的资料及其他必要的协助；⑤审计组组长及其他成员名单；⑥内部审计机构的印章和签发日期。

被审计单位接到审计通知书后，应当根据通知书上说明的事项进行准备。如果内部审计项目计划实施的时间表与被审计单位的经营活动发生冲突，并可能产生不利影响的话，被审计单位可以与内部审计人员进行协商，更改审计时间表。通过双方的有效沟通，内部审计活动可以尽可能减少对被审计单位正常经营活动的影响。

但是，如果存在证据表明被审计单位要求推迟审计项目实施的目的是为了逃避审计，或者是推迟审计可能会产生某些不利影响时，例如不利于及时解释某些已经存在的错误和舞弊迹象，从而给被审计单位或组织带来较大风险时，内部审计机构可以决定不更改审计时间表，继续按照审计通知书规定的审计时间进行审计。

我国《内部审计具体准则第 2102 号》明确规定："内部审计机构应当根据经过批准后的年度审计计划和其他授权或者委托文件编制审计通知书。"

编制与发送内部审计通知书属于审计计划阶段的工作，内部审计机构应当根据经过批准后的项目审计计划编制审计通知书。在编制内部审计通知书前，内部审计人员应当做好一系列审计前的准备工作，主要包括：确定本次审计的目标和范围，研究背景资料，确定审计小组成员，准备其他的审计资源，制定项目审计计划与审计方案等。

我国《内部审计具体准则第 2102 号》明确规定："内部审计机构应当在实施审计三日前，向被审计单位或者被审计人员送达审计通知书。特殊审计业务的审计通知书可以在实施审计时送达。"

内部审计机构应当在实施审计前，根据经批准的年度审计计划及项目审计方案所确定的审计目标、审计方法、审计范围等编制内部审计通知书，并在实施审计三日前，向被审计单位或者个人送达审计通知书，以便被审计单位有充分的时间进行相应的准备。

但是在某些特殊情况下，当内部审计人员认为有必要进行突击审计时，例如出现突发事件或对舞弊进行查证等，事先向被审计单位送交审计通知书会使被审计单位的管理层或职员有时间为隐瞒真相作出准备时，内部审计人员可以在到达审计现场时再将审计通知书送交被审计单位。另外，特殊审计业务的审计通知书也可以在实施审计时送达。

我国《内部审计具体准则第 2102 号》明确规定："审计通知书送达被审计单位，必要时可以抄送组织内部相关部门。经济责任审计项目的审计通知

书送达被审计人员及其所在单位，并抄送有关部门。”

内部审计通知书是内部审计机构用于通知被审计单位相关事项的载体，应在开始审计之前送达被审计单位。审计通知书主送被审计单位，如果审计项目可能涉及其他的相关部门，或者需要其他部门的协助，也可以在必要时抄送组织内部相关部门。经济责任审计项目的审计通知书送达被审计人员及其所在单位，并抄送有关部门。

二、内部审计审前准备

为了更好地实施项目审计方案，内部审计机构和人员需要在进驻审计现场之前做好充分的审前准备。

（一）审前会议

审前会议是在内部审计项目的现场工作开始之前，审计组进行的项目初次会议，包括审计组全体成员和外部专家将在审前会议上围绕即将开展的内部审计项目进行必要的沟通。审前会议的主要目的在于使审计组全体成员知晓本次审计项目的所有相关事宜，明确计划阶段应当完成的主要工作，确定每项具体审计工作的分工和协调，以确保整个内部审计工作能够以讲求效率和效果的方式顺利实施。

在审前会议上，内部审计经理和审计项目组长应当首先说明与完成本次审计任务相关的所有重要事项，包括介绍被审计单位或活动的基本情况，上一次或以前年度审计的结果，组织管理层的特殊要求等。与此同时，在审前会议上，审计组长还需要说明审计目标、范围和流程，就完成现场审计工作所需要的时间和预算进行必要的沟通，确定是否需要外部专家的帮助以及需要被审计单位给予的配合，例如委派专门的联络员、提供审计所需要的资料、协助某些审计程序的实施，以及安排会议、会见或会谈等。

（二）审前资料收集

为了更好地开展内部审计的现场审计工作，收集充分的、全面的资料也是审前的一项重要工作，资料收集得越充分、越完整，审计的现场工作越能够得到有效进行。为此，审计组在实施项目审计计划和具体的审计方案之前，应当以各种可能的方式通过各种可能的渠道收集与被审计单位所处行业和经营性质相关的资料和信息，充分了解被审计单位的情况和特点，并对获取的各种资料和了解到的各种情况进行必要的分析和研究，识别和评估风险点，确定审计重点领域，进一步完善项目审计计划和审计方案。

三、召开审计进点会

审计进点会是审计组在进驻被审计单位之后与其管理层和相关人员的初次正式沟通。通过召开审计进点会可以促使被审计单位积极主动地配合审计工作，可以明确双方的职责，并实现信息的共享和误解的消除。

在审计进点会上，审计组应当向被审计单位管理层了解各方面与审计相关的情况，应当说明审计目标、工作范围、时间安排，要求提供的资料和协助。双方还可以就对审计具有重大影响的经营战略、经营情况、法律法规、管理状况、内部控制、信息系统等情况的变化进行共同的讨论。

四、现场观察与走访

审计进点会结束之后，审计组可以要求被审计单位管理层安排人员和时间带领审计组成员对被审计单位的经营场所，诸如办公地点、厂房车间、存货的存放地点等进行走访。审计组应当充分利用走访的机会观察被审计单位的经营活动、内部控制和资产状况等。

五、对内部控制的了解和测试

内部审计人员需要对被审计单位的内部控制进行初步了解，以便充分合理地计划审计工作。内部审计人员在对内部控制进行了解时可以向被审计单位询问内部控制的政策和程序，并检查会计手册和会计制度的流程图，还可以观察被审计单位有关活动及其运作情况，以了解被审计单位内部控制发挥作用的方式。审计人员对内部控制进行初步了解的主要目的在于摸清被审计单位内部控制是否存在以及是否得到执行，而设计是否合理、运行是否有效则是控制测试的主要关注。

内部审计人员在获得对内部控制的初步了解之后，应根据内部控制的可信赖程度确定控制风险的初步水平，如果将控制风险的初步水平定为低于最高水平就需要执行控制测试。控制测试是为证实被审计单位内部控制政策和程序设计的适当性及其运行的有效性而执行的测试。审计人员可以采用检查凭证或文件、向被审计单位员工询问或观察控制程序的执行情况、并重新执行某项控制程序等控制测试的具体程序。

六、实施分析程序

分析程序是内部审计人员对被审计单位重要的比率或趋势进行的分析，包括调查异常变动以及这些重要比率或趋势与预期数额和相关信息的差异。一旦内部审计人员发现异常的差异或不正常的关系就预示着存在错报的可能性，所以内部审计人员执行分析程序的主要目的就是为寻找审计线索，确定重点审计领域。

七、实施实质性程序

实质性程序是直接针对审计目标而实施的程序，诸如针对交易类别的管理层认定和针对期末余额的管理层认定所执行的实质性测试。在各种审计程序中，实质性程序是内部审计人员获取直接的审计证据的测试类型，因此也是在每个审计项目中必须执行的程序。但是，由于实质性程序的成本是最高的，所以为了降低整体的审计成本，内部审计人员就必须寻求能够合理缩减实质性程序范围的方法，但是这种缩减应该是建立在保证审计质量的前提下的。

内部审计人员针对内部控制的测试可以发现内部控制不完善的环节，分析程序可以发现存在异常关系的领域，这些地方都是存在重大缺陷或问题可能性较大的地方。因此，内部审计人员通过执行对内部控制的测试、分析程序就可以找到审计线索、发现问题存在的迹象、确定重点审计领域，进而设计最合理的实质性程序的性质、时间和范围。这样内部审计人员就可以通过对各种审计程序的合理配置，达到在保证审计质量的同时降低审计成本和提高审计效率的总体目标。

第三节　内部审计的报告阶段

内部审计报告是内部审计机构和人员进行沟通的主要方式，它的成功有赖于顺应法律环境、商业环境以及组织环境的变化与要求，相应调整报告的撰写过程与方法。

一、内部审计的结果沟通

（一）结果沟通的概念

我国《内部审计具体准则第 2105 号》明确规定：“结果沟通，是指内部审计机构与被审计单位、组织适当管理层就审计概况、审计依据、审计发现、审计结论、审计意见和审计建议进行的讨论和交流。”

内部审计机构应当与被审计单位、组织的适当管理层进行认真、充分的沟通，听取其意见，促进其工作的改进。这是内部审计机构与被审计单位之间建立良好的人际关系，推动内部审计工作顺利进行的重要环节。内部审计人员编制审计报告前，应当就审计报告中的主要内容，诸如审计概况、审计中所发现的问题和审计意见、建议等事项与被审计单位进行沟通。内部审计的结果沟通就是内部审计机构与被审计单位、组织适当管理层就审计概况、依据、审计发现的问题、审计结论、审计意见或建议进行讨论和交流的过程。内部审计机构通过与被审计单位的有效结果沟通，可以确保审计结果的客观和公正，促进审计结论和建议得到最终落实和贯彻。

（二）结果沟通的目的

我国《内部审计具体准则第 2105 号》明确规定："结果沟通的目的，是提高审计结果的客观性、公正性，并取得被审计单位、组织适当管理层的理解和认同。内部审计机构应当建立审计结果沟通制度，明确各级人员的责任，进行积极有效的沟通。内部审计机构应当与被审计单位、组织适当管理层进行认真、充分的沟通，听取其意见。"

进行内部审计结果沟通的目的是为了保证审计结果的客观性、公正性，并取得被审计单位、组织适当管理层的理解和认同。为此，内部审计机构应当建立审计结果沟通制度，明确各级人员的责任，进行积极而有效的沟通。内部审计机构应当与被审计单位、组织适当管理层进行认真、充分的沟通，并听取其意见。结果沟通是内部审计工作中不可缺少的一个重要环节，进行结构沟通的主要作用体现在以下方面：

1. 明确责任。内部审计机构通过结果沟通，可以明确各自的责任与义务，增进彼此间的相互了解，促使双方认真履行职责，从而保护有关各方的合法权益，避免内部审计机构和人员可能受到不公正的指责或控告。

2. 建立良好的工作关系。内部审计机构在遵守职业道德原则的前提下，与被审计单位、组织的适当管理层进行必要的沟通，有利于与被审计单位形成良好的工作关系，加强相互间的协作与配合，保证各种必要的审计程序得到顺利实施，最终实现审计目标。

3. 为组织提供更好的增值服务。在执行审计业务过程中，内部审计人员往往会发现被审计单位在内部控制、经营管理方面存在的问题，对此，通过与管理层进行适当的沟通，可以帮助组织改善内部控制、提高经营效率和管理效果，从而为组织提供更好的增值服务。

4. 有利于保证内部审计人员的工作质量。通过结果沟通，有助于内部审计人员对各种复杂、疑难问题进行正确的分析，作出合理的判断，从而降低审计风险，这有利于内部审计工作的规范化，有利于保证其工作质量。

（三）结果沟通的形式

我国《内部审计具体准则第 2105 号》明确规定："结果沟通一般采取书面或者口头方式。"

内部审计结果沟通一般采取书面或口头方式。对于诸如最终的审计结果等重要的审计事项，通常需要采取书面沟通的方式。书面沟通更利于明确各方的责任，复杂的内容和较大量的信息以书面的形式进行沟通可以获得更加清晰和明确的表达，也便于阅读者有充分的时间对沟通的内容进行研究和思考，书面沟通的方式还便于资料的归档保管。对于诸如阶段性的审计结果或者需要被沟通方作出及时回复的审计事项，则通常可以采取口头沟通的方式。口头沟通可以得到快速的反馈，更便于内部审计人员及时澄清某些事实、弄清某些问题，从而便利下一步审计工作的开展。

1. 口头沟通方式。口头沟通是以口头语言进行的信息交流。内部审计人员利用口头语言进行信息交流的方式包括询问、会谈、调查、讨论、会议、征求意见等。例如：通过询问被审计单位职能部门相关人员以了解组织的相关情况；与被审计单位负责人或高层管理者进行会谈，反映工作中发现的问题；对被审计单位人员进行调查取得口头证据，在出具审计报告前征求被审计单位负责人意见；善于处理对方提出的各种异议，迅速作出反应，给出令人信服的回答等。这种沟通途径灵活方便，简便易行，容易达到沟通的目的。尤其是面对面的口头沟通，沟通双方可以很好地把握对方的立场和态度，有利于充分协商，加快沟通过程中的各种信息传递和交流。但是，通过口头沟通方式所获信息的保留时间较短，信息也容易模糊失真，有时还无据可查。

口头沟通的优点在于内部审计人员可以得到很快的反馈，可以及时听取对方的意见和建议，并可以立即作出回答和解释。口头沟通的缺点在于交流时可能有多种噪音，会影响听者的信息接收和处理。另外，口头沟通的信息在发出前不可能像书面资料那样得到充分的编辑和修改，可能会传达出错误的信息，而且口头沟通的信息无法存档。

2. 书面沟通方式。书面沟通是利用书面文字来进行的信息交流。内部审计人员利用书面语言进行信息交流的方式包括审计通知书、问卷调查、审计工作底稿、审计报告和管理建议书等。例如，对被审计单位下达审计通知书；对被审计单位提出各种意见和建议书；向组织负责人和高层管理者提交审计报告和管理建议书；如有必要还可以就审计中发现的重要事项向组织负责人、高层管理者和被审计单位提供中期报告，以便采取迅速而有效的行动纠正失误等。书面沟通比较正式，可以长期保存，便于反复研究，更为慎重和准确。但是，书面沟通方式对客观情况变化的适应性较差，所沟通的信息内容对语言文字的依赖性很强。

书面沟通的优点在于沟通的信息通过书面形式可以得到清晰、明确的表达；当书面信息内容比较复杂，或者信息量较多时，读者可以有充裕的时间进行研究和思考；书面沟通的资料容易归档保管。书面沟通的缺点在于当读者在阅读书面资料时，如果存在疑问，可能得不到及时解答，并可能因此而造成误解，使沟通的效果和效率受到影响。

（四）结果沟通的时间和记录

我国《内部审计具体准则第 2105 号》明确规定："内部审计机构应当在审计报告正式提交之前进行审计结果的沟通。"

内部审计机构与人员应当在审计报告正式提交之前，与组织适当管理层进行结果沟通，以及时报告审计中发现的重大问题，从而为管理层决策提供依据，并促进与适当管理层良好人际关系的构建。

我国《内部审计具体准则第 2105 号》明确规定："内部审计机构应当将结果沟通的有关书面材料作为审计工作底稿归档保存。"

内部审计机构在进行审计结果的沟通工作时，应当详细记录沟通的内容和过程，并将结果沟通的有关书面材料作为审计工作底稿归档保存。

（五）结果沟通的内容

我国《内部审计具体准则第 2105 号》明确规定："结果沟通主要包括下列内容：①审计概况；②审计依据；③审计发现；④审计结论；⑤审计意见；⑥审计建议。"

内部审计机构和人员应当及时、有效地就审计概况、审计依据、审计发现、审计结论、审计意见以及审计建议等内容与被审计单位进行沟通，认真听取和研究被审计单位的意见，做到既敢于坚持原则，又平等待人、以理服人，减少被审计单位对审计的抵触情绪。

就具体审计活动的立项依据、审计目的和范围、审计重点和审计标准等审计概况所进行的沟通可以使相关主体了解整个审计项目的来龙去脉。明确审计项目执行时遵照的内部审计准则等相关审计依据，可以保证审计结果的客观性、公正性，同时得到被审计单位的理解，为内部审计人员根据审计过程查明的事实或问题的充分性以及提出的处理、处罚意见和解决方案、措施的严谨性提供帮助。尽管审计工作已经基本结束，如果在结果沟通过程中发现存在疑点，仍然可以借结果沟通的机会进行深入了解。内部审计人员在结果沟通前要做好充分的准备工作，包括可能遇到的阻力，采取口头沟通形式进行的，要对沟通结果作出书面的记录。

（六）结果沟通的对象

我国《内部审计具体准则第2105号》明确规定："如果被审计单位对审计结果有异议，审计项目负责人及相关人员应当进行核实和答复。内部审计机构负责人应当与组织适当管理层就审计过程中发现的重大问题及时进行沟通。"

内部审计机构应当与被审计单位进行审计结果沟通，听取被审计单位对审计发现问题的解释，并了解他们对于审计结论和审计意见的看法。如果被审计单位对审计结果持有异议，审计项目负责人及相关人员应当进行核实和答复。如果能够得到被审计单位的理解和支持，也能够更加有助于审计结论和建议的最终落实和贯彻。与此同时，内部审计机构负责人应当与组织适当管理层就审计过程中发现的重大问题及时进行沟通。由于组织适当管理层通常能够对审计中发现的问题采取纠正措施或者确保纠正措施得到执行，因此，取得组织适当管理层的理解和支持是促进内部审计工作有效开展的保证。

（七）结果沟通技巧

我国《内部审计具体准则第2105号》明确规定："内部审计机构与被审

计单位进行结果沟通时，应当注意沟通技巧。”

内部审计机构与被审计单位进行结果沟通时，应当注意沟通技巧，进行平等、诚恳、恰当、充分的交流。沟通包括双向的交流，即表达的技巧和倾听的技巧。进行结果沟通的内部审计人员应当能够清晰、完全地表达自己的想法，能够让对方充分理解自己所要表达的信息。同时，也应当认真听取对方的想法和意见，充分接受对方所传达的信息。在沟通之前，内部审计人员应当做好充分的准备，确定所要表达的信息内容，并考虑需要从对方获取哪些信息。同时，还应当选择适当的时间和地点，并根据沟通对象的特点，采取适当的沟通方式，保证良好的沟通效果。

二、内部审计的报告

内部审计的报告是内部审计机构和人员进行结果沟通的最常见和最通用的形式，是否能够编制内容翔实、条理清晰、结论明确和建议切实可行的内部审计报告是内部审计工作成败的重要衡量标志。

（一）内部审计报告的概念和作用

我国《内部审计具体准则第 2106 号》明确规定：“审计报告，是指内部审计人员根据审计计划对被审计单位实施必要的审计程序后，就被审计事项作出审计结论，提出审计意见和审计建议的书面文件。”

内部审计人员应当在实施必要的审计程序，并完成审计结果的沟通工作后，编制内部审计报告。内部审计报告应当以经过核实的审计证据为依据，报告形成的审计结论、意见与建议。如有必要，内部审计人员还可以在审计过程中提交期中报告，以便及时采取有效的纠正措施以改善组织的业务活动及其内部控制和风险管理。内部审计报告就是内部审计人员根据内部审计计划对被审计单位实施必要的审计程序后，就被审计事项作出审计结论，提出审计意见和审计建议所出具的书面文件。审计报告应当包括说明审计概况、审计依据以及审计中发现的问题，并提出审计意见和建议。

作为内部审计活动的最终成果，内部审计报告对被审计单位的经营活动和内部控制进行了评价，并且提出了改进建议。内部审计报告是内部审计活动成果的体现，是内部审计人员与被审计单位、组织管理层和其他相关各方进行沟通和交流的媒介，也是内部审计活动为组织增加价值、促进组织目标实现的重要手段。

（二）内部审计报告的质量要求

我国《内部审计具体准则第 2106 号》明确规定："审计报告的编制应当符合下列要求：①实事求是、不偏不倚地反映被审计事项的事实；②要素齐全、格式规范，完整反映审计中发现的重要问题；③逻辑清晰、用词准确、简明扼要、易于理解；④充分考虑审计项目的重要性和风险水平，对于重要事项应当重点说明；⑤针对被审计单位业务活动、内部控制和风险管理中存在的主要问题或者缺陷提出可行的改进建议，以促进组织实现目标。"

内部审计报告的质量是内部审计活动能否正常发挥作用的关键，也是内部审计价值的集中体现。因此，编制内部审计报告应当做到客观、完整、清晰、及时，并体现重要性和建设性原则。

1. 客观性。内部审计报告的编制应当坚持实事求是的基本原则，不偏不倚地反映被审计事项的事实，对被审计对象形成客观、公正的审计结论。内部审计报告中的审计结论、审计意见和审计建议的形成都不能受到任何偏见的干扰，应当力求还原事实的本来面目。只有客观的内部审计报告才能得到被审计单位的信赖，也才能更有利于审计建议的有效贯彻和审计目标的切实实现。

2. 完整性。内部审计报告应当按照规定的格式及内容编制，做到要素齐全、格式规范，并全面完整地反映审计中所发现的重要问题，使阅读者对审计过程和结论形成完整的认识。

3. 明晰性。内部审计报告应当表述清晰、用词准确、简明扼要、突出重点、易于理解。在内部审计报告中尽可能避免不必要的过于专业性、技术性的复杂语言，只有使用简单明了的语言才能使内部审计报告更易于阅读者的理解和贯彻执行。

4. 及时性。内部审计报告应当及时提交，以使相关各方适时采取有效的纠正措施。为此，内部审计人员在执行审计程序时应当提高效率，及时完成审计项目并尽快撰写和提交审计报告，使得审计中发现的问题能够及时得到解决，审计建议能够尽快得到落实。内部审计报告的目的就是在于告知组织的管理层或治理层被审计对象存在的问题以及对解决问题提出的建议，以便管理层或治理层及时采取措施控制风险和解决问题。如果内部审计报告缺乏时效性，必然影响内部审计目标的实现。

5. 重要性。在内部审计报告中报告的事项应当充分考虑审计项目的重要性和风险水平，对于被审计单位经营活动和内部控制中存在的严重问题和重大缺陷以及存在较高风险的领域等重要事项必须在审计报告中重点详细地予以说明。

6. 建设性。内部审计报告不能仅仅简单地罗列审计中发现的问题，应当针对被审计单位业务活动及其内部控制、风险管理的主要问题、缺陷提出切实可行的改进建议，以帮助纠正错误、改善治理和控制，从而促进组织实现目标。

（三）内部审计报告的基本要素

我国《内部审计具体准则第 2106 号》明确规定："审计报告主要包括下列要素：①标题；②收件人；③正文；④附件；⑤签章；⑥报告日期；⑦其他。"

内部审计报告的基本要素应当包括标题、收件人、正文、附件、签章和报告日期等。

1. 标题。内部审计报告的标题应当能够反映审计项目的性质，力求言简意赅并有利于归档和检索。标题中通常包括被审计单位的名称、审计事项（类别）、审计期间和审计报告字样。

2. 收件人。内部审计报告的收件人应当是与审计项目有管理和监督责任的机构或人员。收件人可能是被审计单位的适当管理层、董事会或其下设的审计委员会或者组织中的主要负责人、组织最高管理层、上级主管部门等。内部审计人员应当考虑组织的法人治理结构、管理方式的差异，根据具体情况确定适当的审计报告的收件人。

3. 正文。内部审计报告的正文是审计报告的核心内容，主要包括审计概况、审计依据、审计发现的问题、审计结论、审计意见和审计建议等内容。

4. 附件。内部审计报告的附件是对审计报告正文进行补充说明的文字和数字资料。附件应当包括针对审计过程、审计中发现问题所作出的具体说明、被审计单位的反馈意见等内容。例如，审计过程中相关问题的计算及分析程序；审计发现问题的详细说明；被审计单位及被审计责任人的反馈意见；记录审计人员修改意见、明确审计责任、体现审计报告版本的审计清单；需要提供解释和说明的其他内容等。

5. 签章。内部审计报告应当由主管的内部审计机构盖章，并由审计机构负责人、审计项目负责人以及其他经授权的人员签字。

6. 报告日期。内部审计报告的日期一般采用内部审计机构负责人批准送出日，但是在下列情形下则需要使用相关的日期：因采纳组织主管负责人的某些修改意见、内部审计人员在本机构负责人审批之后又发现被审计单位存在新的重大问题或者内部审计报告存在重大疏忽等。

7. 其他事项。内部审计报告应当声明内部审计是按照《内部审计准则》的规定实施的，若存在未遵循该准则的情形，应当作出解释和说明。内部审计报告中应当说明报告是针对被审计单位业务活动及其内部控制、风险管理的适当性、合法性和有效性所作出的合理保证。

（四）内部审计报告的主要内容

我国《内部审计具体准则第 2106 号》明确规定："审计报告的正文主要包括下列内容：①审计概况，包括审计目标、审计范围、审计内容及重点、审计方法、审计程序及审计时间等；②审计依据，即实施审计所依据的相关法律法规、内部审计准则等规定；③审计发现，即对被审计单位的业务活动、内部控制和风险管理实施审计过程中所发现的主要问题的事实；④审计结论，即根据已查明的事实，对被审计单位业务活动、内部控制和风险管理所作的评价；⑤审计意见，即针对审计发现的主要问题提出的处理意见；⑥审计建议，即针对审计发现的主要问题，提出的改善业务活动、内部控制和风险管理的建议。"

内部审计报告的主要内容包括审计概况、审计依据、审计发现的问题、审计结论、审计意见和审计建议。

1. 审计概况。审计概况是对内部审计项目的总体情况的介绍和说明，一般应当包括审计目标、审计范围、审计内容及重点、审计方式及审计时间等。

2. 审计依据。审计依据是实施内部审计所依据的相关法律、法规、内部审计准则等规定，内部审计准则应当声明内部审计是按照内部审计准则的规定实施的，若存在未遵循该准则规定的情形，应当作出解释或说明。

3. 审计发现的问题。审计发现的问题指在对被审计单位的业务活动及其内部控制、风险管理的审计实施过程中所发现的主要问题的事实。内部审计报告应当对所发现的事实的具体情况、应遵照的标准、事实与标准的差异、已经或可能造成的影响以及产生原因作出说明。

4. 审计结论。审计结论是根据已查明的事实，对被审计单位业务活动及其内部控制、风险管理所作的评价。内部审计人员提出的结论可以是对经营活动或内部控制的全面评价，也可仅限于对部分经营活动和内部控制进行评价。如果必要，审计结论还应当包括对出色业绩的肯定。

5. 审计意见。审计意见是针对审计发现的主要问题，根据情况提出的处理及处罚意见。审计意见的权威性取决于组织适当管理层对内部审计机构的授权。

6. 审计建议。审计建议是针对审计发现的主要问题，根据需要提出的改善业务活动及其内部控制、风险管理的建议。例如，如果现有系统需要全部或局部改变，审计建议可以包括改进的方案设计、方案实施的要求、方案实施效果的预计以及未实施改进方案的后果分析等。

（五）编制内部审计报告应注意的事项

内部审计机构应当在对特定审计业务进行广泛深入的审计和调查之后撰写内部审计报告，内部审计报告应当反映事实、揭露问题，并提出建议。内部审计报告并没有固定的编制格式，不同组织的内部审计人员可以根据实际情况采用不同的编制方式，但是编制内部审计报告通常均需要注意以下事项：

1. 条理清晰。一份内部审计报告中可能会包含很多信息和内容，内部审计报告的编制者应当对这些信息和内容进行合理的安排，做到条理清晰、主次分明。由于组织的高级管理层通常不会关注一些较小的或者风险不是很大的问题，内部审计报告的编制应当始终遵循重要事项优先的原则。在编制内部审计报告时应当首先说明审计的目的和依据，执行的具体审计程序，审查的主要资料和内容，经过汇总、核对与分析发现的主要问题，事项的严重程度，包括涉及的金额数量和违反的法规、制度及工作程序，当事人及主管领导的解释，对当前管理与控制状况的归纳，以及对存在的问题提出的改进建议等。

2. 表达简明。为了更好地说明问题，编制内部审计报告时可以尽可能使用图表、图形或表格，以将复杂的数据及文档一目了然地展示给报告的使用者，同时相关的文字叙述也要尽可能简洁明确。

3. 分析详尽。内部审计报告必须以事实和数据说话，通过对发现问题的汇总与分析揭示问题，以寻找原因和界定事实。为此，内部审计报告中应当具体说明已经执行的具体审计程序以及收集到的具体数据和资料，例如可以注明抽查的数量及发现问题的数量和金额。数据和资料越具体，后期的分析和对比就越容易，结论也就越准确。内部审计报告的分析思路要开阔，不要仅局限在被审计项目之内，也不要仅限于组织内部，应当将审计数据放在更大的深度与广度中进行分析，通过多方位和多维度的对比分析可以获取更全面、更具有针对性的结论。

4. 归类合理。如果在内部审计项目中发现了较多的问题，在编制内部审计报告时应当对这些问题进行统一和归纳，避免简单地罗列问题，从而造成内部审计报告在内容上的杂乱无章，更加无法集中深入地揭示问题和剖析问题形成的原因，自然也就无法提出好的对策和建议，报告的阅读者也无法掌握审计问题的重点和类别，更加难以归纳问题的要点，也不便于执行相关的整改措施。

5. 建议可行。内部审计报告的重点在于针对审计中发现的问题提出合理的、切实可行的整改意见和建议。如果说审计是为了发现问题，那么整改建议就是为了解决问题，整改意见和建议的优劣直接影响到组织管理层对问题的整改速度和效果。编制内部审计报告提出改进建议时切忌针对性不强，分析问题及成因部分与整改建议之间缺乏相关性，整改建议泛泛而论，流于形式，缺少切实可行的和便于操作的整改方案和具体措施。

（六）内部审计报告的编制、复核与报送

我国《内部审计具体准则第 2106 号》明确规定："审计组应当在实施必要的审计程序后，及时编制审计报告，并征求被审计对象的意见。被审计单位对审计报告有异议的，审计项目负责人及相关人员应当核实，必要时应当修改审计报告。"

内部审计报告的编制是一项严格而又细致的工作。审计项目负责人应当在审计组实施了必要的审计程序后，仔细审阅内部审计人员在审计过程中形成的审计工作底稿，并检查内部审计人员是否严格遵循了内部审计准则等规范要求，根据内部审计人员收集的审计证据得出客观公正的审计结论，及时编制审计报告，并向被审计单位征求反馈意见。

被审计单位对审计报告持有异议的，审计项目负责人及相关人员应当核实，必要时应当修改审计报告。审计报告经过必要的修改后，应当连同被审计单位的反馈意见及时报送内部审计机构负责人复核。

我国《内部审计具体准则第 2106 号》明确规定："内部审计机构应当将审计报告提交被审计单位和组织适当管理层，并要求被审计单位在规定的期限内落实纠正措施。"

内部审计机构负责人或者其他被指定的人员应审阅并批准审计报告后，应当确定审计报告的适当报送对象。报送内部审计报告的目的在于保证组织内部能够对审计意见给予应有注意的管理层了解审计意见。因此，内部审计报告发送对象在组织内部的所处职位必须能够针对审计报告的建议采取纠正措施或促进别人采取纠正措施。在审计报告完成之后，内部审计人员应将审计报告送交相关人员，呈报对象主要包括被审计单位和组织适当的管理层。

1. 被审计单位。被审计单位是内部审计报告的基本报送对象之一。在将审计报告送交被审计单位时，内部审计机构应当要求被审计单位及时采取纠正措施，在规定的期限内解决审计中发现的问题。

2. 组织适当的管理层。组织适当的管理层主要是指主管内部审计机构的管理层、主管被审计单位的管理层以及有权对审计发现问题采取纠正措施或

能对采取纠正措施作出指示的管理层。必要时，内部审计机构也可以将内部审计报告呈送给董事、监事等相关人员。

3. 组织外部机构和人员。组织外部机构和人员也可能存在了解内部审计报告的需求，例如，国家审计机关或注册会计师事务所出于利用内部审计成果的目的，可能会向组织的内部审计机构提出获取内部审计报告的要求。内部审计机构应当根据具体情况，决定是否将内部审计报告送交组织外部的相关机构和人员，或者以内部审计报告的部分内容呈送组织外部的相关机构和人员。在作出决定时，应当考虑的因素主要有：①外部机构、人员需要内部审计报告的用途是否合法、合理，是否会危及组织的相关利益；②外部机构、人员是否承诺对组织的信息和资料负有保密责任；③应对外部机构、人员进一步披露内部审计报告所含信息进行限制。

已经分发的审计报告若存在重要错误或遗漏，内部审计机构应当及时更正，并将更正后的审计报告及时提交给所有的原审计报告接收者。

我国《内部审计具体准则第 2106 号》明确规定："内部审计机构应当建立健全审计报告分级复核制度，明确规定各级复核人员的要求和责任。审计报告经过必要的修改后，应当连同被审计单位的反馈意见及时报送内部审计机构负责人复核。"

内部审计机构应当建立审计报告分级复核制度，明确规定针对各级复核人员的要求和责任。对内部审计报告进行复核的基本内容包括：①检查是否已经实施了所有必要的审计程序，运用的审计方法是否恰当有效，是否遗漏重要的事项；②检查所收集的审计证据是否达到标准，审计依据是否恰当，审计判断是否准确，是否支持最终的审计结论、审计决定、审计建议；③检查审计报告中的审计结论、审计决定、审计建议是否明确、恰当，是否存在错误表述；④检查审计报告是否在整体上反映了审计工作的广度和深度。

被审计单位对审计报告有异议的，审计项目负责人及相关人员经过核实，必要时应当修改审计报告。审计报告经过必要的修改后，应当连同被审计单位的反馈意见及时报送内部审计机构负责人复核。

我国《内部审计具体准则第 2106 号》明确规定："内部审计机构应当将审计报告及时归入审计档案，妥善保存。"

内部审计机构应当及时地将审计报告归入审计档案，妥善保存。可以考虑将内部审计报告进行索引编号以便于管理和查找。审计报告是重要的审计资料，内部审计机构应当及时地将审计报告归入审计档案，按照内部审计机构制定的审计档案管理制度妥善保存。

第四节　内部审计的后续追踪阶段

为使内部审计对组织的建设性作用得到更加充分的发挥，内部审计的后续追踪是内部审计过程中不可或缺的重要阶段。

一、后续审计的概念和作用

我国《内部审计具体准则第 2106 号》明确规定："后续审计，是指内部审计机构为跟踪检查被审计单位针对审计发现的问题所采取的纠正措施及其改进效果，而进行的审查和评价活动。"

通常情况下，外部审计出具审计报告就意味着审计工作的基本完成，内部审计与外部审计的最大区别之一就是内部审计人员在发出内部审计报告之后，仍然需要对报告中所涉及的审计结果和审计建议进行后续跟踪，以监督被审计单位是否及时、有效地采取了纠正措施，解决了审计中发现的问题。由于内部审计的职能定位并不仅限于发现组织在经营管理和内部控制中存在的问题，更重要的职能是促进组织改进和完善经营管理及内部控制，因此后续审计就成为内部审计必不可少的重要环节，也构成了内部审计的一大特色和优势。

后续审计就是内部审计机构为跟踪检查被审计单位针对审计发现的问题所采取的纠正措施及其改进效果而进行的审查和评价活动。内部审计人员应当进行后续审计，促进被审计单位对审计发现的问题及时采取合理、有效的纠正措施。后续审计阶段是内部审计在审计过程上有别于外部审计的一个重要特征，内部审计是为了促进组织目标实现而实施的确认和咨询活动，进行结果沟通和出具审计报告并不是审计过程的完结，关注审计报告中所提问题是否得到有效解决、改善实务的建议是否得到贯彻执行才是更加重要的，也是内部审计为组织增加价值的职能发挥的关键所在。

二、后续审计中的责任划分

我国《内部审计具体准则第 2106 号》明确规定："对审计中发现的问题采取纠正措施，是被审计单位管理层的责任。评价被审计单位管理层所采取的纠正措施是否及时、合理、有效，是内部审计人员的责任。"

被审计单位管理层的责任是对审计中发现的问题采取纠正措施。内部审计人员的责任是评价被审计单位管理层所采取的纠正措施是否及时、合理、有效。

内部审计机构应当在规定的期限内，或与被审计单位约定的期限内执行后续审计。内部审计机构负责人应当适时安排后续审计工作，并把它作为年度审计计划的一部分。内部审计机构负责人如果初步认定被审计单位管理层对审计所发现的问题已采取了有效的纠正措施，后续审计可以作为下次审计工作的一部分。

当被审计单位基于成本或其他方面考虑，决定对审计发现的问题不采取纠正措施，并作出书面承诺时，内部审计机构负责人应当向组织的适当管理层报告。

三、后续审计程序

我国《内部审计具体准则第 2106 号》明确规定："审计项目负责人应当编制后续审计方案，对后续审计作出安排。"

根据后续审计的实际情况和具体要求，内部审计机构和人员应当设计适当的后续审计程序。

（一）根据反馈意见确定后续审计方案

内部审计机构负责人应当根据被审计单位的反馈意见，确定后续审计时间和人员安排，审计项目负责人应编制后续审计方案。内部审计人员应当对被审计单位所采取的改进行动进行直接的询问、观察、测试或检查相关的文件以对其及时性和有效性进行评价。

编制后续审计方案时应当考虑的因素主要包括：①审计意见和审计建议的重要性；②纠正措施的复杂性；③落实纠正措施所需要的期限和成本；④纠正措施失败可能产生的影响；⑤被审计单位的业务安排和时间要求。

（二）原有审计建议的修订

内部审计人员在确定后续审计范围时，应当分析原有审计意见和审计建议是否仍然可行。如果被审计单位的内部控制、风险管理或其他因素发生了变化，使原有的审计意见和审计建议不再适用，应当对其进行必要的修订。

（三）对是否还需执行单独的后续审计的考虑

对于已经采取纠正措施的事项，内部审计人员应当依据问题的重要性程度、已经获取的有关纠正措施执行情况的证据判断是否需要深入检查，必要时可以指出在下次审计中对其予以充分关注，以作为制订下次审计项目计划时需要考虑的因素。

（四）对后续审计进行报告

内部审计人员应当根据后续审计的执行过程和结果，向被审计单位及组织适当管理层提交后续审计报告。后续审计报告可以简单地回顾审计发现的问题以及原来的审计结论和审计建议，重点说明被审计单位针对问题所采取的纠正措施的及时性和有效性，所存在的问题是否已经得到解决，或者尚未解决的原因及其对组织的影响等。

第四章 贯穿始终的内部审计技术

内部审计需要采取系统化、规范化的方法来对组织的风险、控制及治理程序进行评价，以提高它们的效率，从而帮助实现组织目标。这些贯穿内部审计过程始终的系统化和规范化的内部审计技术是内部审计独有特权的核心和灵魂，也是内部审计职业成功的根本。由于内部审计是一项综合性的审计工作，单一的审计技术和方法是无法满足其目标要求的，内部审计人员需要综合运用多种审计技术与方法，并将具体审计方法同特定审计环境完美结合，将所运用审计方法的效能充分体现出来，才能为实现内部审计目标发挥事半功倍的作用。

第一节 内部审计证据和取证方法

内部审计结论的得出取决于内部审计证据的收集，只有采取适当的审计取证方法收集充分适当的审计证据，才能形成客观公正的审计结论。

一、内部审计取证的相关概念

我国《内部审计具体准则第 2103 号》明确规定："审计证据，是指内部

审计人员在实施内部审计业务中，通过实施审计程序所获取的，用以证实审计事项，支持审计结论、意见和建议的各种事实依据。”

审计证据是指内部审计人员通过实施审计程序所获取的，用以证实审计事项，支持审计结论、意见和建议的各种事实依据。审计证据为内部审计人员作出审计结论和建议提供了依据，审计证据的质量直接决定了在其基础上形成的审计结论和建议的质量。为此，内部审计人员在审计活动中必须保持应有的职业谨慎，运用合理的审计方法获取充分、相关、可靠的审计证据，以此为依据证实审计事项，作出审计结论和建议。同时，内部审计活动也是围绕审计证据的收集和评价而进行的，整个内部审计过程就是不断地获取、处理、评价证据，并对证据作出判断和结论的过程，因此，内部审计人员对收集、归纳和评价审计证据的各项审计技术的运用必然是贯穿整个内部审计过程始终的。

审计程序是指内部审计人员在实施内部审计的过程中为获取和评价审计证据所采用的各种技术方法的总称，审计程序实质上就是审计的取证方法。例如，内部审计人员可以向相关岗位的员工就某项内部控制是否建立以及是否得到执行进行询问，以获取对该项内部控制在设计和执行层面的初步了解。为更好地实现审计目标，收集充分和适当的审计证据是至关重要的，而充分和适当的审计证据的收集则完全取决于内部审计人员选择和实施的审计程序。不同的审计程序可以获取不同类型的审计证据，为获取不同类型的审计证据，内部审计人员必须选择适当的审计程序。因此，审计程序的选择将是每个内部审计人员在每个审计项目中必然面临的关键决策。

二、内部审计证据的类型

我国《内部审计具体准则第 2103 号》明确规定：“内部审计人员应当依据不同的审计事项及其审计目标，获取不同种类的审计证据。”

内部审计人员应当依据不同的审计事项及审计目标，获取不同种类的审计证据。审计证据的种类主要包括书面证据、实物证据、视听证据、电子证据、口头证据和环境证据。

（一）书面证据

书面证据是内部审计人员获取的各种以书面文件为形式的证据类型，包括各种会议记录、章程协议、经济业务凭证、会计记录、报告和往来函件等。书面证据按照其获取的来源可以被分为内部证据和外部证据。凡是经过被审计单位之外的独立第三方认可的书面证据都是外部证据，而由被审计单位自己编制和使用的书面证据就是内部证据。由于外部证据具有独立的来源，因此也具有较高的可靠性；而内部证据的可靠性则取决于被审计单位内部控制的完善程度。

（二）实物证据

实物证据是内部审计人员通过观察或盘点等方法获取的用以证明各种以实物形态存在的资产是否真实存在的证据类型。实物证据是验证被审计单位以实物形态存在的各种资产是否真实存在的最具有证明力的证据，例如针对库存现金、有价证券、存货和固定资产等。同时，实物证据也有助于内部审计人员了解实物资产的状况以判断其计价的合理性，但是实物证据通常不能证明实物资产的所有权状况。

（三）视听证据

视听证据是内部审计人员获取的以录音、录像等影音形态存在的能够证明被审计对象真实情况的证据类型。内部审计人员在收集视听证据时应当关注视听证据的制作方法、制造时间、制作人、制作环境和存放方式与地点等情况。

（四）电子证据

电子证据是以数字的形式保存在计算机存储器或外部存储介质中、能够证明被审计对象真实情况的数据或信息的证据类型。随着信息技术的飞速发展，以电子形式存在的审计证据越来越多，以往的很多书面证据已经不再采用纸质的文件，而是开始大量使用计算机和网络技术进行信息的沟通。这些都使得内部审计人员收集审计证据的形式发生了根本上的改变，也要求内部审计人员加强对信息技术的充分了解，对不同形式的电子证据的可靠性作出恰当的判断。

（五）口头证据

口头证据是被审计单位人员或相关人员对内部审计人员的提问进行口头答复所形成的证据类型。口头证据的证明力相对较差，因为它们要受到被询问人主观偏好的较大影响，通常不能作为内部审计人员形成最终结论的直接证据。但是，口头证据也具有成本较低、了解情况便捷和迅速等优点，也有助于内部审计人员发现进一步审查的线索。由于内部审计人员的特殊位置，在运用口头证据时需要特别注意询问和沟通的方式和方法。

（六）环境证据

环境证据是反映对被审计单位产生影响的各种环境事实的证据类型。获取环境证据是内部审计人员充分了解被审计单位基本情况的重要手段，但是环境证据属于间接证据，通常不能作为内部审计人员形成最终结论的证据类型。环境证据包括被审计单位内部控制的完善程度、管理人员的素质、管理条件和管理水平等。

三、内部审计证据的质量特征

我国《内部审计具体准则第 2103 号》明确规定："内部审计人员获取的审计证据应当具备相关性、可靠性和充分性。"

内部审计人员获取的审计证据应当具有相关性、可靠性和充分性等质量特征，只有相关的、可靠的和充分的审计证据才是高质量的审计证据。

（一）相关性

相关性是指审计证据与审计事项及其具体审计目标之间具有实质性联系，只有与审计目标相关的审计证据才具有证明力。内部审计人员判断审计证据是否具有相关性时必须结合具体审计目标来考虑：（1）特定的审计程序可能只为某些审计目标提供相关的审计证据，而与其他审计目标无关；（2）针对同一审计目标可以从不同来源获取审计证据或获取不同性质的审计证据；（3）只与特定审计目标相关的审计证据并不能替代与其他审计目标相关的审计证据。

（二）可靠性

可靠性是指审计证据是真实和可信的，缺乏可靠性的审计证据是不具有证明力的，也不能成为内部审计人员得出审计结论的依据。审计证据可靠性的高低主要取决于审计证据的来源和性质，并受具体取证环境的影响。内部审计人员判断审计证据的可靠性时一般应遵循以下原则：（1）从外部独立来源获取的审计证据比从其他来源获取的审计证据更可靠；（2）内部控制有效时内部生成的审计证据比内部控制薄弱时内部生成的审计证据更可靠；（3）直接获取的审计证据比间接获取或推论得出的审计证据更可靠；（4）以文件、记录形式存在的审计证据比口头形式的审计证据更可靠；（5）从原件获取的审计证据比从传真或复印件获取的审计证据更可靠。

（三）充分性

充分性是指审计证据在数量上足以支持审计结论、意见和建议。审计证据的充分性是对审计证据数量特征的衡量，主要与内部审计人员确定的样本量有关。样本量过大会影响审计效率，加大审计成本，而样本量过小又会影响审计效果。

内部审计项目的各级复核人应当在各自责任范围内对审计证据的充分性、相关性和可靠性予以复核。

四、获取内部审计证据时应当考虑的因素

我国《内部审计具体准则第 2103 号》明确规定："内部审计人员在获取审计证据时，应当考虑下列基本因素：（1）具体审计事项的重要性。（2）可

以接受的审计风险水平。(3)成本与效益的合理程度。(4)适当的抽样方法。”

影响审计证据获取的因素包括审计事项的重要性、可以接受的审计风险水平、成本与效益的合理程度，以及适当的抽样方法。

(一)审计事项的重要性

对于越是重要的审计事项，内部审计人员越是需要获取充分的审计证据以形成审计结论和建议。内部审计人员应当从数量和性质两个方面判断审计事项的重要性，以作出获取审计证据的决策。从数量上看，内部审计人员可以采用金额或者其他的量化方式反映被审计事项的重要性。一般来说，金额或数量越大的项目就越重要。例如，在审查若干个销售分公司的业绩时，销售收入总金额越大，该分公司作为一个被审计事项就越重要，内部审计人员就需要对其获取更多的审计证据。从性质上看，存在舞弊迹象的被审计项目往往具有较高的重要性程度。有些项目虽然金额不是很大，但是如果内部审计人员在对这些项目进行审查的过程中发现了诸如账实不符、现金经常性短缺等舞弊的迹象，那么这些项目就需要内部审计人员获取更多的审计证据，以查明是否存在舞弊行为。

(二)可以接受的审计风险水平

审计风险是指内部审计人员得出的审计结论与被审计事项实际情况相背离的可能性。审计证据的充分性与审计风险水平密切相关。可以接受的审计风险水平越低，内部审计人员所需证据的数量就越多。反之，可以接受的审计风险水平越高，内部审计人员需要取得的审计证据数量就越小。为此，内部审计人员应当根据项目审计计划中所评估的审计风险水平，确定审计项目所需要的审计证据数量的多少。

(三)成本与效益的合理程度

内部审计人员获取审计证据应当考虑取证成本与证据效益的对比。任何组织的内部审计资源都是有限的，当收集某一审计证据的成本过高时，内部审计人员可以考虑以能够达到同样的审计目标但是取证成本相对较低的审计证据予以替代。例如，在从组织外部的其他组织或机构获取审计证据时，如果可以采用函证的方式就不需要必须亲身前往这些组织或机构审查相关的凭证和文件。但是，对于重要的审计事项，内部审计人员就不应当将审计成本的高低作为减少必要审计程序的理由，为实现审计目标，内部审计人员就必须花费更高的审计成本才能取得符合要求的审计证据。

（四）适当的抽样方法

内部审计人员在实施审计程序获取审计证据时，可以采取统计抽样和非统计抽样的方法。统计抽样方法要求按照一定的统计模型与规则进行样本量的确定和样本的选取；非统计抽样方法则需要较多地运用内部审计人员的职业判断，凭借其专业技能和经验判断所需要的样本数量。不同的抽样方法适用于不同的审计目标和被审计事项，内部审计人员在实施审计程序时要根据审计目标和被审计事项选择适当的抽样方法，以获取充分、相关和可靠的审计证据。

五、内部审计证据的获取方法

我国《内部审计具体准则第 2103 号》明确规定："内部审计人员向有关单位和个人获取审计证据时，可以采用（但不限于）下列方法：（1）审核；（2）观察；（3）监盘；（4）访谈；（5）调查；（6）函证；（7）计算；（8）分析程序。"

内部审计的取证方法是审计人员获取审计证据的具体手续，是收集和评价与审计目标相关的审计证据的具体手段，审计取证方法的发展水平也是衡量审计工作水平的重要尺度。内部审计人员向有关单位和个人获取审计证据，可以采用（但不限于）的取证方法包括审核、观察、监盘、访谈、调查、函证、计算和分析程序。

（一）审核

审核是对书面资料的审阅和复核。在内部审计的具体环境下，内部审计人员对书面资料的审核肯定不会仅限于会计资料，其涵盖的范围将十分广泛，例如经济合同、计划预算、统计资料等。内部审计人员通过对书面资料的审核不仅可以获取直接证据，同时还可以获取间接证据，即通过审核寻找可能存在的问题和疑点，作为审计线索据以确定进一步审计的对象和方法，从而获取直接证据。

内部审计人员审核书面资料时应当注意书面资料的真实性、完整性，以及合法性，诸如有无涂改或伪造的现象、是否符合国家有关的法律和规定、书面文件记载的经济事项是否真实合理，以及书面文件之间是否相互印证。

（二）观察

观察是内部审计人员对被审计单位的经营场所、实物资产和有关的经营活动或内部控制的执行情况进行的实地查看。通过观察，内部审计人员可以取得环境证据，以帮助其对被审计对象进行合理的判断。

（三）监盘

监盘是内部审计人员在盘点现场监督和观察被审计单位相关人员的盘点过程。在内部审计实务中，内部审计人员针对绝大多数的实物资产都是通过监督盘存来获取审计证据的。监督盘存要求内部审计人员必须亲临现场，由被审计单位的人员实施盘点，内部审计人员只对盘点的过程进行监督以判断清点结果的可靠性。在发现疑点或内部审计人员认为必要时应有计划地进行抽查复点。

（四）访谈

访谈是内部审计人员以口头询问的方式面对面地向被审计单位内部有关人员询问有关的情况。在审计过程中，内部审计人员如果对某些情况了解不够清楚，或者对某些事项存在疑点，或者发现不正常情况需要进一步查实时，都可以与被审计单位有关人员进行访谈。内部审计人员在进行访谈之前，最好能事先拟出访谈提纲，并恰当地选择访谈对象。在进行访谈时，应该注意方式方法，态度要和缓，以取得对方人员的理解和支持。由于被访谈人员在回答问题时可能带有很大的主观倾向性，或存在不实事求是和有意隐瞒等行为，内部审计人员对访谈的结果应认真进行甄别，并做好充分的记录。

（五）调查

调查是内部审计人员对被审计事项的有关情况的了解。在内部审计的实施过程中，除了审核书面资料和证实客观事物外，还需要对被审计单位的经济活动及其活动资料以内或以外的某些客观事实进行内查外调，以判断真相、查找线索，或取得证据，这就需要内部审计人员深入实际进行审计调查。

（六）函证

函证是内部审计人员通过发函给有关的单位或个人来证实与被审计单位有关的书面资料和经济活动的真实性。函证分为积极式函证和消极式函证两种形式。积极式函证要求被函证的对象对函证中的事项必须给予明确的回函答复。内部审计人员可以在函证信中载明要函证事项的具体情况，也可不载明具体事项而要求对方提供该事项的细节。载明细节时，核对工作是由被函证的对方进行的，内部审计人员无法控制；要求对方提供细节时，核对工作是由内部审计人员完成的，可以对核对工作进行控制。内部审计人员对于重要的事项应该采用积极式的函证。消极式的函证只要求被函证对象在对函证中事项有异议时才予以回函答复。内部审计人员在消极式的函证中应注明在某一期限之内未予复函即表示被函证单位对函询事项没有异议。由于在规定时间内没有回函的原因很多，比如并未收到函证信、收到但并未阅读、阅读但并未核对等等，所以消极式函证的可靠性要大大低于积极式函证。为降低审计成本，内部审计人员对于一般事项可以采用消极式函证。

内部审计人员应恰当地设计函证信，并对函证过程进行严密的控制。函证信一般应以被审计单位的名义发出，但函证的回函必须要求直接寄送内部审计人员。内部审计人员在发出函证信后要做好函证记录，在收到函证回函后也要立即记录函证结果，对于函证回函表明的重大差异应进一步地调查以确定原因，对于重要的事项而未收到回函的应再次发函，或采取其他的替代审计程序。

（七）计算

计算是为核实数字的正确性而对被审计单位经济业务凭证或会计记录中的数据进行验算或重新计算的过程。由于计算所获取的证据属于内部审计人员亲自获取的证据，因此通常被认为具有较高的可靠性。内部审计人员在执行计算程序时，应当结合数据计量的内容来评价输出结果的合理性。例如，在对利息收入进行验算时，如果利率超过了法律的规定，那么即使是计算无误，其结果也是不正确的。

（八）分析程序

分析程序是内部审计人员通过分析和比较信息之间的关系或计算相关的比率，以确定审计重点、获取审计证据和支持审计结论的一种审计方法。

六、内部审计人员处理审计证据的要求

我国《内部审计具体准则第2103号》明确规定："内部审计人员应当将获取的审计证据名称、来源、内容、时间等完整、清晰地记录于审计工作底稿中。采集被审计单位电子数据作为审计证据的，内部审计人员还应当记录电子数据的采集和处理过程。"

审计工作底稿是内部审计人员在审计过程中所形成的工作记录。审计工作底稿应当内容完整、记录清晰、结论明确，客观地反映项目审计方案的编制及实施情况，以及与形成审计结论、意见和建议有关的所有重要事项。内部审计人员应当将获取的审计证据名称、来源、内容、时间等完整、清晰地记录于审计工作底稿中，以便于作为形成审计结论和提出审计建议的依据。如果采集被审计单位的电子数据作为审计证据的，内部审计人员还应当记录电子数据的采集和处理过程。

我国《内部审计具体准则第2103号》明确规定："内部审计机构可以聘请其他专业机构或者人员对审计项目的某些特殊问题进行鉴定，并将鉴定结论作为审计证据。内部审计人员应当对所引用鉴定结论的可靠性负责。"

在内部审计项目的实施过程中，内部审计人员往往会遇到一些较为特殊和复杂的问题，例如，对特定资产的评估、工程项目的评估、产品和服务质量的评价、信息技术问题、衍生金融工具问题、舞弊及安全问题、法律问题、风险管理问题等。内部审计人员由于自身专业能力的限制，可能并不具备这些特殊领域的专业知识和经验，此时就需要获取专家的协助才能取得充分、相关和可靠的审计证据。专家对这些特殊问题的鉴定结论可以作为审计证据，内部审计人员可以使用这些证据证实被审计事项，并作出审计结论和建议。

内部审计机构可以聘请其他专业机构或者人员对审计项目的某些特殊问题进行鉴定，并将鉴定结论作为审计证据。但是，内部审计人员应当对所引用专家鉴定结论的可靠性负责。为此，内部审计人员必须按照审计工作的要求，考虑专家的专业胜任能力及其独立性和客观性，并对专家的鉴定作出评价，慎重考虑其是否能够形成可靠的审计证据。由于内部审计人员必须对审计结论和建议负责，而专家的鉴定是形成审计结论和建议的依据，因此，内部审计人员必须对引用专家鉴定的可靠性负责。

我国《内部审计具体准则第2103号》明确规定："对于被审计单位有异议的审计证据，内部审计人员应当进一步核实。"

为了确保被审计单位更好地理解内部审计结论，并切实地依据内部审计建议对自身在经营管理和内部控制等领域存在的问题作出改进和完善，内部审计人员必须获取能够得到被审计单位认可的审计证据。对于被审计单位有异议的审计证据，内部审计人员必须进一步予以核实，获取真正具有说服力和证明力的审计证据。

我国《内部审计具体准则第2103号》明确规定："内部审计人员获取的审计证据，如有必要，应当由证据提供者签名或者盖章。如果证据提供者拒绝签名或者盖章，内部审计人员应当注明原因和日期。"

在必要的情况下，内部审计人员应当要求审计证据的提供者对其提供的审计证据进行签名或者盖章。在内部审计过程中，某些口头证据或者由复印件形成的书面证据往往需要证据提供者签名或者盖章，从而确认其来源真实，证据有效。内部审计人员采用合法途径从证据提供者处获取真实、可靠的证据，如果证据提供者出于种种原因拒绝签名盖章确认该证据，内部审计人员应当了解原因，并在审计工作底稿中注明原因和日期，该证据依然有效，可以作为支持审计结论和建议的依据。

我国《内部审计具体准则第 2103 号》明确规定："内部审计人员应当对获取的审计证据进行分类、筛选和汇总，保证审计证据的相关性、可靠性和充分性。在评价审计证据时，应当考虑审计证据之间的相互印证关系及证据来源的可靠程度。"

内部审计人员应当对获取的审计证据进行分类、筛选和汇总，保证审计证据的相关性、可靠性和充分性。内部审计人员在获取审计证据后，必须对其能否成为审计结论和审计建议的合理依据进行评价，即对审计证据能够证明审计事项的能力进行判断，其目的是使审计证据从潜在证明力转化为现实证明力。

首先，内部审计人员应当评价证据与审计事项的相关性，即判断证据与审计事项是否相关，是否具有内在的联系，能否在一定程度上直接或间接地证明被审计事项，而且证据与证据之间是否相关，能否相互证实。如果证据之间内容不一致，甚至存在矛盾，就应当收集更多的相关证据加以判断，对那些与审计事项、审计目标无关的证据应当予以舍弃。

其次，内部审计人员应当评价证据的可靠性，即判断证据本身的可靠程度。证据的可靠性受许多因素的影响，一般来讲，受个人支配程度较小的证据，其被篡改和伪造的机会较少，因而就较可靠。因此，外部证据比内部证据更可靠；在良好的内部控制环境下产生的证据比内部控制不健全情况下产生的证据更可靠；直接产生于经济活动的业务凭证比经过加工汇总编制的资料更可靠。

最后，内部审计人员还应当评价证据的充分性，即判断所获取的审计证据在数量上是否足以满足审计目标和审计准则的要求。一般来讲，金额大的证据比金额小的证据更重要；揭露涉及舞弊行为的证据比由于会计技术运用上的失误而导致差错的证据更重要。但也应注意那些表面上看似是一般性的错误问题，而实际上却是性质严重的问题的证据。例如，对于所获取的销售成本计算错误的证据，不能仅仅看成是一般性的技术失误，还需进一步的调查分析，以鉴别被审计单位是否存在利用此手段人为调节销售成本，从而达到调节利润的目的，再据以判断被审计事项的重要性。内部审计人员对于重要的被审计项目就应当获取更加充分的审计证据。

我国《内部审计具体准则第 2103 号》明确规定："在评价审计证据时，应当考虑审计证据之间的相互印证关系及证据来源的可靠程度。"

在评价审计证据时，应当考虑审计证据之间的相互印证关系及证据来源的可靠程度。一般情况下，单一来源或者单一性质的审计证据，可能存在片面性，如果某一审计事项可以得到不同来源或者不同性质的审计证据的相互印证，那么就大大提高了根据其作出的结论的可靠性程度。不同来源的审计证据的可靠性是有差别的。根据审计证据的获取来源，外部证据比内部证据可靠，书面证据比口头证据可靠，内部审计人员的亲知证据比由被审计单位提供的证据可靠。

第二节　内部审计的抽样方法

当内部审计机构的人员和时间资源有限却又需要面临较大数量的被审计事项时，内部审计工作可以在审计目标允许的前提下采取抽样方法。

一、审计抽样的概念和方法

（一）审计抽样的概念

我国《内部审计具体准则第 2108 号》明确规定："审计抽样，是指内部审计人员在审计业务实施过程中，从被审查和评价的审计总体中抽取一定数量具有代表性的样本进行测试，以样本审查结果推断总体特征，并作出审计结论的一种审计方法。"

在设计审计程序时，内部审计人员应当确定用以选取测试项目的适当方法，以获取充分、适当的审计证据，实现审计程序的目标。内部审计人员可以使用的方法包括选取全部项目、选取特定项目和审计抽样。内部审计人员可以根据具体情况，单独或综合使用选取测试项目的方法。

选取全部项目就是内部审计人员对总体中的全部项目进行检查，这种方法通常更适用于余额的实质性测试。根据对被审计单位的了解、评估的审计风险以及所测试总体的特征等，内部审计人员可以确定从总体中选取特定项目进行测试。选取特定项目实施检查通常是获取审计证据的有效手段，但并不构成审计抽样。审计抽样是指内部审计人员在审计业务执行过程中，从被审查和评价的审计总体中抽取一定数量具有代表性的样本进行测试，以样本审查结果推断总体特征，并作出审计结论的一种审计方法。

现代审计中大量采用抽样审计方法意味着审计人员没有可能也没有必要对被审计单位的所有经济业务、所有会计记录进行全面的详细审查，而只需恰到好处地检查部分经济业务和会计记录，就可以推断和估计全部审计对象的整体情况。为此，选择适当的审计抽样方法和科学地实施审计抽样程序就是内部审计人员在每个审计项目中必须重点关注的问题。

（二）审计抽样的方法

我国《内部审计具体准则第 2108 号》明确规定："审计抽样方法包括统计抽样和非统计抽样。在审计抽样过程中，可以采用统计抽样方法，也可以采用非统计抽样方法，或者两种方法结合使用。"

内部审计人员应当根据审计目标的要求，以及审计对象的特征选择不同的审计抽样方法。审计抽样分为统计抽样和非统计抽样两种。

统计抽样是指以数理统计方法为基础，按照随机原则从总体中选取样本进行审查，并对总体特征进行推断的审计抽样方法。统计抽样主要包括发现抽样、连续抽样等属性抽样方法，以及单位均值抽样、差异估计抽样和货币单位抽样等变量抽样方法。统计抽样法的优点主要体现在以下几个方面：①通过科学地确定样本规模，避免判断抽样法中样本过多或过少的现象；②采用随机原则进行样本选择，减少了人为的偏见；③内部审计人员能够将抽样风险数量化，并加以控制；④运用概率统计理论对样本结果进行评价推断总体特征，所得出的审计结论具有科学的依据。

非统计抽样是指内部审计人员根据自己的专业判断和经验抽取样本进行审查，并对总体特征进行推断的审计抽样方法。非统计抽样是审计人员的主观专业判断与统计抽样技术有机结合的产物，它是在审计人员根据长期的审计工作经验对审计对象各事项发生差错和舞弊可能性的大小进行判断的基础上采用抽样技术进行审计的方法。显然，非统计抽样正确与否主要取决于审计人员的判断，而判断的正确与否又取决于审计人员的审计经验和对被审计单位的了解程度。因而，非统计抽样不如随机抽样客观，不能与随机抽样一样保证样本的代表性从而正确推断出总体指标，也不能对差错进行计量和控制，风险性较大。同时，非统计抽样的实施需要相当丰富的审计实践经验和对被审计单位有相当的了解，不如随机抽样可广泛使用。

我国《内部审计具体准则第 2108 号》明确规定："统计抽样和非统计抽样审计方法相互结合使用，可以降低抽样风险。"

统计抽样和非统计抽样审计方法相互结合使用，可以提高推断总体的精确度和可靠程度。统计抽样方法固然有其科学性的明显优势，但应用统计抽样方法，需要对内部审计人员进行必要的培训；选择样本时，需要对被审计资料进行重新组织，由此导致审计费用的增加。此外，统计抽样得出的审计结论也只是对总体特征的一种概率推断，仍然无法达到绝对的准确。其实，抽样审计的早期发展是从非统计抽样方法开始的，它是审计人员凭借自己的主观判断和经验进行选样和推断的一种抽样方法。其主要特点是使用方便、灵活，能够充分利用审计人员的实践经验和判断能力。

二、制定审计抽样方案

我国《内部审计具体准则第 2108 号》明确规定："确定抽样总体、选择抽样方法时应当以审计目标为依据，并考虑被审计单位及审计项目的具体情况。"

内部审计人员应当依据审计目标制定审计抽样方案，审计抽样方案主要包括下列内容：

（一）审计总体

我国《内部审计具体准则第 2108 号》明确规定："抽样总体的确定应当遵循相关性、充分性和经济性原则。相关性是指抽样总体与审计对象及其审计目标相关；充分性是指抽样总体能够在数量上代表审计项目的实际情况；经济性是指抽样总体的确定符合成本效益原则。"

审计总体是指由审计对象总体的各单位组成的整体，抽样总体的确定应当遵循相关性、完整性和经济性原则。

1. 相关性。相关性是指抽样总体与审计对象及审计目标必须相关，这样抽取审计总体中的项目进行审计才能实现审计目标，如果审计总体中并不包含为实现审计目标必须对其实施审计程序的被审计项目的话，抽样就无法实现审计目标。例如，如果审计目标是确定针对每次的发货是否开具了销售发票，审计总体就应当选择所有的发货凭证，从发货凭证中选取样本追查有没有相应的销售发票；如果审计目标是确定是否存在将并未发货的商品计入销售收入的错报，审计总体就应当是所有的销售发票副本，从销售发票副本中抽取样本并追查有没有相应的发货凭证以确定商品是否已经发出。

2. 完整性。完整性是指抽样总体能够全面地反映审计项目的实际情况，由于审计抽样的运用已经是从总体中抽取部分的样本进行检查，如果总体不够完整必然导致样本量的确定可能不够充分，从而直接影响审计结论的质量。例如，在针对应付账款的完整性目标实施函证程序时，总体就不应当仅包括应付账款期末有余额的项目，因为低估的错误更容易发生在期末余额为零的项目上，为此此时的总体应当包括所有曾经有过业务往来的供货商。

3. 经济性。经济性是指抽样总体的确定应当符合成本效益原则。如果总体的数量较少，且每个组成的金额很大或者性质很重要，就应当对总体进行全部的测试而节省进行抽样决策的成本。

（二）抽样单位

抽样总体中的项目应具备明显的、共同的可辨识标志，以利于抽样方法的实施。抽样单位是指从审计总体中所抽取并代表总体的各个单位项目，可以是实物项目，例如一张凭证或者一个明细账户，也可以是货币单位，即每一元金额为一个抽样单位。

（三）样本

样本是指在抽样过程中从审计总体中抽取的部分单位组成的整体，抽取的样本应当具有代表性，具有与审计总体相似的特征，只有这样才能确保从样本特征推断总体特征的抽样误差被控制在可以接受的范围内。

（四）误差

误差是指业务活动及内部控制、风险管理中所存在的差异或缺陷。在审计抽样方案中必须对误差进行定义，定义误差的目的在于确定执行审计程序时识别误差的标准，并确保在推断误差时将且仅将所有与审计目标相关的条件包括在内。例如，在控制测试中，误差的表现形式是控制偏差，诸如没有授权签字或签字的人员在该领域没有权限；在实质性测试中，误差的表现形式是金额错报，诸如高估资产或收入的金额。

（五）可容忍误差

可容忍误差是指内部审计人员所愿意接受的差异或缺陷的最大程度。例如，在控制测试中，可容忍误差是指可容忍偏差率，即内部审计人员设定的偏离规定的内部控制程序的比率；而在实质性测试中，可容忍误差是指可容忍错报，即内部审计人员设定的表明错报的货币金额。在保证程度既定时，内部审计人员确定的可容忍误差越小，所需要的样本量就越大。

（六）预计总体误差

预计总体误差是指内部审计人员预先估计的审计总体中差异或缺陷发生的概率。预计总体误差越大，可容忍误差也应当越大；但预计总体误差不应超过可容忍误差。在既定的可容忍误差下，当预计总体误差越大时，所需的样本量就越大。

（七）可靠程度

可靠程度是指预计抽样结果能够代表审计总体质量特征的概率。内部审计人员可以使用百分比表示可靠程度，可靠程度与样本量呈正比关系，样本量越大，可靠程度越高。

内部审计人员应当根据审计重要性标准，合理确定预计总体误差、可容忍误差和可靠程度的水平。

（八）抽样风险和非抽样风险

我国《内部审计具体准则第 2108 号》明确规定："内部审计人员在选取样本时，应当对业务活动中存在重大差异或者缺陷的风险以及审计过程中的检查风险进行评估，并充分考虑因抽样引起的抽样风险及其他因素引起的非抽样风险。"

抽样风险是指内部审计人员依据抽样结果得出的结论与总体特征不相符合的可能性。内部审计人员在选取样本时，应当对业务活动中存在的重大差异或缺陷风险，以及审计过程中的检查风险进行评估，并充分考虑因抽样引起的抽样风险及其他因素引起的非抽样风险，以防止对审计总体作出不恰当的审计结论。

1. 抽样风险的类型及控制。抽样风险主要包括错误接受风险和错误拒绝风险。错误接受风险是指样本结果表明审计项目不存在重大差异或缺陷，而实际上却存在着重大差异或缺陷的可能性；错误拒绝风险是指样本结果表明审计项目存在重大差异或缺陷，而实际上并没有存在重大差异或缺陷的可能性。

错误接受风险与审计效果有关，它将直接导致错误的和不可靠的审计结论，使审计工作质量下降。对此类风险最为有效的控制方法就是改进抽样方法，因为所选用的抽样方法越科学，其对抽样过程的精度限度就越高，抽样结果的可靠性程度也越高。

错误拒绝风险与审计效率有关，它将直接导致测试范围扩大，样本容量增加，使审计效率下降。对此类风险最为有效的控制方法就是扩大审查的样本规模，因为增大样本容量，可以提高样本对审计总体特征的代表性，从而使抽样结果更为有效。

2. 非抽样风险的成因及控制。非抽样风险是指由抽样之外的其他因素造成的风险，一般包括以下原因：①审计程序设计及执行不恰当；②抽样过程没有按照规范程序执行；③样本审查结果解释错误；④审计人员业务能力低下；⑤其他原因。

非抽样风险一般难以量化，可以通过审计程序和审计方法的科学周密设计以及审计工作的适当监督指导将其消除或减少。

（九）样本量

样本量是指为了能使内部审计人员对审计总体作出审计结论所抽取样本单位的数量。内部审计人员确定样本量的因素主要包括：①审计总体。审计总体的规模越大，所需要的样本量越大。②可容忍误差。可容忍误差增大，样本量将减少。③预计总体误差。预计总体误差增大，样本量将增大。④抽样风险。抽样风险越小，样本量越大。⑤可靠程度。可靠程度增大，样本量将增大。

三、选取样本

我国《内部审计具体准则第 2108 号》明确规定："选取的样本应当有代表性，具有与审计总体相似的特征。"

选取样本的方法直接影响选出样本的代表性，由于抽样就是根据样本特征推断总体特征，因此样本的代表性对于抽样结论的可靠性至关重要。不管使用统计抽样还是非统计抽样，在选取样本时都应当使总体中的每个抽样单元都有被选取的机会。统计抽样按照随机原则选样，总体中每个项目具有同等被选中的几率；非统计抽样按照职业判断选样，总体中某些项目可能具有比其他项目更高被选中的几率。

（一）随机数表选样法

随机数表选样法是利用随机数表选取样本项目的一种随机选样方法。随机数列也称乱数表，它是由随机生成的从 0 到 9 十个数字所组成的数表，每个数字在表中出现的次数是大致相同的，它们出现在表上的顺序是随机的。从随机数表中任选一行或任何一栏开始，按照一定的方向（上下左右均可）依次查找，符合总体项目编号要求的数字，即为选中的号码，与此号码相对应的总体项目即为样本项目，一直到选足所需的样本量为止。表 4–1 就是五位随机数表的一部分。随机数表选样的步骤如下：

1. 对总体项目进行连续编号。编号的目的在于确定总体项目的标志并确定所使用的随机数的位数。一般情况下，编号可利用总体项目中原有的某些编号，如凭证号、支票号、发票号等。在没有事先编号的情况下，内部审计人员需按一定的方法进行编号。如由 40 页、每页 50 行组成的应收账款明细表，可采用 4 位数字编号，前两位由 01 到 40 的整数组成，表示该记录在明细表中的页数，后两位数字由 01 到 50 的整数构成，表示该记录的行次。这样，编号 0534 表示第 5 页第 34 行的记录。所需使用的随机数的位数一般由总体项目数或编号位数决定。如前例中可采用 4 位随机数表，也可以使用 5 位随机数表的前 4 位数字或后 4 位数字。

2. 从随机数表中任选一行或任选一栏开始，按照一定的方向（上下左右均可）依次查找，符合总体项目编号要求的数字，即为选中的号码，与此号码相对应的总体项目即为样本项目，一直到选足所需的样本量为止。例如从前述应收账款明细表的 2000 个记录中选择 10 个样本，总体编号规则如前所述，即前两位数字不能超过 40，后两位数字不能超过 50。如从表 4–1 第一行第一列开始使用前四位随机数，向右查找，则选中的样本为编号 3204、0741、0903、0941、3815、2216、0141、3723、0550、3748 的 10 个记录。

表 4-1 随机数表

行＼列	1	2	3	4	5	6	7	8	9	10
1	32044	69037	29655	92114	81034	40582	01584	77184	85762	46505
2	23821	96070	82592	81642	08971	07411	09037	81530	56195	98425
3	82383	94987	66441	28677	95961	78346	37916	09416	42438	48432
4	68310	21792	71635	86089	38157	95620	96718	79554	50209	17705
5	94856	76940	22165	01414	01413	37231	05509	37489	56459	52983
6	95000	61958	83430	98250	70030	05436	74814	45978	09277	13827
7	20764	64638	11359	32556	89822	02713	81293	52970	25080	33555
8	71401	17964	50940	95753	34905	93566	36318	79530	51105	26952
9	38464	75707	16750	61371	01523	69205	32122	03436	14489	02086
10	59442	59247	74955	82835	98378	83513	47870	20795	01352	89906

（二）系统选样法

系统选样法又称等距选样法。使用系统选样法时，内部审计人员首先计算抽样间距，然后从第一个间距中选择一个随机起点，以随机起点作为开端，按照计算的抽样间距等距离地选取样本，在每个抽样间距中选取一个样本。抽样间距等于总体规模除以样本规模。抽样间距按下式计算：

$$抽样间距=\frac{总体规模}{样本规模}$$

例如，从前述 2000 个应收账款记录中选择 200 个记录进行测试，则抽样间距为 10，如从第 1 个间距中选择 1 个随机数 4 作为随机起点，则样本为编号 0104，0114，0124，……，4034，4044 的 200 个记录。

系统选样法具有简便易行的特点，但只有在总体的特征随机分布于总体中时，选择的样本才具有代表性。如果测试的特征在总体内的分布具有某种规律性，则选择的样本的代表性就可能较差，如应收账款明细表每页的记录均以账龄的长短按先后次序排列，则选中的 200 个样本可能多数是账龄相同的记录。

为克服系统选样法的这一缺点，内部审计人员可以采用的办法一是增加随机起点的个数；二是在确定选样方法之前对总体特征的分布进行观察。如发现总体特征的分布呈随机分布，则采用系统选样法；否则，可考虑使用其他选样方法。

（三）分层选样法

抽样总体中的项目应具备相同或相类似的性质，如果完全不同质的项目同在一个总体中将影响抽样结果的可靠性。如果总体项目存在较大的变异性，内部审计人员可以考虑分层，将具有相同特征的项目分在一层，并在每个子总体中分别确定样本规模，分别推断总体，再综合考虑每层的推断错报对总体的影响。内部审计人员还可以利用分层将一个审计总体按照某种适当的标准进行划分，根据不同层级的特点确定不同的样本量。

分层选样法就是按照一定标准将总体划分为若干层次或类型。然后再对各层次或各种类型的项目进行随机选样。严格地讲，分层选样法并非一种独立的样本选择方法，它必须结合随机数表法等方法使用。使用分层选样法可以使内部审计人员将样本的选择与总体中的关键项目联系起来，并能针对不同的层次采用适当的审计技术。而且，由于分层选样法将相对同质的项目划为一类，可以提高样本在其所在层次的代表性；在针对相同总体选择同样规模的样本时，分层选样比纯粹的随机选样产生的误差小，对于情况比较复杂，项目之间特征差异较大的总体的样本选择更具优越性。分层选样是国内外内部审计实践中广泛采用的一种方法。

例如，对应收账款进行测试时，依据各项记录的金额大小作为分层标准，然后针对不同层次采用不同的测试方法，如表 4-2 所示。

表 4-2　　分层选样

层　次	分层标准	测试规模（%）	选样方法
1	金额在 100000 元以上	100%	详　查
2	金额在 50000 至 100000 元以上	20%	随机数表选样
3	金额在 50000 元以上	1%	系统选样

（四）整群选样法

整群选样法是先将总体项目按某一标志分成若干群，然后使用随机数表选样或系统选样方法，按群选取样本项目的一种选样方法。整群选样与其他选样方法的差别主要在于，它不是一个个项目，而是成组成群地选取样本项目。

例如，将全年的现金支出凭单按星期划分为52个组，现从中选出5个星期进行审查。如果利用前面的随机数表，从第1行第1列的后两位数字开始，按照从左到右的顺序选样的话，那么被选中的星期数为44，37，14，34，5，即样本就应由第5，14，34，37，44个星期的现金支出凭单组成。

整群选样法使用起来比较方便，但样本的代表性可能差些。一般在需要选取的样本项目较多，且样本特征呈均匀分布的情况下，使用这种方法比较适宜。

（五）任意选样法

在这种方法中，内部审计人员在选取样本时不采用结构化的方法，但也要避免任何有意识的偏向或可预见性，例如回避难以找到的项目或总是选择或回避每页的第一个或最后一个项目，从而试图保证总体中的所有项目都有被选中的机会。

四、对样本执行审计测试

我国《内部审计具体准则第2108号》明确规定："内部审计人员在选取样本之后，应当对样本进行审查，获取相关、可靠和充分的审计证据。"

内部审计人员在选取样本之后，应当按照审计方案实施必要的审计程序，获取充分、适当的审计证据。内部审计人员抽取了样本之后，要对每一个样本进行审查，从而获得样本的差错率，并将这一样本差错率与预期总体误差进行比较，以确定所使用的样本规模是否合适，如不合适应作适当调整。一般来讲，样本差错率与预期总体误差如果大致相同，则说明对总体中的错误估计恰当，预期的总体误差率较为正确，以此确定的样本规模是合适的；如果样本差错率小于预期总体误差，则说明对总体中的错误估计过分，预期总体误差率过大，以此确定的样本规模也过大，但也无缩小样本规模的必要；如果样本差错率大于预期总体误差，则说明对总体中的错误估计不足，预期的总体误差过小，以此确定的样本规模也过小，此时必须以样本差错率代替预期总体误差，重新确定样本规模，抽取和审查新增的样本项目，并重新获得样本差错率，再与预期总体误差比较，直至小于或等于它为止。经过上述的审查和比较过程后，审计人员应把最终的审查结果记录下来，作为推断总体特征，即总体差错率的依据。

五、评价样本

我国《内部审计具体准则第 2108 号》明确规定："抽样结果的评价应当从定量和定性两个方面进行，并以此为依据合理推断审计总体特征。"

内部审计人员应当根据预先确定的误差构成条件，确定存在误差的样本。内部审计人员应当调查识别出的所有偏差或错报的性质和原因，并评价其对审计目标和其他方面可能产生的影响。内部审计人员应当对抽样风险和非抽样风险进行评估，以防止对审计总体作出不恰当的审计结论。

六、根据样本评价结果推断总体特征

我国《内部审计具体准则第 2108 号》明确规定："内部审计人员应当根据样本误差，采用适当的方法，推断审计总体误差。"

审计抽样的最终目的不在于抽取和审查样本，而是希望通过审查样本，从样本特征推断总体特征，从而形成针对总体的审计结论。为此，内部审计人员应当根据样本误差，采用适当的方法，推断审计总体误差。根据样本的审查结果，了解样本的差错率，以此去推断总体的差错率，并计算在预先确定的可靠程度之上，样本推断结果与实际情况之间的误差有多大，并将这一误差控制在内部审计人员可以接受的范围之内，从而获得切合实际的审计结论。因此，审计人员在根据样本审查结果直接推断总体错报的基础之上，再加上抽样误差和抽样风险之后，即可得出总体中存在错报的估计值。

我国《内部审计具体准则第2108号》明确规定："内部审计人员应当根据抽样结果的评价，确定审计证据是否足以证实某一审计总体特征。如果推断的总体误差超过可容忍误差，应当增加样本量或者执行替代审计程序。"

内部审计人员应当根据抽样结果的评价，确定审计证据是否足以证实某一审计总体特征。内部审计人员根据上述得出的总体中的错报估计值与事先为该总体计划的重要性水平相对照，如果没有超出重要性水平，则可认定该总体中的错报数额是可以接受的，相反总体的错报额就是不可以接受的。如果推断的总体误差超过可容忍误差，应当增加样本量或执行替代审计程序。例如，在特定领域内扩大测试范围或者选择实施更加有效的审计程序。如果内部审计人员对错报的分析表明造成大多数错报的原因相同，或者内部审计人员为谨慎起见希望寻求降低抽样风险的途径，此时内部审计人员就可以扩大计划的测试范围，而抽样误差和总体的可接受程度则需按照新的测试结果重新确定。

七、形成审计结论

我国《内部审计具体准则第2108号》明确规定："内部审计人员在上述评价的基础上还应当考虑误差性质、误差产生的原因，以及误差对其他审计项目可能产生的影响等。"

内部审计人员应当评价样本结果以确定对总体相关特征的评估是否得到证实或需要修正，即判断总体是否可以接受。内部审计人员在上述评价的基础上还应当考虑误差性质、误差产生的原因，以及误差对其他审计项目可能产生的影响等。

第三节　内部审计的分析程序

在以风险的识别、评估和应对为导向的现代内部审计中，分析程序由于其以发现差异和漏洞的迹象为突破口的合理审计视角和成本较低、操作简单的优势已经成为非常重要的审计取证方法。

一、分析程序的概念

我国《内部审计具体准则第 2109 号》明确规定："分析程序，是指内部审计人员通过分析和比较信息之间的关系或者计算相关的比率，以确定合理性，并发现潜在差异和漏洞的一种审计方法。"

分析程序是内部审计人员通过分析和比较信息之间的关系或者计算相关的比率，以确定合理性，并发现潜在差异和漏洞的一种审计方法。分析程序具有两个显著的特征：第一，通过计算一定的比率或趋势来识别异常的不一致或重大波动；第二，分析程序由以下连续步骤组成：选择适当的数据关系、对数据关系进行分析、识别异常的数据关系或波动、调查异常数据关系或波动的原因、追加审计程序、得出结论。

二、分析程序的目标

我国《内部审计具体准则第 2109 号》明确规定："内部审计人员执行分析程序，有助于实现下列目标：①确认业务活动信息的合理性；②发现差异；③分析潜在的差异和漏洞；④发现不合法和不合规行为的线索。"

分析程序是内部审计人员收集审计证据的一种重要审计程序，对于了解被审计单位及其所处环境、识别高风险领域、发现异常项目及审计线索都具有独特的作用。内部审计人员应当合理运用职业判断，根据需要在审计过程中执行分析程序。内部审计人员执行分析程序有助于实现下列目标：

（一）确认业务活动的完成程度

内部审计人员可以通过对衡量被审计单位各项业务活动完成程度的指标的趋势分析、比较分析，了解和确定各项业务活动的完成与以前年度、同行业、预算之间是否存在差异，差异的严重程度，并据此进行进一步的调查以认定被审计单位各项业务活动的完成情况和提出完善及改进业务活动的意见与建议。

（二）发现意外差异

意外差异就是意料之外的差异，这些差异往往预示着问题和缺陷的存在，甚至体现了舞弊的迹象。各种事项、各类数据之间往往是存在必然联系的，如果内部审计人员通过对存在必然联系的事项、数据执行分析程序，根据它们的现实关系与预期关系的比较，就可以发现意外的差异，并成为内部审计人员进一步调查问题、缺陷和舞弊的突破口。

（三）分析潜在的差异和漏洞

内部审计人员执行分析程序的关键就在于找到事项之间和数据之间的潜在差异，通过对这些潜在差异的分析，内部审计人员通常可以快速地、以较低的成本追查出被审计单位在内部控制和经营管理领域存在的各项漏洞，从而更加有针对性地采取有效的完善和改进措施。

（四）发现不合法和不合规行为的线索

分析程序更多的是对各种事项、各类数据之间的关系进行比较和分析，可能并不能直接发现被审计单位存在的不合法和不合规的行为，但是，当内部审计人员发现各种事项、各类数据之间存在的不正常关系、不合理状态时，就意味着发现了不合法和不合规行为的线索，这些线索可以引导内部审计人员进一步调查，以确认是否存在不合法和不合规行为，并及时采取防范和治理措施。

三、分析程序可以获取审计证据的审计领域

我国《内部审计具体准则第2109号》明确规定："内部审计人员通过执行分析程序，能够获取与下列事项相关的证据：①被审计单位的持续经营能力；②被审计事项的总体合理性；③业务活动、内部控制和风险管理中差异和漏洞的严重程度；④业务活动的经济性、效率性和效果性；⑤计划、预算的完成情况；⑥其他事项。"

内部审计人员通过执行分析程序，能够获取与下列事项相关的证据：

（一）被审计单位的持续经营能力

任何组织在其经营过程中都可能会出现一定程度的财务困难，财务困难达到一定的程度就会导致对组织整体持续经营能力的威胁。内部审计人员可以通过对被审计单位的各项财务指标进行计算、比较和分析，就其财务困难的程度以及对持续经营能力的影响获取充分的了解并作出客观的评价。例如，对企业偿债能力指标、现金流量指标，以及盈利能力指标的综合比较和分析就可以揭示一个企业的持续经营状况。

（二）被审计事项的总体合理性

在确定对被审计事项实施哪些具体审计程序和实施这些审计程序的范围之前，内部审计人员可以首先对被审计事项实施总体合理性的分析程序。如果分析程序的结果表明被审计事项具有总体的合理性，内部审计人员对其实施的具体审计程序就可以适当缩减；相反，如果分析程序的结果表明被审计事项在总体的合理性上存在令人质疑的问题，内部审计人员就必须对其实施更大范围的审计程序。

（三）业务活动、内部控制和风险管理中差异和漏洞的严重程度

内部审计人员可以通过实施分析程序寻找被审计单位在业务活动、内部控制和风险管理领域存在的与预期值或期望值不相符合的差异，并进而通过

对差异的深入调查确定在业务活动、内部控制和风险管理领域存在漏洞的严重程度。

（四）业务活动的经济性、效率性和效果性

内部审计人员可以通过实施分析程序获取对被审计单位业务活动的经济性、效率性和效果性的充分了解，并作出客观的评价。内部审计人员可以通过对投入和产出的关系的对比分析对被审计单位业务活动的经济性和效率性进行评价，也可以通过对业务活动的业绩完成程度的对比分析对被审计单位业务活动的效果性进行评价。

（五）计划、预算的完成情况

内部审计人员可以简单地通过实施将被审计单位的实际业绩完成情况与计划和预算进行比较的分析程序，获取被审计单位对计划和预算的完成情况。内部审计人员还可以根据实际业绩与计划和预算的差异程度对相关管理层经济责任的履行情况进行评价，或者就差异的原因进行深入的调查，从而提出切合实际的解决对策。

四、分析程序所使用信息的存在形式

我国《内部审计具体准则第2109号》明确规定："分析程序所使用的信息按其存在的形式划分，主要包括下列内容：①财务信息和非财务信息；②实物信息和货币信息；③电子数据信息和非电子数据信息；④绝对数信息和相对数信息。"

内部审计人员在实施分析程序时，可以采用的信息是多种多样的，这就要求内部审计人员应当综合地、灵活地将这些信息运用于分析程序。分析程序所使用的信息按其存在的形式划分，主要包括下列内容：

（一）财务信息和非财务信息

财务信息是对被审计单位业务活动中有关财务活动的运动状况、变化和特征的反映。财务信息体现了企业所拥有经济资源的流量和存量。流量信息代表的是企业在某个时期已有经济资源的耗用情况和创造新经济资源的数量和价值。存量信息代表的是企业在某个时点所拥有或控制经济资源的总量及其构成、形成情况。财务信息通常具有可定义性、可计量性、可靠性、相关性，是能够通过确认、计量、记录、报告程序进入财务报表的信息，以及附注中的解释说明和由财务报表扩展而来的信息。非财务信息则是与财务信息相对应的，不以货币为主要计量单位，与企业生产经营活动相关的，与利益相关人决策相关的信息。不论是财务信息，还是非财务信息，都是对内部审计人员实施分析程序非常重要的信息。

（二）实物量信息与货币量信息

以货币计量是会计的基本假设，因此，财务信息主要表现为货币量信息。但是，货币量信息的形成是离不开实物量信息的，货币量信息与实物量信息之间不可避免地存在密切的关联。分析程序主要关注的就是信息之间的关系，内部审计人员不仅需要关注被审计单位的货币量信息，也需要同时关注与货币量信息密切相关的实物量信息，并通过对它们之间关系的合理性分析，发现异常的差异或不正常的关系。

（三）电子数据信息与非电子数据信息

在当前计算机技术已经得到广泛使用的背景下，内部审计人员从被审计单位获取的信息更多地将会是电子数据信息，为确保利用这些信息所实施分析程序的有效性，内部审计人员不仅需要关注生成这些信息的电子数据处理系统的可靠性，还需要收集与电子数据信息相关的非电子数据信息，如果不同形式的同类信息具有高度的一致性，电子数据信息的可靠性将更能够得到保证。

（四）绝对数信息与相对数信息

绝对数信息可以反映单个被审计事项的总量，相对数信息则可以反映数据之间的相互关系。内部审计人员可以在实施分析程序时，将绝对数信息进行横向和纵向的比较分析，以了解被审计事项的总体占比或发展趋势，也可以通过相对数信息的计算和比较，了解数据之间关系的合理性。

五、执行分析程序的要求

我国《内部审计具体准则第2109号》明确规定："执行分析程序时，应当考虑信息之间的相关性，以免得出不恰当的审计结论。"

分析程序的有效运用必须建立在用于分析的数据之间应当存在某种相互印证、互为说明和互为因果的关系的前提之上。只有存在着某种依存关系的数据才能够成为分析程序的对象和依据。内部审计人员如果对不存在任何明确关系的数据进行分析将无法得出合理的分析结果。因此，内部审计人员在执行分析程序时，应当考虑信息之间的相关性，以免得出不恰当的审计结论。

我国《内部审计具体准则第2109号》明确规定："内部审计人员需要在审计计划阶段执行分析程序，以了解被审计事项的基本情况，确定审计重点。内部审计人员需要在审计实施阶段执行分析程序，对业务活动、内部控制和风险管理进行审查，以获取审计证据。内部审计人员需要在审计终结阶段执行分析程序，验证其他审计程序所得结论的合理性，以保证审计质量。"

内部审计人员应当合理运用职业判断，根据需要在审计过程中执行分析程序。内部审计人员需要在审计准备阶段执行分析程序，以了解被审计事项的基本情况，确定审计重点，帮助编制项目审计计划和审计方案。内部审计人员需要在审计实施阶段执行分析程序，对业务活动和内部控制、风险管理进行测试，以获取审计证据。内部审计人员需要在审计终结阶段执行分析程序，验证其他审计程序所得结论的合理性，以保证审计质量。

（一）在审计准备阶段执行分析程序

审计准备阶段的重点工作在于规划整个的审计工作，内部审计人员在审计准备阶段实施分析程序可以更加充分地了解被审计单位，识别需要在以后的项目实施过程中给予特别考虑的重要事项。例如，在进行存货计价测试之前对存货周转率的计算可能表明在随后的测试中所需要的特殊关注。审计准备阶段实施的分析程序通常使用高度汇总的数据，且程序的复杂程度、范围和时间会因不同的被审计事项而有所变化。

（二）在审计实施阶段执行分析程序

审计实施阶段的重点工作在于执行审计程序以获取审计证据，内部审计人员在审计实施阶段执行分析程序，对业务活动和内部控制、风险管理进行测试，以获取审计证据。这些测试通常是与其他审计程序一同使用的。例如，可以将每张保险单的预付部分与以前年度的同一张保险单进行比较并作为预付保险费测试的一部分。分析程序提供的保证程度取决于对关系的可预测性，以及期望值的准确性和用于形成期望值的数据的可靠性。当分析程序在审计的实施阶段使用时，内部审计人员应当在审计工作底稿中记录期望值和形成期望值时所考虑的因素。

（三）在审计终结阶段执行分析程序

审计终结阶段的重点工作在于对整个审计过程和所收集的所有审计证据进行最终的复核，并验证根据审计程序所得审计结论的合理性，以保证审计质量。内部审计人员在审计终结阶段所进行的全面的分析程序的结果，可能表明需要搜集更多的审计证据，以支持其所形成的审计结论。在这种情况下，内部审计人员必须追加审计程序，以确保其所得出的审计结论的正确性。

六、分析程序的内容

我国《内部审计具体准则第 2109 号》明确规定："分析程序一般包括下列基本内容：①将当期信息与历史信息相比较，分析其波动情况及发展趋势；②将当期信息与预测、计划或者预算信息相比较，并作差异分析；③将当期信息与内部审计人员预期信息相比较，分析差异；④将被审计单位信息与组织其他部门类似信息相比较，分析差异；⑤将被审计单位信息与行业相关信息相比较，分析差异；⑥对财务信息与非财务信息之间的关系、比率的计算与分析；⑦对重要信息内部组成因素的关系、比率的计算与分析。"

内部审计人员通过对以前年度信息、行业趋势信息、被审计单位编制的预算期望值以及非财务信息的考虑，针对被审计信息或者比率形成期望值。内部审计人员再运用下列分析程序的一种或多种类型将被审计信息和比率与期望值和比率进行比较，从而发现异常的差异或不正常的关系。

（一）将当期信息与历史信息相比较并分析其波动情况及发展趋势

内部审计人员将被审计单位的当期信息与历史信息相比较，并分析其波动情况及发展趋势，可以了解被审计单位经营管理活动在绩效方面的发展变化趋势，进而根据其波动和变化趋势查找存在的问题。这是内部审计人员进行分析程序的最基本工作。

（二）将当期信息与预测、计划或预算信息相比较并作差异分析

内部审计人员将被审计单位的当期信息与预测、计划或预算信息相比较，并进行差异分析，可以了解被审计单位对预测、计划和预算的执行情况。如果发现差异，可以进一步追查是对预测、计划和预算的执行不力，还是预测、计划和预算的方法制定存在问题。

（三）将当期信息与内部审计人员预期信息相比较并作差异分析

内部审计人员将被审计单位的当期信息与内部审计人员的预期信息进行比较，并进行差异分析。这就需要内部审计人员在进行分析程序之前根据数据之间的关联关系或者历史数据的发展趋势推断出被审计信息预期应当介于的大致区间。经过将被审计单位的当期数据与内部审计人员的预期信息进行比较分析，以发现被审计单位存在的不正常的数据关系，进而对差异进行进一步的调查。

（四）将被审计单位信息与组织其他部门类似信息相比较并作差异分析

内部审计人员将被审计单位信息与组织其他部门类似信息相比较，并作差异分析。由于被审计单位内部各部门之间的信息往往存在一定的关联关系，

内部审计人员就可以通过比较来自不同部门的类似信息识别到不合理的差异，从而作出进一步调查的决策。

（五）将被审计单位信息与行业相关信息相比较并作差异分析

内部审计人员将被审计单位信息与行业相关信息进行比较，并作出差异分析。与同行业进行比较的最大好处在于可以帮助内部审计人员充分了解被审计单位的业务，明确其在同行业中的所处位置，并作为识别潜在差异的重要指示。例如，如果被审计单位的实际毛利率明显高于同行业的平均毛利率，就可能提示内部审计人员被审计单位在主营业务收入和成本的确认上可能存在问题。但是，使用行业相关信息也存在缺陷，由于行业数据是比较广泛的平均，比较可能是毫无意义的。另外，不同的企业遵循的是不同的会计方法，这将影响数据的可比性。例如，如果行业中的大多数企业使用先进先出法作为存货计价方法以及直线法作为折旧方法，而被审计单位则相应使用后进先出法和双倍余额递减法，与行业数据的比较就是没有意义的。为此，内部审计人员在使用行业数据形成有关财务关系以及解释其结果的期望值时必须谨慎。

（六）对财务信息与非财务信息之间的关系、比率的计算与分析

内部审计人员对财务信息与非财务信息之间的关系、比率进行计算与分析。通常情况下，仅使用财务信息或者财务比率并不能全面地对被审计单位经营管理的绩效作出评价，内部审计人员就可以使用与被审计单位经营管理活动存在密切关系的非财务信息，例如员工数量、薪酬级别和不同级别的工资费率与薪酬费用之间就存在非常密切的关系。内部审计人员可以通过对财务信息与非财务信息之间的关系、比率的计算与分析发现被审计单位在经营管理和内部控制中可能存在的不当之处。

（七）对重要信息内部组成因素的关系、比率的计算与分析

内部审计人员对重要信息内部组成因素的关系、比率进行计算与分析。在正常的生产、经营过程中，一项重要信息的内部组成因素之间应当存在一

个合理的结构比率，内部审计人员对这些组成因素进行比较分析可以对各个组成因素是否保持了合理的比率进行评价，从而发现预示问题的线索。

七、分析程序的方法

我国《内部审计具体准则第2109号》明确规定："分析程序主要包括下列具体方法：①比较分析；②比率分析；③结构分析；④趋势分析；⑤回归分析；⑥其他技术方法。内部审计人员可以根据审计目标和审计事项单独或者综合运用以上方法。"

内部审计人员运用分析程序可以采取的方法包括比较分析法、比率分析法、结构分析法、趋势分析法、回归分析法等技术方法。内部审计人员可以单独或综合运用以上方法。

（一）比较分析法

比较分析法就是内部审计人员通过对数据之间关系的比较，寻找异常的差异或不正常的关系，以发现审计疑点的分析程序。内部审计人员在进行比较分析时，可以使用财务信息，也可以使用相关的非财务信息；可以与以前年度信息、预算信息进行比较，也可以与同行业信息进行比较。比较分析法的成本较低，操作也很简单，是分析程序中使用最为广泛的方法。

（二）比率分析法

比率分析法就是内部审计人员利用获取的被审计单位数据计算财务比率，并与人们普遍认为合理的绩效指标进行比较，以发现审计疑点的分析程序。内部审计人员也可以将这些财务比率与被审计单位以前年度比率、行业平均比率或者与同类企业相同年度比率进行比较。内部审计人员通常可以使用的财务比率包括：①反映短期偿债能力的比率包括流动比率、速动比率和现金比率；②反映长期偿债能力的比率包括资产负债率、负债对权益比和信息赚取倍数；③反映盈利能力的比率包括每股盈余、毛利率、净利率；④反映资产盈利能力的比率包括资产报酬率和普通股报酬率；⑤反映资产利用效率的比率包括应收账款周转率、存货周转率和总资产周转率。

（三）结构分析法

结构分析法就是内部审计人员对某些信息各个组成部分在总体中所占比例进行分析，根据不正常的结构比例发现审计疑点的分析程序。例如，内部审计人员可以对被审计单位各类产品占生产和销售总量的比例进行分析，以确定各类产品的生产能力和盈利能力，并与被审计单位的经营战略目标相比较，以对未来的产品生产和销售策略提出改进意见。再例如，内部审计人员还可以编制一年或多年的共同比财务报表以展示所有项目与共同基准的百分比，诸如利润表中各个项目与销售收入的百分比。通过共同比财务报表，内部审计人员可以关注到诸如销货成本或者销售人员工资和佣金是否相比以前年度发生了大幅度的增加，并进一步分析这一增长的幅度与其占销售收入的百分比是否是完全持平的，从而发现可能存在的问题。

（四）趋势分析法

趋势分析法就是内部审计人员将被审计单位若干期间的财务或非财务数据进行比较和分析，并从中找出规律或发现异常变动的分析程序。内部审计人员可以采用的趋势分析包括：财务报表各项目的变动趋势分析、财务报表各项目构成比例的变动趋势分析、财务比率的变动趋势分析，以及特定项目的变动趋势分析等。趋势分析法较为直观，可以进行绝对数趋势分析，也可以进行相对数趋势分析。内部审计人员通过趋势分析法可以发现被审计事项发展的总趋势，通过对发展趋势合理性的分析，以判断被审计事项是否存在错弊的可能性。

（五）回归分析法

回归分析法就是内部审计人员通过统计回归分析，确定数据之间存在的联系，并根据分析结果发现非正常波动或异常关系的分析程序。回归分析法可以同时检验几个变量之间的关系，与趋势分析法和比率分析法相比，回归分析法可以为内部审计人员提供更加丰富的资料。但是，回归分析法的使用需要内部审计人员具备一定的统计知识。随着计算机技术在审计中的广泛应用，内部审计人员也可以利用专门的统计软件进行较为复杂的回归分析，使其成为内部审计人员越来越多使用的分析程序。

八、对分析程序结果的利用

我国《内部审计具体准则第 2109 号》明确规定："内部审计人员应当保持应有的职业谨慎，在确定对分析程序结果的依赖程度时，需要考虑下列因素：①分析程序的目标；②被审计单位的性质及其业务活动的复杂程度；③已收集信息资料的相关性、可靠性和充分性；④以往审计中对被审计单位内部控制、风险管理的评价结果；⑤以往审计中发现的差异和漏洞。"

由于分析程序更加关注的是被审计事项、数据之间的异常波动或非正常关系，对于发现预示问题、缺陷和舞弊的迹象无疑是非常有效的审计取证方法，但是，在发现这些迹象之后，内部审计人员还需要进行进一步的追查才能确认是否确实存在实际的问题。同时，分析程序作为审计证据的有效性在很大程度上还取决于内部审计人员针对已经记录的账户余额或比率应当是什么而形成的期望值，而不论所使用分析程序的类型。因此，内部审计人员应当保持应有的职业谨慎，在确定分析程序结果的依赖程度时，需要考虑下列因素：

（一）分析程序的目标

所有的审计程序都是为实现审计目标而实施的，分析程序的实施当然也不能例外。内部审计人员在决定实施何种类型的分析程序时，首先需要考虑的就是分析程序预期可以实现的目标，该目标是否与既定的审计目标相匹配。

（二）被审计单位的性质及其业务活动的复杂程度

被审计单位的性质及其业务活动的复杂程度将会对内部审计人员实施分析程序产生影响。例如，被审计单位的业务活动过于复杂，如果没有能够合理地展示这一复杂关系的预测模型，内部审计人员就不适宜采用分析程序。

（三）已收集信息资料的相关性、可靠性和充分性

分析程序的特点就在于对收集的信息资料进行计算、比较和分析。数据的比较必须建立在数据之间存在相关性，对不相关的数据进行的计算和比较是毫无意义的。分析程序的结果在很大程度上取决于所使用数据的可靠性和充分性，利用不可靠或不完整的信息作出的分析结果对审计结论的形成是非常危险的。

（四）以往审计中对被审计单位内部控制、风险管理的评价结果

内部审计人员在对分析程序的实施作出决策之前，需要考虑以往审计中对被审计单位内部控制、风险管理的评价结果。在内部控制和风险管理的评价结果较好的被审计领域，内部审计人员可以更多地通过实施分析程序，并在较大的程度上依赖分析程序的结果，以形成审计结论。但是，在内部控制和风险管理的评价结果并不是很好地被审计领域，内部审计人员就不能更多地依赖分析程序，必须实施其他更加有效的审计程序。

（五）以往审计中发现的差异和漏洞

在以往审计中已经发现存在差异和漏洞的被审计领域，内部审计人员应当考虑不再运用分析程序，而直接实施更加有效的审计程序。

我国《内部审计具体准则第 2109 号》明确规定："内部审计人员应当考虑下列影响分析程序效率和效果的因素：①被审计事项的重要性；②内部控制、风险管理的适当性和有效性；③获取信息的便捷性和可靠性；④分析程序执行人员的专业素质；⑤分析程序操作的规范性。"

分析程序所获取的审计证据主要为间接证据，内部审计人员不能仅依赖分析程序结果得出审计结论。由于分析程序的特点及其局限性，内部审计人员应当考虑下列影响分析程序效率和效果的因素：

1. 被审计事项的重要性。由于分析程序存在的固有局限性，对于重要的被审计事项，内部审计人员不适宜仅依赖分析程序，还必须与其他必要的审计程序配合使用，以确保审计结论的正确性。

2. 内部控制、风险管理的适当性和有效性。分析程序的运用需要被审计单位的大量数据，这些数据的可靠性决定了分析程序的有效性。如果被审计单位具有适当和有效的内部控制和风险管理系统，其所生成的数据就具有较高的可靠性，分析程序的质量就可以得到有效的保证。

3. 获取信息的便捷性和可靠性。获取信息的便捷性将直接影响内部审计人员是否可以获取支撑分析程序的各种数据以及获取这些数据的成本。如果所需信息无法获取，或者获取这些信息的成本过高，都将影响分析程序的效率。获取信息的可靠性也同样重要，使用不可靠的数据所执行的分析程序，其结果毫无意义，甚至可能造成对内部审计人员的误导，直接损害审计结论的准确性。

4. 分析程序执行人员的专业素质。分析程序的技术性要求很高，需要内部审计人员熟悉数据之间的关系，掌握分析程序的具体方法。同时，分析程序的运用以及对分析结果的评价和利用还需要内部审计人员具备一定的实践经验。执行分析程序的内部审计人员的专业素质将直接影响分析程序的效率和效果。

5. 分析程序操作的规范性。为确保分析程序的有效性，内部审计机构应当制定分析程序的操作指南，对内部审计人员规范地实施分析程序提供依据。分析程序只有在规范的流程下完成，才能保证其应用的效率和效果。

我国《内部审计具体准则第2109号》明确规定："内部审计人员执行分析程序发现差异时，应当采用下列方法对其进行调查和评价：①询问管理层获取其解释和答复；②实施必要的审计程序，确认管理层解释和答复的合理性与可靠性；③如果管理层没有作出恰当解释，应当扩大审计范围，执行其他审计程序，实施进一步审查，以便得出审计结论。"

内部审计人员执行分析程序的主要目的就在于发现异常的差异和不正常的关系，为此内部审计人员执行分析程序一旦发现差异，就应当采用下列方法对其进行调查和评价：

1. 询问管理层获取其解释和答复。内部审计人员通过执行分析程序所发现的差异只是预示可能存在问题，被审计单位管理层对经营管理的各方面情况是比较熟悉和了解的，为此，内部审计人员在决定对差异进行深入调查之前应当首先询问被审计单位管理层，以获取其对差异的解释，可能管理层也已经关注到了差异的存在并进行了进一步的调查。如果内部审计人员能够从被审计单位管理层处获取合乎逻辑的解释，就可以不再进行深入调查，从而减少审计时间和成本。

2. 实施必要的审计程序，确认管理层解释和答复的合理性与可靠性。在就差异问题向被审计单位管理层进行询问之后，内部审计人员必须客观地评价管理层给出的解释是否合理、是否合乎逻辑。如果不能直接作出合理性的评价，内部审计人员还需要对管理层作出的解释实施必要的审计程序，对其合理性和可靠性进行验证。

3. 扩大审计范围、执行其他审计程序。如果管理层没有对差异作出恰当的解释，内部审计人员就应当扩大审计范围，执行其他审计程序，对差异的性质、造成差异的原因，以及可能造成的严重后果实施进一步的审查，以便得出审计结论。

第五章

内部控制审计

随着组织规模的日益扩大和管理层级的日趋复杂，内部控制对于组织良好运行的作用越来越变得不可替代。但是，内部控制毕竟只是一些具体的政策和程序，是由人制定并由人去执行的，要想让这些具体的政策和程序能够真正发挥应有的作用，对从其设计到运行的整个过程实施持续的监控就是至关重要的。在组织的众多职能中，内部审计依靠其固有的独立性和客观性的本质属性必然成为实施对内部控制进行监控的最适当职能。

第一节　内部控制概述

内部控制是组织管理现代化的产物，它是伴随加强组织经济管理的需要而产生的，也必然伴随组织经济管理的发展而发展。随着社会经济的发展和组织经营管理的日益完善，人们对内部控制的认识也在不断地丰富和发展。

一、内部控制的概念界定

内部控制思想的出现有着十分久远的历史，内部控制最早出现的标志可以追溯到苏美尔文化早期的内部牵制制度，实际上只要有人类群体的活动就会有控制系统的存在，只是形态的繁简和运用的策略或技术水平各不相同而已。我们现在熟知的“Control”一词直至17世纪才正式被提出。1600年左右，一本英文词典第一次列出了“Control”一词，并将其定义为“一本账的副本，具有与原本相同的品质和内容”。该词是从拉丁语“contrarotulus”派生而来的，其中contra意为“对比”，rotula意为“宗卷”。著名学者塞缪尔·约翰逊将这一最初的意思定义为由另一个职员保管的登记簿或账册，可由他人逐项检查。这是因为自15世纪开始，资本主义得到了初步发展，复式簿记方法的出现推动了企业管理的发展，以账目间的相互核对为主要内容、实施职能分离的内部牵制制度开始得到广泛的应用。对“Control”一词的最初解释就是对内部牵制制度雏形的最好描述。继内部牵制制度之后，内部控制又经历了内部控制制度和内部控制结构的发展阶段。

随着社会经济环境的发展和企业经营管理的变化，人们对内部控制的认知也在逐步深化，对内部控制的定位必然是一个不断完善和不断发展的过程。1992年，美国的发起组织委员会发布了名为《内部控制——整合框架》的报告，通称COSO报告。该报告提出了“内部控制整合框架”的概念，不仅进一步延续和完善了内部控制的结构化和体系化，更试图整合人们对内部控制的不同理解，力图构造一个具有共识性的内部控制概念平台和框架。COSO委员会的内部控制整合框架对内部控制的定位是：“内部控制是一个过程，是企业经营管理活动的一部分，与经营过程结合在一起使经营达到预期的效果，并监督企业经营活动的持续进行。”

在此基础上，COSO委员会又于2004年发布了新的COSO报告，进一步扩展了内部控制的范围，并寻求到一个更广阔的视角，提出了一个内容更加宽泛的、层次更高的、建立在风险管理层面上的内部控制框架，这也标志着内部控制的发展已经进入风险管理整合框架阶段。COSO委员会的风险管理整合框架对内部控制的定位是：“内部控制是企业风险管理的一个组成部分，企业风险管理是企业管理过程的一个组成部分，整个企业风险管理框架更像是一个把控制中心放在风险上的、扩大化的内部控制过程。”由此可见，COSO委员会将内部控制定位为一种管理工具，它是不能取代管理本身的。

2013年5月，COSO委员会发布了再次修订的COSO报告，保留了内部控制和内部控制五要素的核心概念界定以及原来报告中已经被证明非常实用的内容。新的COSO报告继续强调了在评价内部控制系统有效性时考虑五项内部控制要素的要求，也继续强调了在设计、运行和实施内部控制以及评价内部控制系统有效性中管理层判断的重要性。与此同时，新的COSO报告还包括了一些有助于其应用的改进和说明。最重要的改进之一是将原框架中引进的一些与内部控制五要素相关的关键性概念正式列为基本原则，以为使用者在设计和运行内部控制系统和理解有效内部控制要求方面提供便利。新的内部控制框架还通过将目标中的财务报告类型扩展至诸如非财务和内部报告等其他的重要报告形式得到了进一步的改进。同时，新的框架还反映了对组织以及其所面临的经营环境的众多变化的考虑，包括对政府监管的期望、市场和经营的全球化、经营的变化和更明显的复杂性、对法律法规以及标准准则的要求和复杂化、对胜任能力和受托责任的期望、对飞速发展的技术的运用和依赖，以及与防范和发现舞弊相关的期望等。

COSO报告和2002年美国颁布的《萨班斯—奥克斯利法案》对世界范围内许多国家的企业内部控制都产生了巨大的影响，我国内部控制的发展也以此为契机进入了创新发展的崭新阶段。2006年6月，国资委发布了《中央企业全面风险管理指引》，7月15日，由财政部发起成立了企业内部控制标准委员会，上交所和深交所分别在7月和9月发布了证券交易所上市公司内部控制指引。2007年3月，财政部内部控制标准委员会发布了《企业内部控制——基本规范》和17项《企业内部控制——具体规范》的征求意见稿。2008年6月，财政部、证监会、审计署、银监会、保监会五部委在北京联合召开企业内部控制基本规范发布会暨首届企业内部控制高层论坛，发布了《企业内部控制基本规范》。2010年4月，五部委又发布了《企业内部控制应用指引第1号——组织架构》等18项应用指引、《企业内部控制评价指引》和《企业内部控制审计指引》。企业内部控制基本规范和配套指引共同构成了我国的内部控制规范体系，这是全面提升上市公司和非上市大中型企业经营管理水平的重要举措，也是我国应对国际金融危机的重要制度安排。

企业内部控制标准委员会成立的目标是建立一套以防范风险和控制舞弊

为中心、以控制标准和评价标准为主体，结构合理、内容完整、方法科学的内部控制标准体系，推动企业完善治理结构和内部约束机制。委员会制定的企业内部控制规范在总体结构上选择了“1+X”模式，即在内部控制基本规范的基础上按照主要经济业务类型分别制定内部控制应用指引。《企业内部控制基本规范》将内部控制界定为：“由企业董事会、监事会、经理层和全体员工实施的、旨在实现控制目标的过程。”内部控制这一内涵的界定基本上是以COSO委员会的内部控制整合框架为主体，也借鉴和吸收了COSO委员会企业风险管理整合框架对内部控制内涵的界定。

二、内部控制的目标

COSO委员会在其对内部控制的定义中，将内部控制的目标界定为合理保证经营活动的有效性、财务报告的可靠性、经营的效率和效果以及对法律法规的遵守。中国注册会计师协会在《中国注册会计师审计准则第1211号——了解被审计单位及其环境并评估重大错报风险》中，将内部控制的目标界定为合理保证财务报告的可靠性、经营的效率和效果以及对法律法规的遵守。财政部在其颁布的《企业内部控制基本规范》中，将内部控制的目标界定为合理保证企业经营管理合法合规、资产安全、财务报告及相关信息真实完整，提高经营效率和效果，促进企业实现发展战略。基本规范确定的这五个层层递进的内部控制目标是对COSO委员会内部控制框架和企业风险管理框架目标体系进行整合的结果，提出了一个较为全面的内部控制目标体系。

（一）促进组织实现发展战略

促进组织实现发展战略是组织设计和运行内部控制的核心目标。任何一个组织，都会有其自身的发展战略和期望实现的目标。组织设计、运行与维护内部控制的根本目标就是为了确保其发展战略和目标的实现。

（二）提高经营活动的效率和效果

任何组织都有自己的经营目标，这些经营目标都会围绕追求经营活动的效益、效率和效果。组织为实现既定的经营目标，就必须制定相应的计划，并付诸实施。然而，由于组织经营活动的复杂性，往往会受到多种因素的综合影响，在计划的执行过程中，难免会发生偏离目标、偏离计划的情况。为此，组织需要采取必要的控制政策和程序，控制执行计划的人员的行为，以及时发现计划执行中存在的问题和偏差，并进行必要的调整，从而保证经营活动的效率和效果。

（三）确保财务报告及相关信息的真实和完整

设计、实施和维护与编制财务报告相关的内部控制，以使财务报告不存在由于舞弊或错误而导致的重大错报是组织治理层和管理层的责任，也是治理层和管理层建立、健全内部控制的重要目标。财务报告及其相关信息作为向社会公众提供组织会计信息的重要载体，关系到各利益相关方的经济决策，作为负责编制和提供财务报告的管理层以及对财务报告生成过程承担监督责任的治理层，理所当然地应当保证其对外提供的财务报告及其相关信息是真实、完整的。为了保证这一目标的实现，组织必须制定相应的制度和办法，以保证财务报告的可靠性。这些制度和方法就包括必要的控制措施和程序，以保证所有的交易和事项均得到正确和及时的入账，确保财务报告的编制符合适用的会计准则和相关会计制度的规定、保证对资产和账簿记录以及其他记录的接触和处理经过适当的授权、保证账面资产与实存资产定期核对相符等。

（四）保证资产的安全

资产是保证组织从事正常的生产经营活动的物质基础，也是对组织所有者和债权人权益的保障。如果组织资产的安全性受到威胁，组织所有者和债权人的权益也必将受到损害。保护组织所有者和债权人的利益是组织管理层应当履行的基本责任和义务，为此，组织必须建立完善的内部控制以保护组织资产的安全性。

（五）维护组织经营活动的合法性与合规性

大多数组织都是以追求利润最大化为首要目标的，但是这一目标的实现必须建立在遵守国家的各项法律、法规、规章制度的前提之上。我国《公司法》就明确规定，组织从事经营活动必须遵守法律、行政法规，遵守社会公德、商业道德、诚实守信，接受政府和社会公众的监督，承担社会责任。因此，组织的管理层必须守法经营，并采取必要的控制措施，例如进行明确的职责分工，明确不同岗位的职责和权限，从而保证所有的业务活动在适当的授权下进行，以保证组织的各项经营活动都是合法和合规的。

三、内部控制的作用

内部控制的作用体现在组织建立并运行了适当的内部控制之后对组织的生产、经营、管理等活动所产生的影响和效果。按照内部控制的目标所设立和运行的内部控制有利于组织加强经营管理、维护组织财产安全、提高组织经济效益、确保组织遵循法律法规。

（一）保证会计信息的真实性和完整性

市场竞争瞬息万变，组织决策层必须及时掌握各种真实可靠的信息，才能确保决策的正确性，以有效和高效地经营和管理组织。健全的内部控制可以保证组织会计信息的采集、归类、记录和汇总过程的真实和完整，从而准确地反映组织生产经营活动的真实情况。健全的内部控制可以及时发现和纠正组织在采集、归类、记录和汇总会计信息过程中可能出现的各种错弊，从而保证会计信息的真实性和完整性。

（二）保证生产和经营管理活动的顺利进行

组织建立和运行的内部控制通过明确职责分工，严格各种手续、制度、审批程序、检查监督手段等，能够保证组织的生产、经营和管理活动得到有效的控制和监管，从而保证组织生产、经营和管理活动的顺利进行，实现组织的战略经营目标。

（三）保护财产和资源的安全和完整

财产和资源是任何组织从事生产经营活动的物质基础，财产和资源的安全性一旦受到损害势必影响组织的正常生产和经营。健全完善的内部控制能够科学有效地监督和制约组织在财产物资的采购、计量、验收和使用等各个环节的流程，从而确保组织各项财产物资的安全和完整，并能有效地纠正组织在使用财产和资源中的各种损失浪费现象的发生。

（四）保证组织既定方针的贯彻执行

虽然组织决策层制定了各种经营政策、管理方针以及各项规章制度，但是如果这些规定不能得到组织各层级员工有效执行，就不可能达到预期的控制和制约效果。组织建立和运行的内部控制可以通过审核批准，监督检查等手段促进组织已经制定的各项既定政策、方针和制度的贯彻和遵循。

四、内部控制的基本要素

按照COSO委员会发布的内部控制框架，内部控制的基本要素包括：(1) 控制环境；(2) 风险评估过程；(3) 信息系统与沟通；(4) 控制活动；(5) 对控制的监督。COSO委员会对内部控制基本要素的分类并不是唯一的，选择五要素的分类方式只是为内部审计人员提供一个理解被审计单位内部控制基本框架的方式，被审计单位可能并不一定采用这种分类方式来设计和执行内部控制。但是，无论对内部控制要素如何进行分类，内部审计人员都应当重点考虑被审计单位某项控制是否能够以及如何防止或发现并纠正各类交易、账户余额、列报存在的重大错报。也就是说，在了解和评价内部控制时，采用的具体分析框架及控制要素的分类可能并不唯一，重要的是控制能否实现控制目标。内部审计人员可以使用不同的框架和术语描述内部控制的不同方面，但必须涵盖上述内部控制五个要素所涉及的各个方面。

（一）控制环境

控制环境是组织内部控制的核心要素之一，组织的行为和活动构成了组织的控制环境，反过来控制环境又限制着组织的行为和活动，两者相辅相成。控制环境影响并制约着组织内部控制建立和运行的有效性，控制环境是组织构建内部控制体系的基础条件，也是组织各种内部影响因素的集合体。控制环境主要包括治理结构、组织机构设置与权责分配、组织文化、人力资源政策、内部审计机构设置、反舞弊机制等。

（二）风险评估过程

风险管理是组织为达到其目标而确认和分析相关风险，并在此基础上对风险进行管理的过程。风险就是组织目标无法实现的可能性，任何一个组织在发展过程中都会面临来自组织内外部的多重风险因素的影响。组织的风险可能来自于多个方面，例如，国家政策风险、行业风险、市场风险和财务风险等。风险管理的先决条件是制订目标，不同层次的目标必须保持一致性。风险管理的首要工作就是辨别影响组织目标实现的各类风险因素，在此基础上建立风险管理机制。

（三）信息系统与沟通

为了确保员工能够更好地履行自身的职责，组织必须对内部以及外部信息进行识别、采集并进行适当的交流和沟通。信息系统与沟通就是及时、准确、完整地采集与组织经营管理密切相关的各种信息，并使这些信息以适当的方式在组织有关层级之间、组织与外部相关方之间进行及时传递、有效沟通和正确使用的过程。信息系统与沟通主要包括信息的收集机制，以及在组织内部和与组织外部有关方面的沟通机制等，信息系统与沟通是组织确保内部控制有效实施的重要条件。

（四）控制活动

组织管理层在对组织面临的各种经营风险进行评估之后，需要对所评估的各项风险采取必要的控制措施，从而保证组织目标的顺利实现。控制活动就是组织通过将风险评估的结果与风险应对相结合所安排的具体应对措施，以及用以确保能够实现组织目标所采取的控制方法。控制活动作为内部控制的具体实施方法，主要包括职责分工控制、授权控制、审核批准控制、预算控制、财产保护控制、会计系统控制、内部报告控制、经济活动分析控制、绩效考评控制、信息技术控制等等。

（五）对控制的监督

监督是对内部控制运行质量不断进行评估的过程，即对内部控制的设计和运行情况的评价。从监督的方式看，监督有持续监督、个别评估及综合监督等。持续监督是指在经营过程中的监督，包括例行管理和监督活动，以及职工为履行其职责所采取的行为。个别评估的范围及频率，应当根据评估风险的大小及持续监督程序的有效性而定。将持续监督和个别评估一起进行，则称之为综合监督。各种监督方式中发现的内部控制缺陷必须向上级呈报，在发现严重问题时，则必须向最高管理层和董事会呈报。从监督的执行主体来看，监督包括内部审计机构实施的独立监督和管理层对内部控制的自我评估。在很多组织中，特别是规模较大的组织中，内部审计机构在有效监督方面的作用是非常关键的。为了能使内部审计监督内部控制的职能得以有效发挥，内部审计人员必须独立于经营管理部门和会计部门之外，并直接向高层权力机构报告工作。

五、内部控制的内容

内部控制起源于组织内部，其最初的表现形式是内部牵制，即通过职责分工的方式，将一项经营活动的完成过程划分为几个阶段。例如，将经营活动的审批、执行、记录、资产和记录的保管、复核等分别交给不同的员工进行处理，从而实现职责之间的相互制约、相互牵制，以达到防止错误和舞弊、保护资产安全完整的目的。现代意义的内部控制是第二次世界大战以后，在内部牵制的基础上随着组织经营规模的扩大、经营活动的复杂、市场竞争的加剧而逐步发展起来的，现代内部控制是组织管理现代化的产物，也是组织自身发展的内在需求。现代内部控制的内容已经大大超越内部牵制的范畴，包括了从控制环境、信息系统与沟通，到风险评估、控制活动，再到对控制的监督的全面的控制内容，并实现了对组织各层级和经营管理活动的各环节的全面控制。

1. 组织应当根据国家有关法律法规和组织章程，建立规范的组织治理结构和议事规则，明确决策、执行、监督等方面的职责权限，形成科学有效的职责分工和制衡机制。股东（大）会享有法律法规和组织章程规定的合法权利，依法行使组织经营方针、筹资、投资、利润分配等重大事项的表决权。董事会对股东（大）会负责，依法行使组织的经营决策权。监事会对股东（大）会负责，监督组织董事、经理和其他高级管理人员依法履行职责。经理层负责组织实施股东（大）会、董事会决议事项，主持组织的生产经营管理工作。

2. 董事会负责内部控制的建立健全和有效实施。监事会对董事会建立与实施内部控制进行监督。经理层负责组织和领导内部控制的日常运行。组织应当成立专门机构或者指定适当的机构具体负责组织和协调内部控制的建立实施及日常工作。

3. 组织应当在董事会下设立审计委员会。审计委员会负责审查组织内部控制，监督内部控制的有效实施和内部控制自我评价情况，协调内部控制审计及其他相关事宜等。审计委员会负责人应当具备相应的独立性、良好的职业操守和专业胜任能力。

4. 组织应当结合业务特点和内部控制要求设置内部机构，明确职责权限，将权利与责任落实到各责任单位。组织应当通过编制内部管理手册，使全体员工掌握内部机构设置、岗位职责、业务流程等情况，明确权责分配，正确行使职权。

5. 组织应当加强内部审计工作，保证内部审计机构设置、人员配备和工作的独立性。内部审计机构应当结合内部审计监督，对内部控制的有效性进行监督检查。内部审计机构对监督检查中发现的内部控制缺陷，应当按照组织内部审计工作程序进行报告；对监督检查中发现的内部控制重大缺陷，有权直接向董事会及其审计委员会、监事会报告。

6. 组织应当制定和实施有利于组织可持续发展的人力资源政策。人力资源政策应当包括下列内容：（1）员工的聘用、培训、辞退与辞职；（2）员工的薪酬、考核、晋升与奖惩；（3）关键岗位员工的强制休假制度和定期岗位轮换制度；（4）掌握国家秘密或重要商业秘密的员工离岗的限制性规定；（5）有关人力资源管理的其他政策。

7. 组织应当将职业道德修养和专业胜任能力作为选拔和聘用员工的重要标准，切实加强员工培训和继续教育，不断提升员工素质。

8. 组织应当加强文化建设，培育积极向上的价值观和社会责任感，倡导诚实守信、爱岗敬业、开拓创新和团队协作精神，树立现代管理理念，强化风险意识。董事、监事、经理及其他高级管理人员应当在组织文化建设中发挥主导作用。组织员工应当遵守员工行为守则，认真履行岗位职责。

9. 组织应当加强法制教育，增强董事、监事、经理及其他高级管理人员和员工的法制观念，严格依法决策、依法办事、依法监督，建立健全法律顾问制度和重大法律纠纷案件备案制度。

10. 组织应当根据设定的控制目标，全面系统持续地收集相关信息，结合实际情况，及时进行风险评估。

11. 组织开展风险评估，应当准确识别与实现控制目标相关的内部风险和外部风险，确定相应的风险承受度。风险承受度是组织能够承担的风险限度，包括整体风险承受能力和业务层面的可接受风险水平。

12. 组织识别内部风险，应当关注下列因素：（1）董事、监事、经理及其他高级管理人员的职业操守、员工专业胜任能力等人力资源因素；（2）组织机构、经营方式、资产管理、业务流程等管理因素；（3）研究开发、技术投入、信息技术运用等自主创新因素；（4）财务状况、经营成果、现金流量等财务因素；（5）营运安全、员工健康、环境保护等安全环保因素；（6）其他有关内部风险因素。

13. 组织识别外部风：险，应当关注下列因素：（1）经济形势、产业政策、融资环境、市场竞争、资源供给等经济因素；（2）法律法规、监管要求等法律因素；（3）安全稳定、文化传统、社会信用、教育水平、消费者行为等社会因素；（4）技术进步、工艺改进等科学技术因素；（5）自然灾害、环境状况等自然环境因素；（6）其他有关外部风险因素。

14. 组织应当采用定性与定量相结合的方法，按照风险发生的可能性及其影响程度等，对识别的风险进行分析和排序，确定关注重点和优先控制的风险。组织进行风险分析，应当充分吸收专业人员，组成风险分析团队，按照严格规范的程序开展工作，确保风险分析结果的准确性。

15. 组织应当根据风险分析的结果，结合风险承受度，权衡风险与收益，确定风险应对策略。组织应当合理分析、准确掌握董事、经理及其他高级管理人员、关键岗位员工的风险偏好，采取适当的控制措施，避免因个人风险偏好给组织经营带来重大损失。

16. 组织应当综合运用风险规避、风险降低、风险分担和风险承受等风险应对策略，实现对风险的有效控制。风险规避是组织对超出风险承受度的风险，通过放弃或者停止与该风险相关的业务活动以避免和减轻损失的策略。风险降低是组织在权衡成本效益之后，准备采取适当的控制措施降低风险或者减轻损失，将风险控制在风险承受度之内的策略。风险分担是组织准备借助他人力量，采取业务分包、购买保险等方式和适当的控制措施，将风险控制在风险承受度之内的策略。风险承受是组织对风险承受度之内的风险，在权衡成本效益之后，不准备采取控制措施降低风险或者减轻损失的策略。

17. 组织应当结合不同发展阶段和业务拓展情况，持续收集与风险变化相关的信息，进行风险识别和风险分析，及时调整风险应对策略。

18. 组织应当结合风险评估结果，通过手工控制与自动控制、预防性控制与发现性控制相结合的方法，运用相应的控制措施，将风险控制在可承受度之内。控制措施一般包括不相容职务分离控制、授权审批控制、会计系统控制、财产保护控制、预算控制、运营分析控制和绩效考评控制等。

（1）不相容职务分离控制要求组织全面系统地分析、梳理业务流程中所涉及的不相容职务，实施相应的分离措施，形成各司其职、各负其责、相互制约的工作机制。

（2）授权审批控制要求组织根据常规授权和特别授权的规定，明确各岗位办理业务和事项的权限范围、审批程序和相应责任。组织应当编制常规授权的权限指引，规范特别授权的范围、权限、程序和责任，严格控制特别授权。常规授权是指组织在日常经营管理活动中按照既定的职责和程序进行的授权。特别授权是指组织在特殊情况、特定条件下进行的授权。组织各级管理人员应当在授权范围内行使职权和承担责任。组织对于重大的业务和事项，应当实行集体决策审批或者联签制度，任何个人不得单独进行决策或者擅自改变集体决策。

（3）会计系统控制要求组织严格执行国家统一的会计准则制度，加强会计基础工作，明确会计凭证、会计账簿和财务会计报告的处理程序，保证会计资料真实完整。组织应当依法设置会计机构，配备会计从业人员。从事会计工作的人员，必须取得会计从业资格证书。会计机构负责人应当具备会计师以上专业技术职务资格。大中型组织应当设置总会计师。设置总会计师的组织，不得设置与其职权重叠的副职。

（4）财产保护控制要求组织建立财产日常管理制度和定期清查制度，采取财产记录、实物保管、定期盘点、账实核对等措施，确保财产安全。组织应当严格限制未经授权的人员接触和处置财产。

（5）预算控制要求组织实施全面预算管理制度，明确各责任单位在预算管理中的职责权限，规范预算的编制、审定、下达和执行程序，强化预算约束。

（6）运营分析控制要求组织建立运营情况分析制度，经理层应当综合运用生产、购销、投资、筹资、财务等方面的信息，通过因素分析、对比分析、趋势分析等方法，定期开展运营情况分析，发现存在的问题，及时查明原因并加以改进。

（7）绩效考评控制要求组织建立和实施绩效考评制度，科学设置考核指标体系，对组织内部各责任单位和全体员工的业绩进行定期考核和客观评价，将考评结果作为确定员工薪酬以及职务晋升、评优、降级、调岗、辞退等的依据。

（8）组织应当根据内部控制目标，结合风险应对策略，综合运用控制措施，对各种业务和事项实施有效控制。

（9）组织应当建立重大风险预警机制和突发事件应急处理机制，明确风险预警标准，对可能发生的重大风险或突发事件，制定应急预案、明确责任人员、规范处置程序，确保突发事件得到及时妥善处理。

（10）组织应当建立信息与沟通制度，明确内部控制相关信息的收集、处理和传递程序，确保信息及时沟通，促进内部控制有效运行。

（11）组织应当对收集的各种内部信息和外部信息进行合理筛选、核对、整合，提高信息的有用性。组织可以通过财务会计资料、经营管理资料、调研报告、专项信息、内部刊物、办公网络等渠道，获取内部信息。组织可以通过行业协会组织、社会中介机构、业务往来单位、市场调查、来信来访、网络媒体以及有关监管部门等渠道，获取外部信息。

（12）组织应当将内部控制相关信息在组织内部各管理级次、责任单位、业务环节之间，以及组织与外部投资者、债权人、客户、供应商、中介机构和监管部门等有关方面之间进行沟通和反馈。信息沟通过程中发现的问题，应当及时报告并加以解决。重要信息应当及时传递给董事会、监事会和经理层。

（13）组织应当利用信息技术促进信息的集成与共享，充分发挥信息技术在信息与沟通中的作用。组织应当加强对信息系统开发与维护、访问与变更、数据输入与输出、文件储存与保管、网络安全等方面的控制，保证信息系统安全稳定运行。

（14）组织应当建立反舞弊机制，坚持惩防并举、重在预防的原则，明确反舞弊工作的重点领域、关键环节和有关机构在反舞弊工作中的职责权限，规范舞弊案件的举报、调查、处理、报告和补救程序。组织至少应当将下列情形作为反舞弊工作的重点：①未经授权或者采取其他不法方式侵占、挪用组织资产，牟取不当利益；②在财务会计报告和信息披露等方面存在的虚假记载、误导性陈述或者重大遗漏等；③董事、监事、经理及其他高级管理人员滥用职权；④相关机构或人员串通舞弊。

（15）组织应当建立举报投诉制度和举报人保护制度，设置举报专线，明确举报投诉处理程序、办理时限和办结要求，确保举报、投诉成为组织有效掌握信息的重要途径。举报投诉制度和举报人保护制度应当及时传达至全体员工。

（16）组织应当制定内部控制监督制度，明确内部审计机构（或经授权的其他监督机构）和其他内部机构在内部监督中的职责权限，规范内部监督的程序、方法和要求。内部监督分为日常监督和专项监督。日常监督是指组织对建立与实施内部控制的情况进行常规、持续的监督检查；专项监督是指在组织发展战略、组织结构、经营活动、业务流程、关键岗位员工等发生较大调整或变化的情况下，对内部控制的某一或者某些方面进行有针对性的监督检查。专项监督的范围和频率应当根据风险评估结果以及日常监督的有效性等予以确定。

（17）组织应当制定内部控制缺陷认定标准，对监督过程中发现的内部控制缺陷，应当分析缺陷的性质和产生的原因，提出整改方案，采取适当的形式及时向董事会、监事会或者经理层报告。内部控制缺陷包括设计缺陷和运行缺陷。组织应当跟踪内部控制缺陷整改情况，并就内部监督中发现的重大缺陷，追究相关责任单位或者责任人的责任。

（18）组织应当结合内部监督情况，定期对内部控制的有效性进行自我评价，出具内部控制自我评价报告。内部控制自我评价的方式、范围、程序和频率，由组织根据经营业务调整、经营环境变化、业务发展状况、实际风险水平等自行确定。国家有关法律法规另有规定的，从其规定。

（19）组织应当以书面或者其他适当的形式，妥善保存内部控制建立与实施过程中的相关记录或者资料，确保内部控制建立与实施过程的可验证性。

六、内部控制与风险管理的联系

内部控制是由一个组织董事会、管理层和其他员工实施的一个过程，其目的是为提高组织经营管理活动的效果和效率、确保财务报告的可靠性、促进组织对法律法规的遵循提供一种合理的保证。全面风险管理也是由组织的董事会、管理层和其他员工实施的一个过程，应用于组织的战略制订并贯穿于组织的全部活动之中，用于识别那些可能影响组织的潜在风险事件，并对识别的风险进行评估和管理以将其控制在组织可以接受的风险偏好之内，并为组织目标的实现提供合理的保证。

由此可见，内部控制与风险管理的相同之处包括：①它们都被界定为一个“过程”，不论是内部控制还是风险管理都不是静态的结果，而是实现结果的一种方式。内部控制与风险管理都是渗透于组织各项活动中的一系列行动，这些行动普遍存在于组织管理层对组织的日常管理之中，是组织日常管理活动所固有的过程。②它们都为组织目标的实现提供合理的保证。③它们都由组织的董事会、管理层和其他员工实施，因此都会受到人的因素的影响。④全面风险管理具有四大目标，其中经营目标、报告目标、合规目标与内部控制目标相重合。⑤它们的组成要素存在五个方面的重合，即控制环境、风险评估、控制活动、信息与沟通、监督。

根据内部控制与风险管理的相同之处，我们不难得出内部控制与风险管理既存在横向交叉也存在纵向交融的结论，二者并不是完全孤立的。首先，全面风险管理包含内部控制。COSO 委员会提出的风险管理整合框架中明确指出，全面风险管理包含内部控制，内部控制是全面风险管理不可分割的一部分，内部控制是风险管理的一种方式，全面风险管理涉及比内部控制更广泛的领域。其次，内部控制是全面风险管理的必要环节。英国 Turnbull 委员会就曾指出，全面风险管理对于组织目标的实现具有重要的意义，组织的内部控制在全面风险管理中扮演着关键性的角色，内部控制应当被组织管理层看作是范围更广的风险管理的必要组成部分。对于组织所面临的绝大部分运营风险而言，内部控制都是必要的。

虽然内部控制与风险管理存在着紧密的联系，但是两者并不是完全相同的，它们之间仍然存在不同之处的。

（一）内部控制与风险管理的活动范围不同

相比内部控制，组织的全面风险管理涉及更广泛的领域。首先，全面风险管理包含了内部控制没有包括的战略目标。其次，全面风险管理包含了风险管理目标和战略的设定、风险评估方法的选择、管理人员的聘用、有关的预算和行政管理以及报告程序等活动。相比之下，内部控制只涉及风险管理过程，例如对风险的识别和评估以及对风险实施的控制活动、信息系统与沟通、对控制活动的监督评审和对控制缺陷的纠正等。可见，内部控制与风险管理的最明显差异就在于内部控制没有涉及全面风险管理需要考虑的组织战略目标的具体设立，内部控制只是负责对目标的制定过程进行评价，特别是对组织目标和战略计划制定过程中的风险进行评价。

（二）内部控制与风险管理所涉及的范畴不同

组织的全面风险管理贯穿于事前预测、事中控制和事后整改的整个过程，内部控制仅涉及事中控制和事后整改以促进组织目标的实现。显然，内部控制只是组织管理的一项职能，是组织整体管理机制的有机组成部分。

（三）内部控制与风险管理对风险的界定不同

在COSO委员会的全面风险管理框架中，风险被界定为对组织的目标产生负面影响的事件发生的可能性；与此同时，将对组织产生正面影响的事件界定为机会。在风险管理领域，风险与机会是区分对待的；但是在COSO委员会的内部控制框架中，却并没有区分风险和机会。

（四）内部控制与风险管理应对风险的对策不同

全面风险管理框架引入了风险管理哲学、风险偏好等全新的内容，在风险评估要素中，风险管理要求考虑内在风险与剩余风险，以期望值、最坏情形值或概率分布度量风险，考虑时间偏好以及风险之间的关联作用。全面风险管理框架在风险度量的基础上，有利于组织的发展战略与风险偏好相一致，将增长、风险与回报相联系进行经济资本分配，利用风险信息支持业务前台决策流程等。相比之下，这些内容在内部控制框架中并没有涉及。

七、内部控制的局限性

内部控制存在固有局限性，无论如何设计和执行，只能对财务报告的可靠性、经营的效率性和效果性，以及对法律法规的遵循性提供合理的保证。内部控制存在的固有局限性包括：

1. 在决策时人为判断可能出现错误和由于人为失误而导致内部控制失效。例如，被审计单位信息技术工作人员没有完全理解系统如何处理销售交易，为使系统能够处理新型产品的销售，可能错误地对系统进行更改；或者对系统的更改是正确的，但是程序员没能把更改转化为正确的程序代码。

2. 内部控制可能由于两个或更多的人员进行串通或管理层凌驾于内部控制之上而被规避。例如，管理层可能与客户签订背后协议，对标准的销售合同作出变动，从而导致确认收入发生错误。再如，软件中的编辑控制旨在发现和报告超过赊销信用额度的交易，但这一控制可能被逾越或规避。

小型被审计单位拥有的员工通常较少，限制了其职责分离的程度，业主凌驾于内部控制之上的可能性也较大。内部审计人员应当考虑一些关键领域是否存在有效的内部控制，包括考虑小型被审计单位总体的控制环境，特别是业主对于内部控制及其重要性的态度、认识和措施。

第二节　内部控制审计概述

一、内部控制审计的概念界定

我国《内部审计具体准则第 2201 号》明确规定："内部控制审计，是指内部审计机构对组织内部控制设计和运行的有效性进行的审查和评价活动。"

内部控制是组织提高经营管理水平和风险防范能力，保障可持续发展的基础。内部审计机构对组织内部控制进行审计监督是优化内部控制自我监督机制的一项重要制度安排，是健全有效的内部控制的重要组成部分，也是内部审计更好地发挥其在风险管理和组织治理中的作用、实现其自身价值和在组织中的职能定位的需要。

内部控制审计是伴随着组织和内部审计对内部控制认识的逐步深化而发展起来的。最初，内部审计关注的主要是与会计事项相关的内部控制，审计的着眼点集中在内部会计牵制上，其目的是对财务活动进行日常监督，帮助组织建立健全内部会计控制，同时也帮助外部审计师在内部控制评价的基础上进行审计抽样，降低审计风险和审计成本。20 世纪 50 年代前后，内部审计实务界开始关注组织的管理活动，将审计重点从财务账簿转向业务活动和管理控制，以提高组织的经营管理效率，相应地，内部控制评价的目标也从服务于财务审计扩展到为提高组织的业务活动和控制的效率服务。70 年代以后，内部审计的服务对象由为管理层提供帮助扩展到为组织提供确认和咨询服务，这就要求内部审计机构站在整个组织的立场上评价和分析问题，对组织内部控制的整体系统进行检查和评价。90年代以后，内部控制整合框架和相关规范的提出，极大地改变了实施内部控制审计的内外部环境，内部审计要关注与组织目标实现相关的所有风险，因此内部控制审计发展到以风险评估为基础，根据风险发生的可能性和对组织单个或者整体控制目标造成的影响程度，确定审计的范围和重点。

二、内部控制审计与内部控制评价、注册会计师内部控制审计及内部控制评审的联系和区别

组织内部控制的有效运行离不开对其的持续监督，现阶段对组织内部控制进行审查评价的主体既包括组织内部的有关部门、内部审计机构，也包括组织外部的注册会计师。同时，组织内外部的审计机构和人员在实施财务报表审计等其他类型的审计过程中也会采用内部控制评审技术。上述这些针对组织内部控制的审查评价工作都是对内部控制进行监督的方式，但是在实施主体、工作目标、监督内容和方式方法等方面仍然各有不同。

（一）与内部控制评价的联系和区别

内部控制评价又被称为内部控制自我评价，由财政部等五部委联合颁布的《企业内部控制评价指引》将内部控制评价界定为："组织董事会或类似权力机构对内部控制的有效性进行全面评价、形成评价结论、出具评价报告的过程。"在组织的内部控制实务中，内部控制评价是极为重要的一个环节。内部控制审计与内部控制评价既存在联系又存在区别。

1. 与内部控制评价的联系。内部控制审计与内部控制评价的联系主要体现在两者的工作目标均是审查和评价组织内部控制的设计和运行的有效性。与此同时，两者都是围绕着控制环境、风险评估、控制活动、信息与沟通、监督等内部控制要素来确定具体审查和评价的内容的，且两者的工作程序也基本一致。如果组织的董事会或者类似权力机构授权内部审计机构和人员负责内部控制评价的具体组织和实施工作，此时两者的工作主体也是一致的。

2. 与内部控制评价的区别。

（1）责任主体不同。内部控制审计是由组织的内部审计机构和人员实施的一项内部审计活动，是根据组织对内部审计的总体计划实施的，其责任主体无疑是内部审计机构；内部控制评价则是在组织内部实施的一项管理活动，其责任主体是组织的董事会，是组织董事会或者类似权力机构实施的内部控制自我评价，不属于审计行为。当然，在很多情况下，董事会或其下属的审计委员会可能将内部控制自我评价的工作委托给组织的内部审计机构，但是即便在这样的情况下，内部控制评价工作的最终责任主体依然是组织的董事会，而不是组织的内部审计机构，即组织的董事会对内部控制评价报告的真实性承担最终的责任。

（2）实施的强制性不同。外部监管机构对组织内部审计机构实施内部控制审计并无强制性要求，内部控制审计往往是根据组织内部治理层和管理层的要求，结合内部审计机构的工作重点和任务安排实施的。但是，对于公众利益实体，例如上市公司而言，实施内部控制评价则是一项外部监管机构的强制性要求。无论是美国的《萨班斯——奥克斯利法案》，还是我国的《企业内部控制基本规范》、《企业内部控制配套指引》都对上市公司管理层应当对内部控制有效性进行自我评估提出了明确的要求。

（3）遵循的规则不同。组织实施内部控制评价应当遵循《企业内部控制基本规范》、《企业内部控制评价指引》。2008 年，财政部等五部委联合发布的《企业内部控制基本规范》要求组织应当结合内部监督的实际情况，定期对内部控制的有效性进行自我评价，并出具内部控制自我评价报告。2010 年，五部委又联合发布了《企业内部控制评价指引》，对内部控制评价应遵循的原则、评价内容、评价程序、缺陷认定等进行了详细规定，为组织开展内部控制自我评价提供了一个可以共同遵循的标准，也为参与国际竞争的中国企业在内部控制建设方面提供了自律性规范。

内部审计机构和人员实施内部控制审计应当遵循《中国内部审计准则》,《企业内部控制基本规范》及配套指引的出台，对内部控制审计工作提出了明确要求。2013 年，中国内部审计协会对内部审计准则进行了修订，在对内部控制审计相关准则的修订中借鉴了《企业内部控制基本规范》、

《企业内部控制评价指引》的相关规定。同时，考虑到目前大多数组织内部对内部控制评价主体较为模糊的实际情况，以及内部控制审计和内部控制评价在实务中无论从实施主体还是报告方式等方面都存在一定差别的事实，为突出内部审计机构在内部控制评价中的特殊性和职能作用，此次修订进一步明确了内部控制审计的定义、定位和主体，突出了内部审计机构在内部控制审计中发挥的作用和优势，进一步丰富了内部控制审计的相关内容。

首先，在内部控制审计的内容方面，此次修订将内部控制审计按照审计范围分为全面内部控制审计和专项内部控制审计，并从组织层面和业务层面对内部控制审计的内容做了较为细致的规定。其中组织层面内部控制审计的内容主要按照内部控制五要素进行规范，同时借鉴、吸收了《企业内部控制评价指引》中有关内部控制评价内容的规定，力求与《企业内部控制基本规范》及配套指引相衔接。其次，在内部控制审计的程序和方法方面，强调了内部审计人员在实施现场审查前，可以要求被审计单位提交最近一次的内部控制自我评估报告。内部审计人员应当结合内部控制自我评估报告，确定审计内容及重点，实施内部控制审计。再次，在内部控制缺陷的认定方面，专章规定了内部控制缺陷的认定，对缺陷认定的方法、缺陷的种类和缺陷的报告等内容进行了规定。最后，在内部控制审计报告方面，专章规定了内部控制审计报告，要求全面内部控制审计报告一般应当报送组织董事会或者最高管理层，包含有重大缺陷认定的专项内部控制审计报告应当报送董事会或者最高管理层；经董事会或者最高管理层批准，内部控制审计报告可以作为《企业内部控制评价指引》中要求的内部控制评价报告对外披露。

（4）工作成果的体现不同。由内部审计机构和人员实施的内部控制审计的工作成果体现在内部控制审计报告之中，该报告属于组织内部文件，通常是由内部审计机构提交给组织的适当治理层或管理层。组织所进行的内部控制评价的工作成果则体现在内部控制评价报告之中，该报告需报经董事会或类似权力机构批准后，对外披露或者报送相关监管部门。《企业内部控制评价指引》就规定企业应当以每年的 12 月 31 日作为年度内部控制评价报告的基准日，内部控制评价报告应当在基准日后 4 个月内报出。

（二）与注册会计师内部控制审计的联系和区别

我国的《企业内部控制审计指引》将注册会计师内部控制审计界定为：“会计师事务所接受委托，对特定基准日内部控制设计与运行的有效性进行审计。”注册会计师执行内部控制审计工作，应当获取充分、适当的证据，为发表内部控制审计意见提供合理保证。注册会计师应当对财务报告内部控制的有效性发表审计意见，并对内部控制审计过程中注意到的非财务报告内部控制的重大缺陷，在内部控制审计报告中增加“非财务报告内部控制重大缺陷描述段”予以披露。

1. 与注册会计师内部控制审计的联系。不论是由内部审计机构实施的内部控制审计，还是由注册会计师实施的内部控制审计，都是针对组织内部控制开展的审计活动，都是为了提升组织内部控制在设计和运行上的有效性、促进组织内部控制目标的实现。内部控制审计的对象均为组织的内部控制，审计工作都要以内部控制设计和运行的实际情况为基础实施，都需要围绕控制环境、风险评估、控制活动、信息与沟通、内部监督等内部控制要素来确定具体的审查和评价内容。两者的主要联系体现在注册会计师在实施内部控制审计的过程中，可以利用内部审计机构对内部控制的审计结果以寻求缩减注册会计师审计工作量的可能性，组织也可以通过加强内部审计机构所实施的内部控制审计工作，以降低注册会计师实施内部控制审计的成本。

2. 与注册会计师内部控制审计的区别。

（1）性质不同。由于内部审计机构和注册会计师实施的内部控制审计具有不同的实施主体，也就形成了不同性质的业务。由内部审计机构实施的内部控制审计，其本质就是组织对内部控制实施的内部监督行为。由注册会计师实施的内部控制审计在本质上则是对组织内部控制的外部监督行为，属于由注册会计师提供的具有独立性和客观性的鉴证业务。

（2）强制性不同。外部监管机构对组织的内部审计机构是否实施内部控制审计并无强制性要求。但是，对于公众利益实体，例如上市公司而言，聘请注册会计师实施内部控制审计则是一项强制性要求。《企业内部控制配套指引》明确规定：“执行《企业内部控制基本规范》及企业内部控制配套指引的上市公司和非上市大中型企业，应当对内部控制的有效性进行自我评价，披露年度自我评价报告，同时应当聘请会计师事务所对财务报告内部控制的有效性进行审计并出具审计报告。上市公司聘请的会计师事务所应当具有证券、期货业务资格；非上市大中型企业聘请的会计师事务所也可以是不具有证券、期货业务资格的大中型会计师事务所。”

（3）遵循的规则不同。内部审计机构实施内部控制审计应当遵循内部审计准则，注册会计师实施内部控制审计应当遵循《企业内部控制审计指引》、《中国注册会计师鉴证业务基本准则》和中国注册会计师审计准则等规范。

（4）审计侧重点不同。虽然内部审计机构和注册会计师在实施内部控制审计时，都是针对组织内部控制在设计和运行上的有效性进行的，但是注册会计师在实施内部控制审计时，会将发现的内部控制缺陷区分为财务报告内部控制缺陷和非财务报告内部控制缺陷，对不同的内部控制缺陷也会采取不同的处理方式。内部审计机构实施的内部控制审计应当在对内部控制全面评价的基础上，关注重要业务单位、重大业务事项和高风险领域的内部控制，不会对内部控制缺陷进行上述划分。

（5）实施的频率不同。内部审计机构实施内部控制审计，并没有每年进行一次的强制性要求，也不需要针对某个特定的基准日，通常是根据组织管理层的需要和内部审计的年度工作计划实施的。注册会计师实施的内部控制审计则是对被审计单位特定基准日内部控制设计与运行的有效性进行的审计，通常每年需要进行一次，并由会计师事务所出具内部控制审计报告将审计结果对外披露。

（6）工作成果的体现不同。内部审计机构实施内部控制审计之后，应当向组织的适当治理层或管理层报告审计结果。审计报告应当说明审查和评价内部控制的目的、范围、审计结论、审计决定及对改善内部控制的建议，以及被审计单位的反馈意见。注册会计师在完成内部控制审计工作之后，应当出具内部控制审计报告。审计报告应当对被审计单位是否按照《企业内部控制基本规范》、《企业内部控制应用指引》、《企业内部控制评价指引》以及被审计单位自身内部控制制度的要求，在所有重大方面保持了有效的内部控制发表审计意见。注册会计师出具的内部控制审计报告包括四种类型，即标准内部控制审计报告、带强调事项段的无保留意见内部控制审计报告、否定意见内部控制审计报告和无法表示意见内部控制审计报告。对于发现的非财务报告内部控制的重大缺陷，注册会计师还应当在审计报告中提示投资者、债权人和其他利益相关者予以关注。

（三）与审计过程中内部控制评审的联系和区别

内部控制评审是指审计人员调查了解被审计单位内部控制的设计和运行情况，通过对内部控制实施必要的控制测试，对内部控制的健全性、合理性和有效性作出评价，以确定是否依赖内部控制寻求缩减实质性测试范围的可能性。内部控制评审并非一项独立的审计业务类型，而是审计人员在具体的审计项目中可能采取的一种审计技术方法。

1. 与审计过程中内部控制评审的联系。内部审计机构实施的内部控制审计与审计人员在审计过程中进行的内部控制评审都是针对被审计单位内部控制的设计和运行情况而实施的，审计人员也会采用基本相同的审计方法，例如询问、穿行测试、实地观察、检查、重复执行等。在某些情况下，内部审计机构出于提高效率、整合资源的考虑，会将内部控制审计与财务报表审计整合在一起实施，通过审计人员对内部控制进行的测试，能够同时实现双重目标：一是获取充分适当的审计证据以支持内部控制审计中对内部控制有效性的审计结论；二是获取充分适当的审计证据以支持财务报表审计中对控制风险的评估结果。

2. 与审计过程中内部控制评审的区别。

（1）工作目标不同。内部控制审计的工作目标在于评价内部控制设计和运行的有效性，从而为组织实现战略目标提供服务；在审计过程中进行内部控制评审的工作目标在于确定相关内部控制是否完善，是否值得依赖，以评估控制风险水平，从而确定实质性测试的性质、范围、时间和审计重点。

（2）工作结果不同。内部审计机构实施了内部控制审计之后，应当向适当管理层报告审计结果。审计人员在审计过程中实施的内部控制评审只是一项审计业务的一个组成部分，审计人员在实施了内部控制评审之后，并不需要单独针对评审结果出具审计报告。

三、内部控制审计的责任划分

我国《内部审计具体准则第2201号》明确规定："董事会及管理层的责任是建立、健全内部控制并使之有效运行。内部审计的责任是对内部控制设计和运行的有效性进行审查和评价，出具客观、公正的审计报告，促进组织改善内部控制及风险管理。"

早在1971年，国际内部审计师协会在其第3号《内部审计师责任说明书》中就已经将内部控制评价确定为内部审计的主要职责。在最新修订的《国际内部审计专业实务框架》中，国际内部审计师协会进一步明确指出，内部审计机构和人员应当通过评价内部控制的效率和效果、促进其持续改善等工作，帮助组织维持有效的控制系统。在内部审计机构和人员实施内部控制审计的过程中，必须明确内部审计机构和人员与组织治理层和管理层的责任划分。组织的管理层负责建立、健全组织的内部控制并使之有效运行，组织的治理层负责监督组织管理层建立、健全内部控制并保证其有效运行的责任的履行情况。内部审计的责任是对内部控制设计和运行的有效性进行审查和评价，出具客观、公正的审计报告，促进组织改善内部控制及风险管理。

四、内部控制审计的分类

内部控制审计应当以风险评估为基础，根据风险发生的可能性和对组织单个或者整体控制目标造成的影响程度，确定审计的范围和重点。内部控制审计应当在对内部控制全面评价的基础上，关注重要业务单位、重大业务事项和高风险领域的内部控制。内部控制审计应当真实、客观地揭示经营管理的风险状况，如实反映内部控制设计和运行的情况。内部控制审计按其范围划分，可以分为全面内部控制审计和专项内部控制审计。

全面内部控制审计是针对组织所有业务活动的内部控制，包括内部环境、风险评估、控制活动、信息与沟通、内部监督五个要素所进行的全面审计。专项内部控制审计是针对组织内部控制的某个要素、某项业务活动或者业务活动某些环节的内部控制所进行的审计。全面内部控制审计和专项内部控制审计的实施主体都是组织的内部审计机构，审计对象也都是组织的内部控制。两者的主要区别体现在审计范围、审计作用、审计方法、审计方式和审计结果之上。

（一）审计范围

从审计范围上看，全面内部控制审计涉及组织经营管理的所有环节，属于全面审计，具有审计内容全面、范围广泛、综合性强等特点；专项内部控制审计则只针对组织经营管理环节中的某一个方面、某一个问题，或者某一个层次，属于专门审计，具有针对性强、适应性好，纠正问题更快，审计内容较为单一等特点。

（二）审计作用

从审计作用上看，全面内部控制审计能够较为全面地、综合地评价被审计单位的经营管理和内部控制状况，可以全面揭示组织在经营管理和内部控制中存在的弊端和缺陷，可以对被审计单位的经营管理和内部控制形成综合的评价结论，也属于组织对自身的经营管理和内部控制进行定期“保健”性检查的重要方式；专项内部控制审计则能够较好地解决组织在某一方面存在的内部控制问题，对已经存在的问题的解决更加及时和迅速，提出的改善方案也更具有针对性。

（三）审计方法

从审计方法上看，全面内部控制审计由于涉及的工作量较大，审计的范围也较为广泛，通常必须采取“抽样检查”的审计方法；专项内部控制审计主要关注的是内部控制的某一个方面，其目的在于迅速捉住具体的问题以及将问题的严重程度揭示出来，因此在审计方法上通常会采取“详细检查”。

（四）审计方式

从审计方式上看，全面内部控制审计工作量大、审计时间长、人力分散，审计成本较高，对内部审计人员的综合素质也具有较高的要求；专项内部控制审计的针对性强，人力集中，审计成本相对较低，但是也要求内部审计人员具有更“精深”的知识与技能，拥有更丰富的实践经验，能够将问题查深查透。

（五）审计结果

从审计结果上看，全面内部控制审计的审计结果主要集中在对被审计单位经营管理和内部控制的全方位评价之上，属于对组织的经营管理和内部控制的“横切面”剖析；专项内部控制审计则能够更加深刻地揭示被审计单位在经营管理和内部控制中存在的问题及其严重程度，且能够对问题存在的原因进行深层次的剖析，分清责任人，提出解决方案和完善措施，属于对组织的经营管理和内部控制某一方面或某一环节的“纵切面”剖析。

第三节　内部控制审计的内容

建立健全有效的内部控制是组织健康发展的有力保障，对内部控制进行审计，根本目标就是为了保证组织内部控制目标的最终实现。内部控制审计的目标服务于内部控制的目标，决定着内部控制审计的内容。内部控制是组织为实现一定目标所采取的一系列政策和程序，内部控制审计是健全有效的内部控制的重要组成部分，因此从根本上说，内部控制审计的最终目标与内部控制的目标是一致的，即合理保证组织运营管理的合法合规、资产的安全、信息的真实完整、提高经营效率和效果，进而促进组织实现发展战略。

内部控制审计是通过健全、完善组织的内部控制以及督促组织内部控制的有效执行以促进组织改善内部控制及风险管理，促进组织目标的实现，进而为组织增加价值。首先，内部控制审计通过对组织整体的内部控制各个要素，或者是某个要素、某项业务活动或者业务活动的某个环节的内部控制进行审查和评价，发现组织内部控制的空白点、薄弱点，进而提出改进内部控制设计的建议，从而健全内部控制。其次，内部控制审计通过综合考虑组织内外部环境条件的变化，结合已有内部控制的设置情况，提出修改完善或者设计新的内部控制方面的建议，以促进组织内部控制的不断完善，不断适应环境条件的变化。最后，内部控制审计通过检查组织内部控制的执行情况，并作出相应的评价，以针对执行不恰当、怠于执行的情况及时提出意见和建议，从而督促组织内部控制的有效执行。另外，内部控制审计还可以为组织管理层出具内部控制自我评价报告提供基础。

通常情况下，组织层面的内部控制是否有效将直接影响重要业务流程层面内部控制的有效性，进而影响内部审计机构和人员对组织内部控制所作出的评价结论和所提出的改进建议。因此，内部审计机构和人员在实施内部控制审计时，可以首先审查和评价组织层面的内部控制，进而在此基础上进一步审查和评价业务层面的内部控制。

一、组织层面内部控制审计

我国《内部审计具体准则第 2201 号》明确规定："内部审计机构可以参考《企业内部控制基本规范》及配套指引的相关规定，根据组织的实际情况和需要，通过审查内部环境、风险评估、控制活动、信息与沟通、内部监督等要素，对组织层面内部控制的设计与运行情况进行审查和评价。"

内部控制审计的基本内容主要是审查和评价内部控制在设计层面的合理性和健全性以及在执行层面的有效性。内部审计机构和人员对内部控制合理性的审查主要关注组织的内部控制在设计层面是否能够实现控制目标以及是否存在缺陷。内部审计机构和人员对内部控制的健全性的审查主要关注内部控制在设计层面上是否全面、完整，为实现控制目标而应当设置的内部控制是否已经设置并已经得到执行。内部审计机构和人员对内部控制的有效性的审查则主要关注已经建立的内部控制是否得到了一贯地有效执行，并最终实现了控制的目标。内部审计机构和人员可以参考《企业内部控制基本规范》及配套指引的相关规定，根据组织的实际情况和需要，通过审查内部控制的内部环境、风险评估、控制活动、信息与沟通、内部监督等要素，对组织层面内部控制的设计与运行情况进行审查和评价。

（一）审查与评价内部环境

我国《内部审计具体准则第2201号》明确规定："内部审计人员开展内部环境要素审计时，应当以《企业内部控制基本规范》和各项应用指引中有关内部环境要素的规定为依据，关注组织架构、发展战略、人力资源、组织文化、社会责任等，结合本组织的内部控制，对内部环境进行审查和评价。"

内部控制环境设定了组织内部控制的基调，代表着组织治理层和高级管理层对内部控制的重视程度，影响着组织内所有层级的员工对内部控制的认识和态度。良好的内部控制环境是组织实施有效内部控制的基础，只有在良好的内部控制环境下，组织才能建立完备的内部控制，已经建立起来的内部控制也才能得到有效执行。

内部控制环境包括治理职能和管理职能，以及组织治理层和管理层对内部控制及其重要性的态度、认识和措施。内部控制环境是由多方面的要素组成的，例如管理层倡导的组织文化和经营理念；组织的经济性质和类型；法人治理结构；权责分配；对胜任能力的重视；人力资源政策与实务等。内部审计人员开展内部控制环境要素的审计时，应当以《企业内部控制基本规范》和各项应用指引中有关内部环境要素的规定为依据，关注组织架构、发展战略、人力资源、组织文化、社会责任等，结合组织的内部控制，对内部环境进行审查和评价。

1. 组织架构。组织架构是指组织按照国家有关法律、法规、股东（大）会决议、组织章程，结合组织实际情况，明确董事会、监事会、经理层和组织内部各层级机构设置、职责权限、人员编制、工作程序和相关要求的制度安排。组织架构可以分为治理架构和内部机构，内部审计人员应当关注组织架构在设计与运行中各项风险。例如，治理结构形同虚设，缺乏科学决策、良性运行机制和执行力，可能导致组织经营失败或难以实现发展战略；内部机构设计不科学，权责分配不合理，可能导致机构重叠、职能交叉或缺失、推诿扯皮，运行效率低下。内部审计人员在审查和评价组织架构时应当重点关注以下内容：

（1）组织架构的设计是否符合国家有关法律法规的规定，是否明确了董事会、监事会和经理层的职责权限、任职条件、议事规则和工作程序，是否能够确保决策、执行和监督相互分离，形成制衡。

（2）组织架构是否形成了重大决策、重大事项、重大人事任免以及大额资金支付业务等的集体决策或联签制度。

（3）组织架构是否按照科学、精简、高效、透明、制衡的原则，合理设置了内部职能机构，并明确体现了不相容职务分离的要求。

（4）组织架构是否对其治理结构和内部机构的设置进行了梳理，是否能够保证其运行的合理性和有效性。

（5）组织架构中是否建立了科学的投资管控制度。

（6）组织是否定期对组织架构设计及运行的效率和效果进行评估，对存在的缺陷是否已经进行了优化调整。

2. 发展战略。发展战略是指组织在对现实状况和未来趋势进行综合分析和科学预测的基础上，制定并实施的长远发展目标与战略规划。内部审计人员应当关注组织在制定与实施发展战略中的各项风险。例如，缺乏明确的发展战略或发展战略实施不到位，可能导致组织盲目发展，难以形成竞争优势，丧失发展机遇和动力；发展战略过于激进，脱离组织实际能力或偏离主业，可能导致组织过度扩张，甚至经营失败；发展战略因主观原因频繁变动，可能导致资源浪费，甚至危及组织的生存和持续发展。内部审计人员在审查和评价发展战略时应当重点关注以下内容：

（1）组织在制定发展目标时是否进行了充分的调查研究、科学分析预测和广泛征求意见。

（2）组织是否依据发展目标制定了战略规划。

（3）董事会是否下设战略委员会或指定相关机构负责发展战略管理工作，其职责和议事原则是否明确。

（4）组织是否根据发展战略制定了年度工作计划、并编制了全面预算。

（5）组织是否对发展战略的实施情况进行监控和定期分析。

3. 人力资源。人力资源是指组织进行生产经营活动而录（任）用的各种人员，包括董事、监事、高级管理人员和全体员工。组织内各层级员工的能力和诚信是内部控制环境中不可缺少的因素，组织任何的政策和程序的有效执行都取决于人力资源。内部审计人员应当关注人力资源管理领域的各项风险。例如，人力资源缺乏或过剩、结构不合理、开发机制不健全，可能导致组织发展战略难以实现；人力资源激励约束制度不合理、关键岗位人员管理不完善，可能导致人才流失、经营效率低下或关键技术、商业秘密和国家机密泄露；人力资源退出机制不当，可能导致法律诉讼或组织声誉受损。内部审计人员在审查和评价人力资源时应当重点关注以下内容：

（1）组织是否根据人力资源总体规划，结合生产经营实际需要，制定了年度人力资源需求计划，完善人力资源引进制度。

（2）人力资源选聘程序是否符合职位要求、公开、公平。

（3）组织是否依法与员工签订了劳动合同。

（4）组织是否建立了培训等人才培养的长效机制。

（5）组织是否建立了人力资源的激励约束机制和绩效考核制度。

（6）组织是否制定了定期轮岗制度。

（7）组织是否建立健全了员工退出制度。

4. 组织文化。组织文化是指组织在生产经营实践中逐步形成的、为团队所认同并遵守的价值观、经营理念和组织精神，以及在此基础上形成的行为规范。内部审计人员应当关注组织在加强组织文化建设中的各项风险。例如，缺乏积极向上的组织文化，可能导致员工丧失对组织的信心和认同感，组织缺乏凝聚力和竞争力；缺乏开拓创新、团队协作和风险意识，可能导致组织发展目标难以实现，影响可持续发展；缺乏诚实守信的经营理念，可能导致舞弊事件的发生，造成组织损失，影响组织信誉；忽视组织间的文化差异和理念冲突，可能导致并购重组失败。内部审计人员在审查和评价组织文化时应当重点关注以下内容：

（1）组织是否根据自身发展战略和实际情况培育了具有自身特点的组织文化。

（2）董事、监事、经理和其他高级管理人员是否发挥了主导和模范作用。

（3）组织文化是否渗透到组织的生产经营全过程，并得到了全员的遵守。

（4）组织是否定期对组织文化进行评估，并对存在的问题采取措施加以改进。

5. 社会责任。社会责任是指组织在经营发展过程中应当履行的社会职责和义务，主要包括安全生产、产品质量（含服务，下同）、环境保护、资源节约、促进就业、员工权益保护等。内部审计人员应当关注组织在履行社会责任方面的各项风险。例如，安全生产措施不到位，责任不落实，可能导致组织发生安全事故；产品质量低劣，侵害消费者利益，可能导致组织巨额赔偿、形象受损，甚至破产；环境保护投入不足，资源耗费大，造成环境污染或资源枯竭，可能导致组织巨额赔偿、缺乏发展后劲，甚至停业；促进就业和员工权益保护不够，可能导致员工积极性受挫，影响组织发展和社会稳定。内部审计人员在审查和评价组织在履行社会责任的情况时应当重点关注以下内容：

（1）组织是否建立了严格的安全生产管理体系、操作规范和应急预案，强化安全生产责任追究制度。

（2）组织的安全生产措施是否到位、责任是否落实。

（3）组织是否建立了严格的产品质量控制、检验制度及售后服务制度。

（4）组织是否建立了环境保护与资源节约制度，认真落实节能减排责任，积极开发和使用节能产品，发展循环经济，降低污染物排放，提高资源综合利用效率。

（5）组织是否依法保护员工的合法权益。

（二）审查与评价风险评估

我国《内部审计具体准则第 2201 号》明确规定："内部审计人员开展风险评估要素审计时，应当以《企业内部控制基本规范》有关风险评估的要求，以及各项应用指引中所列主要风险为依据，结合本组织的内部控制，对日常经营管理过程中的风险识别、风险分析、应对策略等进行审查和评价。"

任何组织在经营活动中都会面临各种各样的风险，并对其生存和竞争能力产生影响。很多风险的产生并不是组织所能控制的，但是组织的管理层应当确定可以承受的风险水平，识别组织可能面临的这些风险、评估其严重程度并采取一定的应对措施。组织进行的风险评估过程就是识别、评估和管理影响其运营目标实现能力的各种风险。内部审计人员开展风险评估要素审计时，应当以《企业内部控制基本规范》有关风险评估的要求，以及各项应用指引中所列主要风险为依据，结合组织的内部控制，对日常经营管理过程中的风险识别、风险分析、应对策略等进行审查和评价。

1. 组织战略和目标的沟通。组织只有确立了既定的战略和目标，才能实施有效的控制。组织的战略和目标是由组织的理念及其所追求的价值所决定的。组织的风险评估就是对组织战略目标实现中出现的风险进行的评估，而对组织战略和目标的有效沟通保证了风险评估在组织内部的贯彻。内部审计人员在审查和评价组织战略和目标的沟通时应当重点关注以下内容：

（1）组织目标是否适当，是否与组织的战略、组织所处的内外部环境相适应，组织目标是否已经传达到组织的各相关层次。

（2）组织在具体策略和业务流程层面的目标与组织整体目标是否保持协调。

（3）组织是否已经明确影响整体战略实施的关键因素。

（4）组织的各级管理人员是否能够参与组织目标的制定，并明确了相关的责任。

2. 风险评估过程。风险评估过程是组织实施风险评估的过程，包括风险识别、评估风险的严重程度、评估风险发生的可能性以及确定需要采取的风险应对措施。内部审计人员在审查和评价组织的风险评估过程时应当重点关注以下内容：

（1）组织是否已经建立了完备的风险识别机制。

（2）组织是否已经建立了有效的风险评估方法。

（3）组织的风险分析是否是通过正式的分析程序进行的。

3. 对风险的管理。组织始终处于不断变化的风险环境之中，组织的运营和控制必须不断适应变化中的风险环境。因此，组织的风险评估并不是一个静态的过程，而是一个持续的、及时识别风险及其变化并不断应对变化中的风险的动态过程。内部审计人员在审查和评价组织对风险的管理时应当重点关注以下内容：

（1）组织是否建立了识别和应对可能对组织产生重大且普遍影响的风险

的完备机制。

（2）组织风险管理部门是否建立了必要的流程，以识别、评估和应对运营环境中出现的各种风险以及可能发生的重大变化。

（3）组织是否建立了对风险管理效果进行定期监督和评价的机制。

（三）审查与评价控制活动

我国《内部审计具体准则第 2201 号》明确规定："内部审计人员开展控制活动要素审计时，应当以《企业内部控制基本规范》和各项应用指引中关于控制活动的规定为依据，结合本组织的内部控制，对相关控制活动的设计和运行情况进行审查和评价。"

控制活动是内部控制的要素，也是内部控制实现控制目标的关键。内部控制的成败在很大程度上取决于控制活动的设计和执行效果。即便是组织已经具备了一定的风险和危机意识，也营造了良好的内部控制环境，但是，如果没有设置有效的控制活动或者已经设置的控制活动并没有得到有效执行的话，内部控制也不会达到预期的控制目标。

控制活动包括适当的授权和职责分离、会计系统控制、财产保护控制以及预算控制、运营分析控制、绩效考评控制以及合同管理控制等。内部审计人员应当审查和评价组织是否建立了必要的控制活动，已经建立的控制活动是否在组织内部得到了一贯的执行，控制活动的实施对控制目标的实现产生的影响，以及控制活动能否识别和规避风险等。内部审计人员开展控制活动要素审计时，应当以《企业内部控制基本规范》和各项应用指引中关于控制活动的规定为依据，结合组织的内部控制，对相关控制活动的设计和运行情况进行审查和评价。

1. 授权审批控制。授权审批控制要求组织按照授权审批的相关规定，明确各岗位办理业务和事项的权限范围、审批程序和相应职责。组织内部各级管理人员必须在授权范围内行使职权和承担责任；业务经办人员必须在授权范围内办理业务。完善的授权审批控制有助于明确各级管理层级的权利和义务，层层落实责任、层层把关，最大限度地避免风险的发生。内部审计人员在审查和评价组织的授权审批控制时应当重点关注以下内容：

（1）组织对一般授权和特别授权的界定是否清晰？

（2）组织设置的授权审批控制是否具有充分的依据，是否做到了对事不对人，授权者对下级的授权是否在自己的权限范围内，是否建立了针对授权的监督保障机制？

（3）组织是否存在越权审批、随意审批的情况？

（4）组织的授权和审批是否采取了适当的书面形式？

2. 不相容职责分离控制。不相容职务分离控制要求组织全面系统地分析、设立业务流程中所涉及的不相容职务，实施相应的职责分离措施，形成各司其职、各负其责、相互制约的工作机制。内部审计人员在审查和评价组织的职责分离控制时应当重点关注以下内容：①可行性研究与决策审批是否相分离？②业务执行与决策审批是否相分离？③业务执行与审核监督是否相分离？④会计记录与业务执行是否相分离？⑤业务执行与财产保管是否相分离？⑦财产保管与会计记录是否相分离？

3. 会计系统控制。会计系统控制是指利用记账、核对、岗位职责落实和职责分离、档案管理、工作交接程序等会计控制方法，确保组织会计信息真实、准确、完整。健全有效的会计系统控制要求组织严格执行国家统一的会计准则和财务制度，加强会计基础工作，明确会计凭证、会计账簿和财务会计报告的处理程序，保证会计资料的真实完整。内部审计人员在审查和评价组织的会计系统控制时应当重点关注以下内容：

（1）组织管理层是否依据具体情况选择了适当的会计准则和相关的会计制度？

（2）会计政策的选择是否适当，变更会计政策是否有合理的理由？

（3）会计估计的确定是否合理？

（4）文件和凭证控制措施是否健全，是否对经济业务进行适当记录并且对相关凭证进行连续编号？

（5）会计档案的保管是否妥当？

（6）组织是否依法设置了会计机构，配备了合格的会计人员？

（7）组织是否建立了适当的会计岗位制度？

4. 财产保护控制。财产保护控制要求组织建立财产日常管理制度和定期清查制度，采取财产记录、实物保管、定期盘点、账实核对等措施，确保财产的安全和完整。内部审计人员在审查和评价组织财产保护控制时应当重点关注以下内容：

（1）组织是否建立了财产档案，全面及时地反映财产的增减变动？

（2）组织是否建立了对财产的实物保管制度，严格限制未经授权人员接触资产？

（3）组织是否建立了定期或者不定期的财产盘点清查制度？

5. 预算控制。预算控制要求组织实施全面预算管理制度，明确各责任单位在预算管理中的职责权限，规范预算的编制、审定、下达和执行程序，强化预算约束。内部审计人员应当关注组织在预算管理中的各项风险。例如，不编制预算或预算不健全，可能导致组织经营缺乏约束或盲目经营；预算目标不合理、编制不科学，可能导致组织资源浪费或发展战略难以实现；预算缺乏刚性、执行不力、考核不严，可能导致预算管理流于形式。内部审计人员在审查和评价组织的预算控制时应当重点关注以下内容：

（1）组织是否建立和完善了预算编制工作制度，明确编制依据、编制程序、编制方法等内容，确保预算编制依据合理、程序适当、方法科学，全面预算是否按照相关法律法规及组织章程的规定报经审议批准，并以文件形式下达执行？

（2）组织的预算执行是否严格，确需调整预算的，是否履行严格的审批程序？

（3）组织是否建立了严格的预算执行考核制度，对各预算执行单位和个人进行考核，切实做到有奖有惩、奖惩分明？

6. 运营分析控制。运营分析控制要求组织建立运营情况分析制度，经理层综合运用生产、购销、投资、筹资、财务等方面的信息，通过对比分析、比率分析、趋势分析、因素分析、综合分析等办法，定期开展运营情况分析，发现存在的问题，及时查明原因并加以改进。内部审计人员在审查和评价组织运营分析控制时应当重点关注以下内容：①组织采用的运营分析方法是否恰当？②组织是否根据发现的问题查找了原因？③组织是否在分析问题并查找原因的基础上，提出了改进的措施？

7. 绩效考评控制。绩效考评控制要求组织建立和实施绩效考评制度，科学设置考核指标体系，对组织内部各责任单位和全体员工的业绩进行定期考核和客观评价，将考评结果作为确定员工薪酬以及职务晋升、评优、降级、调离、辞退等的依据。内部审计人员在审查和评价组织绩效考评控制时应当重点关注以下内容：①考核主体与客体是否恰当？②考核评价的目标是否明确？③考核评价指标是否科学合理？④考核评价标准是否适当？⑤考核评价方法是否科学合理？⑥考核结果是否公正？

8. 合同管理控制。合同管理控制是指组织通过梳理合同管理的整个流程，分析关键风险点，采取有效措施，将合同风险控制在组织可以接受的范围内。内部审计人员应当关注合同管理控制中的各项风险。例如，未订立合同、未经授权对外订立合同、合同对方主体资格未达要求、合同内容存在重大疏漏和欺诈，可能导致组织合法权益受到侵害；合同未全面履行或监控不当，可能导致组织诉讼失败、经济利益受损；合同纠纷处理不当，可能损害组织利益、信誉和形象。内部审计人员在审查和评价组织的合同管理控制时应当重点关注以下内容：①组织是否建立了分级授权的合同管理制度；②组织是否实行统一归口管理；③各业务部门作为合同的承办部门是否明确进行了职责分工；④组织是否建立健全了合同管理考核与责任追究制度，并开展了合同后评估。

（四）审查与评价信息与沟通

我国《内部审计具体准则第 2201 号》明确规定："内部审计人员开展信息与沟通要素审计时，应当以《企业内部控制基本规范》和各项应用指引中有关内部信息传递、财务报告、信息系统等规定为依据，结合本组织的内部控制，对信息收集处理和传递的及时性、反舞弊机制的健全性、财务报告的真实性、信息系统的安全性，以及利用信息系统实施内部控制的有效性进行审查和评价。"

处于高速发展的信息时代的任何组织对其信息与沟通系统都具有越来越严重的依赖，信息的真实与沟通的及时对组织的运营具有至关重要的作用。良好的信息与沟通系统能够保证组织在充满风险和瞬息万变的环境中灵活应对。这就要求组织的信息与沟通系统应当能够及时、准确地记录所有的信息，并确保安全地、有序地使用所有的信息。

内部审计人员在对信息与沟通要素进行审查时，应当分别考虑信息与沟通两个方面的内容。内部审计人员开展信息与沟通要素审计时，应当以《企业内部控制基本规范》和各项应用指引中有关内部信息传递、财务报告、信息系统等规定为依据，结合组织的内部控制，对信息收集处理和传递的及时性、反舞弊机制的健全性、财务报告的真实性、信息系统的安全性，以及利用信息系统实施内部控制的有效性进行审查和评价。

1. 内部信息传递。沟通的目的在于确保组织所有层级的员工了解其职责，通过有效的沟通，组织所有层级的员工能够充分了解其在会计系统中的工作任务，与他人的联系方式，向上级报告例外情况的途径。组织内部信息传递的方式主要有组织规章制度、财务制度、备忘录以及口头交流和流程示范等。内部审计人员在审查和评价组织的内部信息传递时应当重点关注以下内容：

（1）内部信息传递系统是否功能安全、内容完整？

（2）内部信息传递系统向适当人员提供的信息是否充分、具体和及时，使之能够有效履行其职责？

（3）内部信息传递系统是否明确规定了内部信息传递的内容、保密要求及密级分类、传递方式、传递范围以及各管理层级的职责权限？

（4）内部信息传递系统对不恰当事项和行为是否建立了沟通渠道？

2. 财务报告。由于组织编制财务报告的过程涉及重大会计估计和披露，编制财务报告的程序就应当同时确保适用的会计准则和相关会计制度要求，需要披露的信息能够得到适当的收集、记录、处理和汇总，并在财务报告中进行适当的披露。内部审计人员在审查和评价组织的财务报告时应当重点关注以下内容：

（1）组织是否按照国家统一的会计准则和制度规定进行会计记录和财务报告的编制？

（2）财务报告是否内容完整、数字真实、计算准确、没有漏报？

（3）组织是否定期进行收入、费用、成本、资产、负债、现金流量等的财务分析，并传达给有关管理层。

3. 信息系统。信息包括内部信息和外部信息。内部信息包括组织管理层建立的记录及报告经营业务与事项，维护资产、负债和所有者权益的办法与记录。外部信息包括市场占有率、法律法规和顾客反馈等信息。信息产生于组织的信息系统，信息系统产生包含有关运营、财务和合规性的信息，帮助管理层对组织进行运营和控制。内部审计人员在审查和评价组织的信息系统时应当重点关注以下内容：

（1）组织信息系统的开发及其变更是否与组织战略计划相适应？

（2）管理层是否提供适当的人力和财力以开发必须的信息系统？

（3）组织信息系统是否建立了严格的用户管理制度？

（4）组织信息系统是否建立了系统数据定期备份制度？

（5）组织是否对信息系统进行了安全策略的保护？

（五）审查与评价内部监督

我国《内部审计具体准则第 2201 号》明确规定：“内部审计人员开展内部监督要素审计时，应当以《企业内部控制基本规范》有关内部监督的要求，以及各项应用指引中有关日常管控的规定为依据，结合本组织的内部控制，对内部监督机制的有效性进行审查和评价，重点关注监事会、审计委员会、内部审计机构等是否在内部控制设计和运行中有效发挥监督作用。”

监督和检查是内部控制实施过程中必不可少的环节，通过对内部控制实施过程的监督和检查，组织可以发现内部控制实施过程中可能存在的问题，并及时进行修正，以确保内部控制系统持续有效地运行。例如，管理层对是否定期编制银行存款余额调节表进行复核，内部审计人员评价销售人员是否遵守公司关于销售合同条款的政策，法律部门定期监控公司的道德规范和商务行为准则是否得以遵循等。监督和检查对控制的持续有效运行是十分重要的。例如，如果没有对银行存款余额调节表是否得到及时和准确的编制进行监督，该项控制可能无法得到持续执行。组织通常通过持续的监督活动、专门的评价活动或两者相结合，来实现对控制的监督。持续的监督活动通常贯穿于组织的日常经营活动与常规管理工作中。例如，销售经理、采购经理和车间主任对经营活动十分了解，会对有重大差异的报告提出疑问，并作必要的追踪调查和处理。组织也可能利用与外部有关各方沟通或交流所获取的信息监督相关的控制活动。在某些情况下，外部信息可能显示内部控制存在的问题和需要改进之处。例如，客户通过付款来表示其同意发票金额，或者认为发票金额有误而不付款。监管机构，比如银行监管机构可能会对影响内部控制运行的问题与组织进行沟通。

内部审计人员开展内部监督要素审计时，应当以《企业内部控制基本规范》有关内部监督的要求，以及各项应用指引中有关日常管控的规定为依据，结合组织的内部控制，对内部监督机制的有效性进行审查和评价，重点关注监事会、审计委员会、内部审计机构等是否在内部控制设计和运行中有效发挥监督作用。内部审计人员在审查和评价组织的内部监督时应当重点关注以下内容：①组织对经营业绩以及变化趋势是否进行定期的监督？②组织是否进行定期的内部控制评价，评价是否取得了良好的效果？③组织管理层是否会采纳监督人员的建议，及时纠正内部控制运行中的偏差？④组织是否建立了协助管理层进行监督的职能部门，例如监事会、审计委员会或者内部审计机构，这些机构的工作职责和工作效果等？

二、业务层面内部控制审计

我国《内部审计具体准则第 2201 号》明确规定："内部审计人员根据管理需求和业务活动的特点，可以针对采购业务、资产管理、销售业务、研究与开发、工程项目、担保业务、业务外包、财务报告、全面预算、合同管理、信息系统等，对业务层面内部控制的设计和运行情况进行审查和评价。"

内部审计人员在对组织层面的内部控制进行审查和评价之后，应当根据管理需求和业务活动的特点，针对采购业务、资产管理、销售业务、研究与开发、工程项目、担保业务、业务外包、财务报告、全面预算、合同管理、信息系统等，对业务层面内部控制的设计和运行情况进行审查和评价。

（一）确定重要业务流程和重要交易类别

组织在业务层面的内部控制主要是针对重要业务流程和重要交易类别设

计和实施的，因此，内部审计人员首先需要确定组织所有的重要业务流程和重要的交易类别，并对围绕业务流程和交易类别设计的内部控制进行深入的了解。例如，对于一般的制造业企业而言，销售业务和采购业务就是最重要的交易类别。

（二）了解重要交易流程

重要交易流程是指每一类重要交易在信息技术或人工系统中生成、记录、处理及在财务报表中报告的程序，这是确定在哪个环节或哪些环节需要建立内部控制的基础。交易流程通常包括一系列工作：输入数据的核准与修订，数据的分类与合并，进行计算、更新账簿资料和客户信息记录，生成新的交易，归集数据，列报数据等。例如，在销售交易中，交易流程通常包括输入销售订购单、编制货运单据和发票、更新应收账款信息记录等。相关的处理程序包括通过编制调整分录，修改并再次处理以前被拒绝的交易，以及修改被错误记录的交易。

（三）确定需要设置内部控制的环节

内部审计人员需要确定组织应当在哪些环节设置内部控制，以保证对重要交易流程和重要交易类别的处理不会发生错误和舞弊，这些内部控制应当是可以保证每个流程中业务活动的具体流程能够顺利运转的人工或自动化控制程序。组织针对业务流程设置的内部控制分为预防性控制和检查性控制。预防性控制通常用于正常业务流程的每一项交易，以防止错误或舞弊的发生。例如，在发运货物开具发票时对销售发票进行人工复核以确定发票采用了正确的价格和折扣。检查性控制的建立是为了发现流程中可能发生的错误或者舞弊，是管理层监督实现流程目标的内部控制。例如，财务总监会复核月度毛利率的合理性，信用管理部经理记录每月到期的应收账款，并追查收款情况等。

（四）评价内部控制

设置内部控制的目的就是为了实现控制目标，为此对于每一个重要的业务流程，内部审计人员都需要评价已经设计的内部控制是否实现了与该业务流程相关的特定的控制目标。评价内部控制是否实现了控制目标的重要标志就是评价内部控制是否防止了错误或者舞弊的发生，或者发现并纠正了错误或者舞弊，然后重新提交到业务流程处理程序中进行处理。

第四节 内部控制审计程序

我国《内部审计具体准则第 2201 号》明确规定："内部控制审计主要包括下列程序：（1）编制项目审计方案；（2）组成审计组；（3）实施现场审查；（4）认定控制缺陷；（5）汇总审计结果；（6）编制审计报告。"

了解内部控制审计的程序，有利于内部审计人员有效地解决内部控制审计工作中出现的一系列问题。只有内部审计人员熟悉内部控制审计程序的各个步骤，才能更好地完成内部控制审计的工作任务，及时发现组织在内部控制的设计和运行方面的各种问题，并提出切实可行的改进建议和完善对策。

一、编制项目审计方案

（一）对组织的内部控制进行了解

顺利开展内部控制审计工作的前提条件就是了解组织内部控制的基本情况，这对于合理地规划整个审计过程都有着重要影响。内部审计人员应当获取有关内部控制的足够信息，以使其能够识别组织已经设立的各项控制，了解各项控制如何执行、由谁执行，以及执行中所使用的数据报告、文件和其他材料。在了解组织内部控制基本情况时，内部审计人员可以通过询问相关岗位的员工，审阅与内部控制相关的文件资料以获取组织内部控制的信息。内部审计人员在判断对内部控制的了解是否足以制定一个有效的审计策略时，应当考虑的因素包括：重要交易类别的复杂性、信息技术应用环境的复杂性和一体化程度、错报发生的可能性和在业务流程中未被发现的可能性，以及该重要交易影响重大账户的程度等。

（二）制定审计计划

为了对整个内部控制审计过程进行有效规划，内部审计人员就需要制定一个总体审计计划和具体的项目审计方案，并在审计的实施过程中不断根据实际情况的发展变化对具体项目审计方案进行适当的调整与修改。内部审计人员应当在项目审计方案中确定内部控制审计的目标、范围、内容，审计的重点和难点，审计中准备采取的主要审计程序和方法，审计组的构成和分工，以及审计的时间进度和预算等。

（三）下达审计通知

内部控制审计工作组应当在实施现场审计前2～3日向被审计单位下达内部控制审计通知书，通知书中应当明确被审计单位需要准备的资料、参加审计的人员，同时要求被审计单位安排一名审计工作协调员，负责审计联络工作及有关事项。

二、组成审计组

内部审计机构在确定了内部控制审计项目的性质、业务量、难度及时间进度之后，应当根据组织治理层和管理层对内部控制审计任务的特殊要求，安排对内部控制审计具有经验的内部审计人员组建内部控制审计工作组。同时，内部审计机构还可以适当吸收组织内部相关部门熟悉内部控制情况的业务人员参加内部控制审计的具体工作。组成审计组之后，内部审计机构应当向工作组成员说明内部控制审计的任务性质、工作量、完成时间、注意事项等要求，同时进行审计前的法律法规和主要业务培训，以为现场审计工作打好基础。

内部审计机构在确定了内部控制审计的具体项目审计方案之后，审计组长应当根据项目审计方案，科学合理地安排审计事项，确定审计范围、内容、重点、方法和步骤，以及审计起止时间。同时，内部审计机构应当根据所有参加审计工作的内部审计人员的个人特点、专业、特长等对其进行适当的分工，相互配合，明确职责，以确保内部控制审计工作紧密围绕审计目标，统筹安排，综合分析，及时解决审计中的疑难问题。

三、实施现场审查

（一）对内部控制进行了解

为了确定组织控制政策和程序在设计上是否完整以及是否得到了执行，内部审计人员必须对组织的内部控制进行充分了解。内部审计人员可以就组织的内部控制设计和执行情况向有关工作人员进行询问或采用问卷调查的方式对内部控制的情况进行了解，同时还可以对组织的内部控制政策和制度手册、会计凭证和相关原始记录进行审阅，并采用适当的方法将对内部控制的了解记录下来。在此基础上，内部审计人员应当对组织的内部控制系统作出初步评估，并根据评估的控制风险确定在内部控制薄弱的领域扩展审计程序以降低审计风险的具体审计策略。

（二）对内部控制进行测试

内部审计人员对内部控制的了解重在关注内部控制在设计上是否完整以及是否得到了执行，而内部控制设计和执行的有效性则需要内部审计人员进行充分的控制测试。内部审计人员可以从以下方面获取关于组织内部控制有效性的审计证据：（1）控制在所审计期间的相关时点是如何运行的？（2）控制是否得到一贯执行？（3）控制由谁或以何种方式执行？

（三）详细记录内部控制审计工作底稿

我国《内部审计具体准则第 2201 号》明确规定："内部审计人员编制审计工作底稿应当详细记录实施内部控制审计的内容，包括审查和评价的要素、主要风险点、采取的控制措施、有关证据资料，以及内部控制缺陷认定结果等。"

内部审计人员应当真实、完整地记录审计工作底稿，不得遗漏、虚构、隐匿、毁弃，其他人不得随意删改审计工作底稿。内部审计人员编制审计工作底稿应当做到要素齐全、内容完整、简明扼要。审计工作底稿不能流于形式，应当始终围绕内部控制审计实施过程中的具体查证过程和结果，以便分清审计责任，防范审计风险。内部审计人员编制审计工作底稿应当详细记录实施内部控制审计的内容，包括审查和评价的要素、主要风险点、采取的控制措施、有关证据资料，以及内部控制缺陷认定结果等。

四、认定控制缺陷

对内部控制缺陷的认定是对内部控制缺陷的重要程度进行识别和确认的过程，也是判断一项内部控制缺陷属于重大缺陷、重要缺陷还是一般缺陷的过程。内部控制的缺陷，尤其是重大缺陷，代表着内部控制的薄弱环节，是组织健全完善内部控制的重点。对于这些缺陷，内部审计人员应当在内部控制审计报告中加以反映，并提出改善相关内部控制的建议。在内部审计人员实施后续审计时，应当对已经认定为重大缺陷的控制的改进情况进行重点关注。

（一）内部控制缺陷的定义和分类

内部控制缺陷是指内部控制的设计存在漏洞、不能有效防范错误与舞弊，或者内部控制的运行存在弱点和偏差、不能及时发现并纠正错误与舞弊的情形。内部控制缺陷是组织在设计和执行内部控制过程中已经出现的或暗藏的缺点或不足，已经出现的或者暗藏的缺点或不足的严重程度达到了将会导致组织内部控制有效性减弱甚至丧失的程度，以至于无法为控制目标的实现提供合理的保证。COSO 委员会也将内部控制缺陷界定为已经察觉的、潜在的或实际的内部控制缺点，抑或通过强化措施能够带来目标实现更大可能性的机会。

我国《内部审计具体准则第 2201 号》明确规定："内部控制缺陷包括设计缺陷和运行缺陷。"

按照内部控制缺陷的成因，可以将内部控制缺陷分为设计缺陷和运行缺陷。设计缺陷是指组织缺少为实现控制目标所必需的控制措施，或者已经建立的控制在设计上存在不当之处，即使得到正常的运行也难以实现控制目标。运行缺陷是指设计有效（合理而适当）的内部控制由于运行不当，包括由不恰当的人执行、未按设计的方式运行、运行的时间或频率不当、没有得到一贯有效运行等，而影响控制目标的实现所形成的内部控制缺陷。组织的内部控制体系，不论是存在设计缺陷还是存在运行缺陷，都会影响内部控制的有效性。

我国《内部审计具体准则第 2201 号》明确规定："重大缺陷，是指一个或者多个控制缺陷的组合，可能导致组织严重偏离控制目标。重要缺陷，是指一个或者多个控制缺陷的组合，其严重程度和经济后果低于重大缺陷，但仍有可能导致组织偏离控制目标。一般缺陷，是指除重大缺陷、重要缺陷之外的其他缺陷。"

按照内部控制缺陷的严重程度，可以将内部控制缺陷分为重大缺陷、重要缺陷和一般缺陷。重大缺陷是指一个或多个内部控制缺陷的组合，可能导致组织严重偏离内部控制目标。重要缺陷是指一个或多个内部控制缺陷的组合，其严重程度和经济后果低于重大缺陷，但仍有可能导致组织偏离内部控制的目标。一般缺陷是指除重大缺陷、重要缺陷以外的其他缺陷。

此外，按照缺陷影响的内部控制目标分类，还可以将内部控制缺陷分为财务报告内部控制缺陷和非财务报告内部控制缺陷。财务报告内部控制缺陷是指内部控制缺陷可能导致内部控制无法及时预防、发现或者纠正财务报表的错报，即可能导致影响组织财务报告相关的内部控制目标的实现。非财务报告内部控制缺陷是指内部控制缺陷可能导致内部控制无法及时预防、发现或者纠正除财务报表错报之外的其他业务经营错误，即可能导致影响组织非财务报告相关的内部控制目标的实现。这类缺陷包括战略内部控制缺陷、经营内部控制缺陷、合规内部控制缺陷、资产内部控制缺陷等。

（二）内部控制缺陷的识别

无论是国内还是国外对内部控制缺陷的定义都将内部控制缺陷的存在形式分为已经出现的和潜在的两种缺陷。这两种缺陷的表现形式并不相同，一种表现为组织内部控制过程有可能导致控制目标的偏离，只是目前还没有造成危害；另一种则表现为组织内部控制体系已经发生偏离，控制目标的实现已经受到威胁或干扰。这两种缺陷在表现形式上的不同可以为内部审计人员识别内部控制缺陷打开突破口，针对内部控制缺陷的不同表现形式可以分别采用测试识别和迹象识别两种方法。

1. 测试识别。测试识别是指通过对控制过程的技术分析以及控制测试等手段甄别组织内部控制的设计缺陷与运行缺陷。设计缺陷是组织内部控制在设计层面本就存在的缺陷，对组织运行中的某一过程缺乏必要的控制设计或者控制设计不科学存在漏洞，即使控制得到正常运行，控制目标也难以实现。组织的内部控制在计算机自动控制和手工控制领域都有可能存在设计缺陷。运行缺陷是组织已经建立的内部控制在设计上是完整有效的，但是在实际运行中却没有按设计意图进行，或者控制的执行者没有获得必要的授权，或者缺乏胜任能力，使得内部控制实施效果没有达到设计的目的和预期。内部审计人员对于内部控制运行缺陷的识别必须通过对特定内部控制执行的全过程实施测试才能发现。

2. 迹象识别。迹象识别是指通过将已经发现的背离内部控制目标的各种迹象作为判断依据来甄别内部控制的设计缺陷与运行缺陷。这种内部控制缺陷识别方法的本质是以内部控制实际运行结果为基础，并以此对控制的有效性作出判断。各种背离内部控制目标的迹象一旦出现，在很大程度上就意味着组织目前的内部控制存在缺陷，控制目标的实现很可能已经受到威胁。能够反映组织内部控制缺陷的迹象很多，例如，管理层处于内部控制系统的真空地带，管理层凌驾于内部控制之上，现有的内部控制不能发现管理层的舞弊行为，或即使已经发现但却不能有效地制止；组织出现贪污、挪用等事件；组织的违规、违法行为受到相关监管部门的行政处罚、通报批评或被要求责令整改；组织的财务报表被发现存在错报或存在报表重述情况；组织的一系列重大诉讼案件频繁地出现在同一经营领域。通过识别表明内部控制存在缺陷的种种迹象，内部审计人员就能够对内部控制缺陷的严重程度作出一个直接的判断，并能够以此作为突破口进行内部控制缺陷的认定。

（三）内部控制缺陷的认定标准

我国《内部审计具体准则第2201号》明确规定："重大缺陷、重要缺陷和一般缺陷的认定标准，由内部审计机构根据上述要求，结合本组织具体情况确定。"

内部审计机构和人员对组织内部控制进行审计和评价的关键就是找出组织内部控制的缺陷、并提出改进措施，以不断完善组织的内部控制，提高组织内部控制的有效性，为组织控制目标的实现提供合理保证。为此，内部审计人员应当根据获取的证据，对内部控制缺陷进行初步认定，并按照其性质和影响程度将其分为重大缺陷、重要缺陷和一般缺陷。

1. 财务报告内部控制缺陷的认定标准。财务报告内部控制缺陷的认定标准直接取决于由于该内部控制缺陷的存在，可能导致的财务报告错报和经营业务的重要程度。这种重要程度主要取决于两个方面的因素，一是该缺陷是否具备合理可能性导致内部控制不能及时预防、发现并纠正财务报告错报；二是该缺陷单独或连同其他缺陷可能导致的潜在错报的金额大小。基于上述考虑，如果一项内部控制缺陷单独或者连同其他缺陷具备合理可能性，导致不能及时预防、发现或者纠正财务报告中的重大错报，就应当将其认定为重大缺陷。如果一项内部控制缺陷单独或连同其他缺陷具备合理可能性，导致不能及时预防、发现或者纠正财务报告中错报的金额虽然未达到和超过重要性水平，但仍应引起董事会和管理层的重视，就应当将该项缺陷认定为重要缺陷。除了上述缺陷外的内部控制缺陷，应认定为一般缺陷。需要说明的是，内部控制缺陷的严重程度并不取决于是否实际发生了错报，而是取决于该项控制不能及时预防、发现或纠正潜在错报的可能性。也就是说，只要存在这种合理可能性，不论组织财务报告是否发生了错报，都应认定财务报告内部控制存在缺陷。

2. 非财务报告内部控制缺陷的认定标准。非财务报告内部控制缺陷的认定具有涉及面广、认定难度较大的特点，因此很难形成统一的认定标准。组织可以根据自身的实际情况，参照财务报告内部控制缺陷的认定标准，合理确定非财务报告内部控制缺陷的定量和定性认定标准。定量标准（即涉及金额的大小）既可以根据缺陷造成的直接财产损失的绝对金额制定，也可以根据缺陷的直接损失占组织资产、销售收入或利润等的比率确定。定性标准（即涉及业务性质的严重程度）则可以根据其直接或潜在负面影响的性质、范围等因素确定。

3. 内部控制缺陷严重程度的认定标准。内部控制的重大缺陷是指一个或多个控制缺陷的组合，可能导致组织严重偏离控制目标。内部控制重大缺陷的定量认定标准是指财务报表的错报金额落在如下区间：①错报≥利润总额的5%；②错报≥资产总额的3%；③错报≥经营收入总额的1%；④错报≥所有者权益总额的1%。内部控制重大缺陷的定性认定标准包括：①缺乏民主决策程序；②决策程序导致重大失误；③违反国家法律法规并受到监管机构的处罚；④中高级管理人员和高级技术人员流失严重；⑤媒体频现负面新闻，涉及面广；⑥重要业务缺乏制度控制或制度体系失效；⑦内部控制重大或重要缺陷未得到整改。

内部控制的重要缺陷是指一个或多个控制缺陷的组合，其严重程度和经济后果低于重大缺陷，但是仍有可能导致组织偏离控制目标。内部控制重要缺陷的定量认定标准是指财务报表的错报金额落在如下区间：①利润总额的3%≤错报<利润总额的5%；②资产总额的0.5%≤错报<资产总额的3%；③经营收入总额的0.5%≤错报<经营收入总额的1%；④所有者权益总额的0.5%≤错报<所有者权益总额的1%。内部控制重要缺陷的定性认定标准包括：①民主决策程序存在但不够完善；②决策程序导致出现一般失误；③违反组织内部规章，形成损失；④关键岗位业务人员流失严重；⑤媒体出现负面新闻，波及局部区域；⑥重要业务制度或系统存在缺陷；⑦内部控制重要或一般缺陷未得到整改。

内部控制的一般缺陷是指除重大缺陷、重要缺陷之外的其他控制缺陷。内部控制一般缺陷的定量认定标准是指财务报表的错报金额落在如下区间：①错报<利润总额的3%；②错报<资产总额的0.5%；③错报<经营收入总额的0.5%；④错报<所有者权益总额的0.5%。内部控制一般缺陷的定性认定标准包括：①决策程序效率不高；②违反内部规章，但未形成损失；③一般岗位业务人员流失严重；④媒体出现负面新闻，但影响不大；⑤一般业务制

度或系统存在缺陷；⑥一般缺陷未得到整改。

（四）内部控制缺陷的认定程序

内部审计人员对内部控制缺陷的认定是一个持续的职业判断过程，以下程序可供内部审计人员借鉴：（1）分析某一审计发现是属于偶然孤立事件还是系统性重复发生事件，如果是后者，初步判断该审计发现是否属于内部控制缺陷；（2）判断某项内部控制缺陷属于财务报告内部控制缺陷还是非财务报告内部控制缺陷；（3）如果属于财务报告内部控制缺陷，则判断该项缺陷是否存在合理的可能性导致财务报告错报，并运用重要性水平判断该项缺陷（或者缺陷的汇总）可能导致的错报是否对财务报告造成重大影响；（4）无论财务报告内部控制缺陷还是非财务报告内部控制缺陷，都要判断是否存在有效运行的可以预防或发现重大错报或者重大错误的补偿性措施，如果存在，则不能认定为重大或重要缺陷；（5）如果不存在补偿性措施，则要综合各种定性和定量的认定标准，判断缺陷（或汇总缺陷）的重要程度是否足以引起管理层和治理层的重视，从而属于重大缺陷或重要缺陷。

五、汇总审计结果

我国《内部审计具体准则第 2201 号》明确规定："内部审计人员应当编制内部控制缺陷认定汇总表，对内部控制缺陷及其成因、表现形式和影响程度进行综合分析和全面复核。"

内部审计人员应当根据内部控制审计结果，结合相关管理层对内部控制的自我评估，综合分析后提出内部控制缺陷认定意见，并按照规定的权限和程序进行审核后予以认定。在此基础上，内部审计人员应当编制内部控制缺陷认定汇总表，对内部控制缺陷及其成因、表现形式和影响程度进行综合分析和全面复核。

六、编制审计报告

我国《内部审计具体准则第 2201 号》明确规定："内部审计人员应当对内部控制缺陷及其成因、表现形式和影响程度进行综合分析和全面复核，提出认定意见，并以适当的形式向组织适当管理层报告。重大缺陷应当及时向组织董事会或者最高管理层报告。"

内部审计人员应当对内部控制缺陷及其成因、表现形式和影响程度进行综合分析和全面复核，提出认定意见，并以适当的形式向组织适当管理层报告。内部控制审计报告的内容，应当包括审计目标、依据、范围、程序与方法、内部控制缺陷认定及整改情况，以及内部控制设计和运行有效性的审计结论、意见、建议等相关内容。

内部审计机构应当向组织适当管理层报告内部控制审计结果。一般情况下，全面内部控制审计报告应当报送组织董事会或者最高管理层。包含有重大缺陷认定的专项内部控制审计报告在报送组织适当管理层的同时，也应当报送董事会或者最高管理层。

经董事会或者最高管理层批准，内部控制审计报告可以作为《企业内部控制评价指引》中要求的内部控制评价报告对外披露。

第五节　内部控制审计的方法

我国《内部审计具体准则第 2201 号》明确规定："内部审计人员应当综合运用访谈、问卷调查、专题讨论、穿行测试、实地查验、抽样和比较分析等方法，充分收集组织内部控制设计和运行是否有效的证据。"

内部审计人员在实施内部控制审计时，可以结合实际情况，综合采用个别访谈、调查问卷、专题讨论、穿行测试、实地查验、抽样和比较分析等各种方法，充分收集能够证实内部控制设计和运行有效性的审计证据。

一、访谈法

个别访谈法是指内部审计人员与被审计单位某管理人员或者其他相关人员单独面对面地直接进行交谈，以获取有用信息的方法。访谈法主要用于了解组织内部控制的设计和运行现状，在调查了解组织整体层面和具体业务层面内部控制过程中被广泛运用。

访谈法具有很好的灵活性和适应性，对内部审计人员获取广泛信息，发现重要业务事项、高风险领域、内部控制薄弱环节等都是非常有效的审计方法。运用这一方法时应当注意：第一，确定适当的访谈对象，选择的访谈对象应包括管理人员与非管理人员，尤其是那些管理者想极力掩盖问题的单位，更应重视对非管理人员的询问；第二，设计好访谈提纲，内部审计人员应当围绕访谈目标和已经掌握的情况，提前设计好访谈提纲，询问的内容应该明确、具体，让访谈对象易于理解、便于回答；第三，把握访谈技巧，包括注意访谈对象的行为举止、先询问经验性问题、不要表明内部审计人员的观点等，内部审计人员可以向多个访谈对象询问同一个问题，获取相互印证的证据，从而提升证据的可靠性；第四，做好访谈记录，内部审计人员应对访谈内容认真做好记录，简明准确，并取得访谈对象的确认。

二、问卷调查法

调查问卷法是指内部审计人员按照内部控制设计和运行的一般要求，考虑理想的控制模式，将需要调查的全部内容以提问的方式列出并制成固定式样的表格，然后交由被审计单位回答，以此来了解和测试内部控制的一种方法。问卷调查法适用于从总体上了解组织的内部控制，不太适合具体业务层面的内部控制调查，也难以单独通过问卷调查结果形成审计评价结论。

问卷调查法的优点是调查范围明确，问题突出，容易发现被审计单位内部控制中存在的缺陷和薄弱环节；设计合理的标准调查问卷表，可广泛适用于同类型单位，从而减少内部控制审计的工作量；调查问卷可由若干人分别同时回答，有助于保证调查效果。该方法的缺点是反映问题不够全面，仅限于被调查事项的范围；调查问卷如果仅要求作出“是”或“否”的回答，则难以反映被评价事项的具体情况和存在问题的程度；标准格式的调查问卷缺乏弹性，难以适用于各类型的被审计单位，有时往往会因“不适用”的回答太多而影响调查效果。

内部审计人员在运用问卷调查法时应当注意：第一，合理确定调查对象和范围。调查结果的可靠性与调查对象数量和回收到的问卷多少正相关。因此，在项目资源可行和必要的情况下，应抽取尽可能多的能够代表总体的样本进行调查。如果将样本分层，结果会更好。调查对象应尽可能包括被审计单位不同层级的员工（从高层管理者到底层员工）。第二，科学设计调查问卷。调查问卷设计得是否得当是该方法运用得当的关键。调查问卷要有明确的主题，重点突出、结构合理、逻辑性强，问题通常采用先易后难、先简后繁、先具体后抽象的排列顺序，题目尽量通俗易懂、简单易答，并将问卷长度控制在一定范围内。第三，确定调查的时间和频率。调查问卷法可能花费大量时间。调查对象需要时间回答问题，如果他们不作答，则有必要采取进一步行动并获取更多反馈。同样，统计调查结果，特别是包含开放式问题的答案时，也会花费很多时间。第四，考虑调查的模拟测试。通过模拟测试，再对问卷进行必要的修改，将会提高回答率并得到更可靠有效的结果。

三、专题讨论法

专题讨论法是指内部审计人员通过召集被审计单位内部或者外部的专业人员，就内部控制设计或运行中的具体问题进行分析讨论的方法。专题讨论法既可以作为内部控制审计评价的手段，也可以作为认定内部控制缺陷的途径。

专题讨论法有利于集思广益，深入研讨相关主题，找出解决问题或者评价问题的办法。某一座谈者的发言，能对其他参加者具有启发作用，对讨论主题在看法、感情、态度等方面作出连锁反应，表达出自己的想法和认知。专题讨论法一般根据事先准备好的讨论项目或讨论顺序进行。在具体操作时，除由 1 ~ 2 位主持人主持讨论外，还可用录音机或摄像机等记录讨论内容，以备会后分析。

内部审计人员运用专题讨论法时应注意以下几个问题：第一，选择适当的参会人员，参加讨论会的人员应当具备与所要讨论专题相关的知识和经历，能够就该专题展开讨论；第二，讨论会主持人应注意控制会场气氛、把握讨论节奏，引导参会人员按照既定程序、围绕专题发言，既不要让发言者偏离主题，又不要使他们感到受限制而不愿畅谈感想；第三，讨论会主持人要尽量使每位参会者都能发言，且每人发言次数尽可能平均。

四、穿行测试法

穿行测试法是指在内部控制系统中任意选取一笔交易作为样本，追踪该交易从最初起点一直到最终在财务报表或其他经营管理报告中反映出来的过程，即该流程从起点到终点的全过程，以此来了解整个业务流程状况，识别出其中的关键控制环节，评估相关控制设计与运行的有效性。例如，为了审查采购内部控制设计和运行的有效性，内部审计人员可以选取一笔或若干笔材料采购业务，依据“请购单→订货→验收入库→库存保管→核准发票→付款→记账”的业务流程，对整个采购程序进行详细检查，以确定材料采购各个环节内部控制的实际执行情况是否与其所了解的内部控制一致。

穿行测试法既可以帮助内部审计人员熟悉和理解业务流程，判断识别容易发生错报的关键点，也可以验证确认的控制，包括关键控制和一般控制是否得到了有效的执行，执行后能否有效防范风险。

应用穿行测试法的关键在于选取适当的样本，内部审计人员应当注意样本应由内部审计人员自己确定，样本一经确定就不能更换，样本应贯穿业务流程全过程，应针对交易的不同性质、不同审批权限抽取不同的样本，同时，结合制度规定的每种情况，在每种情况中各抽取一种进行测试，样本材料获取可以从财务资料中选取，也可以从其他业务部门取得。

五、实地查验法

实地查验法是观察法的一种具体形式，是指内部审计人员对被审计单位进行实地考察，如对财产进行盘点、清查，对存货出、入库等控制环节进行现场查验，以检查设定的控制措施是否得到严格执行的一种方法。实地查验法主要针对业务层面内部控制的审查和评价。

实地查验法适合测试实物控制、职务分离等没有留下书面痕迹的内部控制。例如，内部审计人员实地察看存货仓库，判断仓储物资是否按要求的储存条件贮存，除存货管理部门及仓储人员以外的其他部门和人员是否可以接触存货等。实地查验法也可以测试诸如材料验收、门卫检查等控制措施执行的到位程度。例如，内部审计人员实地观察材料的验收程序，检查相关人员是否按内部控制规定的程序执行。

内部审计人员最好采用突击的形式执行实地查验程序，从而取得比较理想的效果。实地查验过程中，可以由被审计单位管理人员（或审计协调人）陪同，介绍有关制度，内部审计人员结合实际来判明相关内部控制的优劣状况和有效程度。

六、抽样法

抽样法是指内部审计人员针对具体的内部控制业务流程，按照业务发生频率及固有风险的高低，从确定的抽样总体中抽取一定比例的业务样本，对业务样本的符合性进行判断，进而评价业务流程控制运行的有效性。

（一）合理确定样本对象

样本对象是审计检查的具体对象，同一事项往往留有痕迹的样本有多种选择，在检查时如何确定样本对象，需要一定的职业判断。样本对象应是与检查对象最直接相关的记录；应选择比较容易检查的样本记录；选择的样本对象总体应该完整，不能出现样本漏项现象；样本对象能够反映其原始面貌及痕迹，被审计单位难以进行修改和修饰。

（二）确定抽查的样本量

样本量的确定是一个技术难题，适当的样本量既能减少工作量，提高效率，又能规避重大审计风险，达到审计目标。确定样本量时应当遵循的原则包括：简单易行、便于操作；科学测算，审计风险受控；统筹考虑、兼顾行业；在集团层面考虑并结合行业差异确定标准样本量；注意效率与效果的有机结合。

（三）确定样本抽取方法

内部审计人员应用抽样法时，应当选择适当的样本选取方法。样本选取方法包括统计抽样方法、非统计抽样方法以及两者相结合的抽样方法。统计抽样方法包括随机选样法、系统选样法等；非统计抽样方法包括判断选样法、任意选样法等。在大多数情况下，内部审计人员都可以将统计抽样与非统计抽样方法结合使用。

七、比较分析法

比较分析法是指内部审计人员通过分析、比较数据间的关系、趋势或比率来取得内部控制审计证据的方法。内部审计人员用于比较分析的数据可以是组织的历史数据、行业或组织的标准数据、行业最优数据等。比较分析法可以通过两两比较而得出优劣结论，使评价结果更加客观可靠。运用比较分析法时，内部审计人员应当注意选择进行比较分析的数据口径应当一致。

第六章

绩效审计

自20世纪50年代以来，世界经济得到了迅猛发展，市场竞争也日益加剧。在这样的大背景下，组织规模不断扩大，组织内部的管理层级也随之增多。为了在激烈的市场竞争中保持有利的地位，组织管理者必然将战略眼光聚焦在组织能够实现的效益之上，这就迫切需要内部审计人员对组织各项资源在使用上的经济性、效率性和效果性实施审计，以确保组织运营目标的实现。内部审计人员凭借自身对组织运营过程、所处环境和组织目标的深刻理解，可以将其审计范围从传统的真实性和合规性审计延伸到组织更加广泛的运营管理领域，对组织的各项运营活动、内部控制、风险管理提出全面的评价和建议。绩效审计由此应运而生，并发展成为当前内部审计普遍开展的审计业务类型，成为组织治理和风险管理的重要手段，对于促进组织改善运营和管理，提高组织资源的利用效益发挥着至关重要的作用。

第一节 绩效审计的历史演进

从审计在世界范围内的发展历史来看，绩效审计出现于20世纪40年代中期，在70年代得到快速发展，并在90年代完成了由传统财务审计向绩效审计的扩展。在绩效审计的发展初期，其在全球范围内的发展并不均衡，较早开展绩效审计的国家和地区，经济均处于世界领先行列，例如加拿大、美国、英国及瑞典等国家。随着绩效审计的不断发展，目前广泛开展绩效审计的除了前述国家和澳大利亚、德国、挪威、荷兰等西方发达国家之外，也不断扩展到一些经济快速发展的亚洲国家（地区），例如新加坡、日本、印度、中国香港等。世界各国（地区）尤其是欧美发达国家在绩效审计的发展中作出了广泛且深入的探索，也积累了更加丰富的实践经验。

绩效审计的产生和内部审计的发展是密不可分的，早在19世纪的英国，就已经产生了内部绩效审计，但是直到20世纪40年代内部绩效审计才得以发展。当时的资本主义经济经过200多年的自由竞争，在会计领域已经形成了一整套成熟有效的会计准则，在制度层面上大大减少了财务舞弊的可能性，导致对内部审计在传统的真实性领域的审计工作需求的减少，内部审计在财务审计方面的工作逐渐萎缩。50年代以后，资本主义经济有了新的发展，全球统一市场逐渐形成，跨国公司大量涌现，竞争日益激烈。在这样的竞争环境下，组织自身必须重视内部运营管理以提高效益、面对竞争。为了保持有利地位，取得高额利润，组织已经不能仅仅依靠外部审计的审计结果，更需要内部审计人员对组织内部各环节运营的合理性实施审计，以保证组织效益目标的实现，绩效审计与内部审计得到了融合。内部绩效审计的发展使得审计不再仅与财产所有者相关，也与组织运营者密切相连，内部绩效审计得到了迅速发展的机遇。

美国是最早将政府审计引向绩效审计的国家，20世纪40年代中期，美国公营部门缺乏财务控制，国家资源利用效率低下，效果不佳，为了保证公共财富的合理利用，审计委员会向美国国会建议，政府公营企业应接受美国总审计署的审计监督。国会对此建议表示赞同，并于1945年通过了《联邦公司控制法案》。该法案要求，美国审计总署不仅要评价公营企业的合规性，还应对管理效率和内部控制系统的效率加以评价，并向国会报告。美国总审计署在1945年对一家公司进行审计后，首次列举了一系列有关公司效率低下的问题，在当时引起了广泛关注，绩效审计的重要性逐渐开始深入人心。进入20世纪60年代后，美国国会要求政府机构的款项使用不仅要符合法律规定和规章制度，还要在使用中符合经济性和效率性目标。于是，美国总审计署于

1972年颁布了《政府组织、计划项目、活动和职责的审计标准》(亦称“黄皮书”)，明确规定了实施经济性审计、效率性审计和项目效果性审计的目标、程序和报告要求。这是世界上最早的关于绩效审计的审计准则，其后该准则在1981年、1988年、1994年、2003年和2007年进行了五次修订，在世界范围内产生了广泛的影响。

绩效审计在我国发展的历史相对较短，其最初的发展也是由政府审计开始推动的。1983年，我国最高审计机关国家审计署成立，1984年，审计署提出的“试审”目标中就已经考虑到了经济效益问题。1985年8月，我国颁布了第一个审计法规《国务院关于审计工作的暂行规定》，规定要求县级以上政府部门和大中型企业组织应当建立内部经济效益审计制度，设立内部经济效益审计机构。1991年全国审计工作会议提出，在财务审计的基础上，逐步向检查内部控制制度和经济效益方面延伸。2002年全国审计工作会议则提出将财政财务收支审计和绩效审计相结合。2003年7月1日，审计署颁布实施了《2003至2007年审计工作发展规划》，规划明确提出要开展绩效审计，并争取在五年规划期内达到投入效益审计的资源占到整个审计资源的一半左右。2004年，国务院国有资产监督管理委员会颁布了《中央企业经济责任审计管理暂行办法》，并在两年后颁布了《中央企业经济责任审计实施细则》，明确规定了绩效审计在中央企业中的具体实施。2007年，中国内部审计协会颁布了《内部审计具体准则第25号——经济性审计》、《内部审计具体准则第26号——效果性审计》和《内部审计具体准则第27号——效率性审计》，从我国内部审计的发展实际出发，规范了内部经济性、效果性和效益性审计，内部绩效审计开始在我国的审计规范中现出雏形。2008年，国务院国有资产监督管理委员会又印发了《关于加强中央企业经济责任审计工作的通知》，不仅深化了经济责任审计的重要性，也使绩效审计又一次得到了制度层面的重视。2013年，中国内部审计协会对内部审计准则进行了重新修订，将原有的经济性审计、效果性审计、效率性审计三个准则合而为一，明确使用了“绩效审计”概念，不论是对我国的内部审计，还是绩效审计的发展，都是一次重大的突破和进步。

第二节 绩效审计的概念

一、绩效审计的含义

绩效问题是人类自古以来就一直关注的问题，任何社会都在力求以较少的投入获得较大的产出，即追求效益的最大化。“绩效”一词在语义上可以解释为成绩和效果，而绩效审计，顾名思义，就是对组织所作出的成绩与功效进行的审计。审计作为经济监督的一种工具，其最终的目的也是为了提高经济效益。随着科学技术的发展，经济全球化越来越明显，对组织的管理要求也越来越高，如果组织希望在竞争激烈的市场上占得一席之地，就要注重健全自身的管理体制，加强组织的内部控制，提高运营效率。但是，在很长的一段历史时期里，审计仅仅停留在了单纯的财务审计领域，即通过查错防弊实现经济效益的间接提升。然而，新的市场环境迫使组织管理者必须将内部审计工作的重心从传统的查账转移到健全和完善组织管理机制，提高组织经济效益及效率的轨道上来，由此也催生了各种以提高经济效益为目的的审计形式，例如经济效益审计、管理审计、业务经营审计、综合审计等等，这些审计形式都可以作为绩效审计的同义词，但其概念之间也存在某些差异。

目前，国际上对于绩效审计的定义和叫法仍然不尽相同，最高审计机关国际组织将绩效审计定义为“一种对被审计单位使用资源以及履行其职责的经济性（Economy）、效率性（Efficiency）和效果性（Effectiveness）的审计”，即 3E 审计。最高审计机关国际组织进一步指出绩效审计一般包括以下内容：一是根据良好的管理原则和实务以及管理政策对管理活动的经济性进行审计；二是对人力、财力和其他资源的使用效率进行审计，包括检查信息系统、绩效评价和监督机制以及被审计单位为纠正已发现缺陷而采取的程序；三是联系被审计单位目标的实现情况，对被审计单位绩效的有效性进行审计，并通过与预期影响进行比较，而对被审计单位的活动所产生的实际影响进行审计。

我国《内部审计具体准则第2202号》明确规定："绩效审计，是指内部审计机构和内部审计人员对本组织经营管理活动的经济性、效率性和效果性进行的审查和评价。"

新修订的《内部审计准则》将绩效审计的概念界定为对组织经营管理活动的经济性、效率性和效果性进行的评价，从而涵盖了非盈利组织开展绩效审计的相关工作。新修订的《内部审计准则》还进一步明确了绩效审计既可以根据实际情况和需要，对组织经营管理活动的经济性、效率性和效果性同时进行审查和评价，也可以只侧重某一方面进行审查和评价，并概括了绩效审计主要审查和评价的内容。从新修订的准则对绩效审计的定义来看，绩效审计的概念已经实现了与国际潮流的趋同，即都是以"3E"为审计目标。其中，经济性是指组织经营管理过程中获得一定数量和质量的产品或者服务及其他成果时所耗费的资源最少；效率性是指组织经营管理过程中投入资源与产出成果之间的对比关系；效果性是指组织经营管理目标的实现程度。

例如，组织是否以最好的价格购入所需要的原料设备，实际所花费用是否与预算一致，有无浪费等强调的就是经济性目标。项目运作方式方法是否最为合理，职责分工是否存在不必要的重复，内部机构之间是否相互协调，是否存在必要的激励机制等强调的就是效率性目标。组织是否在规定的时间以合理的成本实现是既定目标，公众对提供的服务或产品的满意程度等则强调的是效果性目标。

二、绩效审计的概念辨析

在了解绩效审计的同时，我们还要了解其与经济效益审计、管理审计等相近概念的区别，才能更深入地理解绩效审计的含义。

（一）绩效审计与经济效益审计

经济效益是经济和效益的合成词。所谓经济是指社会物质生产和再生产活动；所谓效益是指效果和利益，或有益的效果、有用的结果。因此，经济效益就是指经济活动中有益有用的结果。经济效益是资金占用、成本支出与有用生产成果之间的比较。所谓经济效益好，就是资金占用少，成本支出少，有用成果多。提高经济效益有利于增强组织的市场竞争力，充分利用有限的资源创造更多的社会财富。所谓组织的经济效益就是组织的生产总值同生产成本之间的比例关系。经济效益是衡量一切经济活动最终的综合指标，任何社会的经济活动都离不开经济效益。

经济效益审计是由得到授权或接受委托的审计人员，依据有关的法规和标准，运用审计程序和方法对被审计单位（或项目）经济活动的经济性、效率性、效果性进行监督、评价，提出改进建议，以提高经济效益为目标而实施的一种独立的经济监督活动。内部经济效益审计是由内部经济效益审计机构或审计人员依照国家法律法规和组织的管理制度规定，对组织及所属单位的经营管理活动的合理性和有效性、经济信息的真实性、内部控制的健全性和有效性、经济效益的总体水平和发展趋势进行的审查和评价，以提示经营管理风险，提出建设性意见和建议，促进改善经营管理，提高整体经济效益的独立的经济监督活动。

经济效益审计与绩效审计几乎是等同的，只是绩效审计的范围更加广泛，属于广义上的经济效益审计。首先，根据经济效益的定义，经济效益是“经济活动投入与产出、消耗和成果、费用和效用之间的对比关系”。因此，经济效益审计主要是从挖掘组织潜力，分析组织投入产出的角度开展的，而绩效审计则是由三个要素构成的，即经济性、效率性和效果性。对比之下，经济效益审计更符合绩效审计中的第二个要素，即效率性审计的概念。其次，绩效审计涵盖的领域更加广泛。经济效益审计的开展，最初主要是从促进组织提高经济效益开始的，侧重于经济领域，而绩效审计既适用于企业，又适用于国家机关、事业单位的绩效审计，可以涵盖经济、行政，甚至是文化等各个领域。最后，使用绩效审计这一术语也更加符合国际惯例。1986 年 4 月在悉尼召开的最高审计机关第十二届国际会议，将“绩效审计”列入了正式议题。会议建议以“绩效审计”这一术语统一各种有关绩效型审计的名称，并在最后的会议文件《关于绩效审计、公营企业审计和审计质量的总声明》中正式使用了“绩效审计”这个术语。

（二）绩效审计与管理审计

管理审计萌发于20世纪30年代，形成于50年代，在70年代后得到了较大的发展。管理审计的概念最早出现在由英国管理协会、英国机械工程师协会和生产工程师协会会员罗斯于1932年出版的《管理审计》一书中。之后，管理审计的概念得到了广泛的应用，但学术界至今对于管理审计仍然没有统一的定义。通过对各学者观点的整理和分析，可以将管理审计的定义概括为以被审计单位的管理活动为审查对象，通过综合检查改善组织的管理素质、管理水平和管理效率，促进被审计单位提高经济效益的活动。

管理审计的首要目标就是提高组织管理者的管理效率，在此基础上对财务报表以外的管理活动和管理业绩发表批判性意见。这是从本质上区分管理审计与绩效审计、经济效益审计等概念的关键点。管理审计是判定受托人履行受托管理责任的审计活动，其目的在于建立委托人与受托人之间的互信，以优化组织资源的利用。管理审计与绩效审计相同，也强调经济性、效率性和效果性。但是，管理审计中的经济性是在适当考虑质量的前提下，减少资源购置成本，从某种程度上来说应该是效率性的一部分，而效果性与有关方针目标、经营目标等具有直接的关系，存在许多人为因素。由此可见，管理审计中的效率性分量很重，效率是手段，效果是结果，管理审计偏重管理效率，相比而言，绩效审计更注重经营效率及生产效率，是对投入产出的衡量，没有真正反映用效率来计量管理的本质，反映的是被审计组织的总体实力，无法真正反映管理的好坏。古典管理学派代表人物法约尔认为：管理的最终目的是通过组织的整体活动，达到特定的经营目的。管理是为了达到特定经营目的手段，经营才是最终目的。管理审计更关注组织实现经营目的的方式，绩效审计则更注重对经营结果的评价，两者的区别实际上源于管理与经营的不同。

第三节 绩效审计的内容

组织各管理层根据授权承担相应的经营管理责任，对经营管理活动的经济性、效率性和效果性负责。内部审计机构开展绩效审计不能减轻或者替代管理层的责任。内部审计机构应当充分考虑实施绩效审计项目对内部审计人员专业胜任能力的需求，合理配置审计资源。

一、绩效审计的范围

我国《内部审计具体准则第2202号》明确规定："内部审计机构和内部审计人员根据实际需要选择和确定绩效审计对象，既可以针对组织的全部或者部分经营管理活动，也可以针对特定项目和业务。"

在近代财务审计的变革与发展过程中，最具影响力的变革莫过于风险导向审计思想的应用。在风险导向审计模式下，了解被审计单位外部行业环境及内部经营环境，评估其经营风险，并通过分析程序等对重大错报风险进行评估，就可以在保证审计质量的前提下有效地提高审计效率。由于有效地控制了总体风险，对于重大错报风险较低的环节，审计人员就可以减少实质性测试的范围和水平，从而直接提高审计效率，降低审计成本，并克服有限的审计资源在低风险环节和高风险环节分配不当的缺陷。

坚持风险导向的审计思路，不仅是保障外部审计质量和效率的要求，也是内部审计质量和效率的保障。为此，内部审计机构和内部审计人员在确定绩效审计范围的时候，可以根据实际需要选择和确定绩效审计对象，既可以针对组织的全部或者部分经营管理活动，也可以针对特定项目和业务；同时既可以对组织经营管理活动的经济性、效率性和效果性进行审查和评价，也可以只侧重某一方面进行审查和评价。这实际上就是内部审计机构和人员在绩效审计中采用风险导向思想和模式的具体体现。

随着社会经济全球化和网络化趋势的推进，现代组织的业务类型日益复杂，在既有的审计资源基础上对正常经营的组织实行全面绩效审计既不现实也不科学。绩效审计的目的在于提高组织的运营效率及管理水平，倘若将所有的经营活动都纳入审计的范围，势必会浪费大量的审计成本，影响组织的正常运营秩序，无谓地耗费组织的审计资源。因此，根据组织自身的实际情况，合理选择和确定绩效审计对象是十分必要的。对于风险较高的项目或经营环节，可以着重考核和审查，对于风险较低的领域可以降低审计力度或免于审计，一切都要以组织自身的特点和项目自身的特点为基础有所侧重的安排审计。根据绩效审计范围的不同，我们可以将其分为全面绩效审计、局部绩效审计和项目绩效审计。

（一）全面绩效审计

全面绩效审计是以审计对象经济效益的实现全过程和全部影响因素为审查范围的绩效审计。全面绩效审计的审计范围广泛，内容全面，有利于从整体上促进被审计单位提高经济效益。但是，全面绩效审计消耗的审计资源也较大，通常需要投入大量的人员、时间和经费，可能违背成本效益原则。全面绩效审计适用于长期亏损、面临破产的企业。

（二）局部绩效审计

局部绩效审计是以审计对象的部分经济活动或经济效益的部分影响因素为审计范围的绩效审计。例如，某产品的单位生产成本效益分析，流动资金周转和利用效率审查等。局部绩效审计的审计范围较小，消耗的审计资源也少，对审计机构和审计人员的要求较低。局部绩效审计通过解决某个环节上的问题，对推动被审计单位整体效益的提高，能起到立竿见影的效果。局部绩效审计适用于对组织日常的生产经营活动和业务活动的绩效评价，是当前我国内部绩效审计中采用最多的方式。

（三）项目绩效审计

项目绩效审计是以某一特定项目，即一次性的经济活动为审计对象的绩效审计。例如，对外投资项目的绩效审计、新产品开发项目的绩效审计、固定资产建设项目的绩效审计等。项目绩效审计在审计资源消耗、产生效果的速度等方面与局部绩效审计相似，也是我国内部绩效审计中经常采用的一种方式。

我国《内部审计具体准则第 2202 号》明确规定："根据实际情况和需要，绩效审计可以同时对组织经营管理活动的经济性、效率性和效果性进行审查和评价，也可以只侧重某一方面进行审查和评价。"

绩效审计是内部审计机构和内部审计人员对组织经营管理活动的经济性、效率性和效果性进行的审查和评价。但是，这并不意味着每一项绩效审计都必须对经济性、效率性和效果性进行全面的审查和评价。根据实际情况和需要，绩效审计可以同时对组织经营管理活动的经济性、效率性和效果性进行审查和评价，也可以只侧重某一方面进行审查和评价。这就为内部绩效审计的开展提供了自主决策的空间，组织可以根据自身情况，只实施经济性审计、效率性审计、效果性审计其中的一项或两项，也可以全部实施。

经济性审计是指内部审计机构和人员对组织经营活动的经济性进行审查和评价的活动，主要审核各项经济资源的利用是否节约、合理，以及各项经济活动是否有效率。效率性审计是指内部审计机构和人员对组织经营活动的效率性进行审查和评价的活动，主要是通过审查和评价组织经营活动的投入、产出关系，优化业务流程，提高经营效率。效果性审计是指内部审计机构和人员对组织经营活动的效果性进行审查和评价的活动，主要是协助组织管理层改善经营水平，提高经营活动的效果。

经济性审计主要关注的是资源投入和使用过程中的成本，只有以较低的价格获得同等质量的资源时才能够实现经济性；效率性审计主要关注的是支出的效率，当投入一定量的人、财、物、信息和技术资源取得产出最大化，或者取得一定量的产出时实现了投入最小化，才能称之为效率性；效果性审计主要关注的是一个项目是否实现了目标以及目标成果的有用性。这三项审计所关注的目标有时可以单独考虑，有时又紧密相联，相互交叉，并无明显的区分界限。因此，内部审计机构和人员在安排绩效审计时应当根据实际情况，合理计划每个具体绩效审计项目对三项审计内容的考虑。

二、绩效审计的具体内容

我国《内部审计具体准则第2202号》明确规定："绩效审计主要审查和评价下列内容：①有关经营管理活动经济性、效率性和效果性的信息是否真实、可靠；②相关经营管理活动的人、财、物、信息、技术等资源取得、配置和使用的合法性、合理性、恰当性和节约性；③经营管理活动既定目标的适当性、相关性、可行性和实现程度，以及未能实现既定目标的情况及其原因；④研发、财务、采购、生产、销售等主要业务活动的效率；⑤计划、决策、指挥、控制及协调等主要管理活动的效率；⑥经营管理活动预期的经济效益和社会效益等的实现情况；⑦组织为评价、报告和监督特定业务或者项目的经济性、效率性和效果性所建立的内部控制及风险管理体系的健全性及其运行的有效性；⑧其他有关事项。"

从绩效审计的具体内容可以看出，绩效审计的内容非常广泛，与传统的财务审计既有重合，又有延伸。《内部审计准则》对绩效审计的概念界定、目标设定和内容安排都渗透着"3E"的思想。例如，审计内容中包含的相关资源取得、配置和使用的合理性、恰当性和节约性就体现了绩效审计的经济性审计目标；对于研发、财务、采购、生产、销售等主要业务活动的效率及计划、决策、指挥、控制及协调等主要管理活动效率的关注体现的是效率性审计；而审查经营管理活动既定目标的实现程度、预期的经济效益和社会效益等的实现情况则完全符合效果性审计的内容。

毋庸置疑，影响组织绩效的因素不是单一的，它要受到人、财、物、技术和管理等多方面因素的共同影响。因此，绩效审计的审计对象突破了传统的财务审计和财政收支审计，不只是关注账、证、报表等会计资料及所反映的财务、财政收支状况，而且将目光置于组织的整个经营管理活动之上，超越账本的表面，深入业务的实质。但是，绩效审计并不能脱离财务审计，除了必须关注的经济性、效率性和效果性目标之外，绩效审计仍然需要关注组织使用资源的合法性、合规性及组织信息的真实性、可靠性。另外，组织管理活动的目标是否适当可行也是绩效审计的重要关注点，因为这些目标也是组织获得经济效益，组织管理有效的前提和基础。

从宏观层面来看，绩效审计的内容包涵了组织的经营活动和管理活动。组织的经营与管理并不是相互独立的，经营活动的经济有效与管理活动的顺利开展往往是相辅相成、相互促进的。从表面看，经营活动的经济性、效率性和效果性体现在业务活动的过程及结果上。但是，任何经营活动都离不开管理活动，都是管理层和管理人员发挥其职能的过程。管理人员的素质决定了管理职能的发挥程度和管理水平、管理效率的高低，而管理水平和管理效率又直接影响着经营活动的经济性、效率性和效果性。在组织的管理活动当中，绩效审计尤其还要关注组织的内部控制体系及风险管理体系，内部控制评价与审查是内部审计的重要内容。健全的内部控制系统可以防患于未然，对于内部控制系统及风险管理体系的审查和评价可以促进内部控制系统充分发挥作用，发现组织在经济性、效率性、效果性方面存在的问题，并在问题发生之前将其解决，不仅可以降低组织可能遭受的损失，也可以节约审计成本。

第四节　绩效审计的方法

我国《内部审计具体准则第 2202 号》明确规定："内部审计机构和内部审计人员应当依据重要性、审计风险和审计成本，选择与审计对象、审计目标及审计评价标准相适应的绩效审计方法，以获取相关、可靠和充分的审计证据。"

绩效审计的方法是指内部审计人员为达到绩效审计目标，在绩效审计过程中收集和分析证据所使用的工具和手段，绩效审计方法的选择应当以获取相关、可靠和充分的审计证据为目标。

内部审计机构和内部审计人员应当依据重要性、审计风险和审计成本，选择与审计对象、审计目标及审计评价标准相适应的绩效审计方法，以获取相关、可靠和充分的审计证据。在选取审计方法时，应当遵循风险导向审计模式，考虑重要性水平及审计风险，重要性水平较低和审计风险较大的环节要加大审计力度。内部审计机构和人员在绩效审计的实施过程中应当贯彻多种方法相互结合的思路，以获取更充分、更相关和更可靠的审计证据。同时，选取审计方法还要遵循成本效益原则，衡量审计成本与实施该方法获得的审计证据所带来的效益，尽量选择经济合理的方法。

绩效审计中可以采用的方法是多种多样的，内部审计机构和人员应当广泛吸收管理学、计量经济学、统计学、运筹学、数学等领域的先进技术和方法。在选择绩效审计方法时，除运用常规审计方法以外，还可以运用多种特殊方法。

一、数量分析法

数量分析法是对经营管理活动相关数据进行计算分析，并运用抽样技术对抽样结果进行评价的方法。通常情况下，数量分析法是按照数学和统计学的有关原理，通过处理相关数据，建立数量模型，从而对经济现象的数量特征、数量关系和数量界限进行研究、分析和决策。数量分析法的应用是建立在审计抽样的基础之上的，它并不是一种单一的方法，而是多种评价方法的总称。数量分析方法包括回归分析法、预测法、线性规划、概率论、网络模型、马尔可夫分析、排队理论、对策论等。绩效审计中运用的数量分析法大多是指对经营管理活动相关数据进行计算分析，并运用抽样技术对抽样结果进行评价的方法。被内部审计机构和人员经常使用的数量分析法主要有线性规划、投入产出法、层次分析法、回归分析法和网络计划法。

（一）线性规划

线性规划是一种求极值的数学方法，主要研究如何合理分配和利用有限的资源，以达到利润最大或成本最低。具体而言，线性规划要解决两个方面的问题：一是当计划和目标已经确定时，如何以最小的资源代价来实现计划目标；二是当各种可以利用的资源确定时，如何合理地分配和使用这些资源，来实现目标的最大化。在运用线性规划方法时需要满足三个条件：第一是目标函数，即一个确定的目标，这个目标用数学的线性函数来表示，它可以是求最大值，例如产值最大、利润最高等，也可以是求最小值，例如成本最低、费用最小等；第二是约束条件，资源的有限性构成了线性规划的约束条件，这些约束条件可以由决策变量的线性不等式或线性方程表示；第三是决策变量，线性规划的目的就是要求出一组变量的值，这些变量可以理解为目标对象待定的数量。由此可见，线性规划就是求一组变量的值，它们满足一组线性约束条件，并使得目标函数达到最大或最小值。内部审计机构和人员运用线性规划法可以将有限的审计资源设定为线性约束条件，将绩效审计目标设定为目标函数，通过线性规划找出对审计目标的实现影响较大的因素，以采取最具有针对性的解决方式。

（二）投入产出法

投入产出法是根据经济系统中各部门的投入与产出的数量依存关系建立经济数学模型，并进行计算和分析的方法。这种方法可以有效地帮助组织进行经济活动分析、加强综合平衡，改进计划编制技术。在运用投入产出分析法时，首先要按照特定的要求收集大量的生产资料，并加以归纳、整理和汇总，编制投入产出统计表，然后再利用数学方法和电子计算机对投入产出表的基本数据进行科学的计算，找出部门与部门之间或产品与产品之间的数量关系，并对各类经济比例作出预测，进而完成计划。投入产出分析法能够全面系统地确定各生产环节之间的物资消耗定额，促进组织进行定额管理、编制和修改生产计划，更适用于产品相对较为单一的工业企业。在绩效审计中，内部审计机构和人员运用投入产出分析法主要是为了以最少的投入取得最多的产出，以实现有限审计资源的最合理配置。

（三）层次分析法

层次分析法是美国运筹学专家萨泰提出的一种新的定性与定量分析相结合的系统分析方法。该方法将复杂的决策系统层次化，通过逐层比较各种关联因素的重要性以为分析、决策提供定量的依据。层次分析法通常包含五个步骤：第一，明确问题，建立层次结构模型；第二，构造两两比较判断矩阵；第三，层次单排序；第四，层次总排序；第五,一致性检验。运用层次分析法不需要大量的数据和复杂的计算，只需对决策因素相对于总目标的优劣或重要程度进行两两比较并加以标定，最终求得方案层要素相对于总目标的优劣排序，从而据此选择最佳方案。因此，层次分析法适合不能完全用定量分析技术进行分析的多目标、多准则、多层次的复杂的公共决策问题。内部审计机构和人员所实施的绩效审计正是一个受多种因素影响的复杂的决策过程，利用层次分析法，内部审计人员可以将这一复杂的决策过程层次化，并逐层比较各种关联因素的重要性以作出科学合理的审计计划和决策。

（四）回归分析法

回归分析法是在分析自变量和因变量关系的基础上，建立变量之间的回归方程，并将回归方程作为预测模型，根据自变量在预测期的数量变化来预测因变量变化的方法，是一种重要的定量预测方法。根据自变量的数量，可以将回归分析法分为一元回归分析、二元回归分析和多元回归分析；而根据研究问题的性质，可以将回归分析法分为线性回归分析和非线性回归分析。回归分析法是一种具体的、行之有效的、实用价值很高的市场预测方法。在绩效审计中，回归分析法是内部审计人员自觉和不自觉运用的最重要的分析方法之一，经常被用于对市场预测的审查。当内部审计人员在对市场现象的未来发展状况和水平进行预测时，如果能够找到影响市场预测对象的主要因素，并且能够取得其数量资料，就可以采用回归分析预测法进行预测。当变量较少、数据较小的时候，内部审计人员可以根据自己的经验和判断来使用回归分析的基本规律；当变量比较多，数据比较大时，内部审计人员可以利用计算机等工具辅助实施回归分析。

（五）网络计划法

网络计划法也被称为统筹法，是应用网络图反映整个工作的流程及各项工作间的相互关系和进度，通过参数的计算，选择工作方案，以对计划进行优化的一种科学管理方法。网络计划法的关键在于网络图的绘制，绘制网络图通常包含以下七个步骤：第一，确定目标，即应用网络计划所要达到的目标；第二，搜集编制网络计划所需要的资料；第三，任务分解，即把整个工作分成若干工序并确定它们之间的相互关系；第四，绘制网络图；第五，计划网络所需要的时间及成本；第六，确定关键路线；第七，综合分析，选出最优方案。网络计划法适用于规模较大的项目，不仅是在时间进度的安排上，还是在资源的分配和资金的优化等方面都已经广泛应用该方法，并取得了良好的效果。绩效审计具有多样化的目标和广泛的审计范围，是一个复杂的系统工程，内部审计人员可以利用网络计划法，通过绘制网络图安排整个审计工作的流程，规划各项工作的相互关系和进度，以保证绩效审计方案的优化设置和实施。

二、比较分析法

比较分析法是通过分析、比较数据间的关系、趋势或者比率获取审计证据的方法，是内部审计机构和人员在绩效审计中最常使用的一种方法。在比较分析时，选择合适的比较标准十分关键，只有选择的标准合适，才能作出客观的评价，否则可能会得出错误的结论。内部审计机构和人员在运用比较分析法时，可以进行以下方面的比较：

1. 本期与前期相比较，即将审计期间与上期或更早期间的数据或指标进行比较，以了解被审计单位绩效的变化情况和变化趋势；

2. 实际与计划相比较，即将实际数据或指标与计划数据或指标进行比较，以检查被审计单位计划的完成程度；

3. 本组织与同行业相比较，即将被审计单位的数据或指标与同行业平均水平或先进水平进行比较，检查被审计单位与行业平均水平的偏离程度，寻找与先进单位之间的差距，总结原因与经验，进而提出改进措施。

由此可见，比较分析法就是将被审计单位若干有关的可比数据进行比较，找出不同时期同一性质的若干数量差异，从而总结成绩，发现问题，评价被审计单位的活动运行状况。但是，在使用比较分析法时，需要注意的是用于比较的数据之间的可比性以保证在含义、内容、时间、计算口径和计算基础等方面保持一致，数据的可比性是运用比较分析法的前提和基础。

根据用于比较的数据或指标的表现形式，比较分析法还可以分为绝对数比较法和相对数比较法。

1. 绝对数比较法是通过将经济数据或指标的绝对数进行直接的对比来分析衡量经济活动成果的比较分析方法。

2. 相对数比较法也被称为比率分析法，是通过计算比率来分解、剖析和评价被审计单位相关项目间的关系，以评价经济效益的方法。比率作为一种相对数，可以将一些不可比的数据转换成可比的量化指标，从而揭示指标之间的相互关系。比率分析法可以是将相关的变量进行对比，也可以是将部分与整体进行对比，还可以是将一定时期的变化与初始状态进行对比。

三、因素分析法

因素分析法是查找产生影响的因素，并分析各因素的影响方向和影响程度的方法。该方法运用指数原理，在分析多种影响因素的变动时，为了观察某一因素变动的影响，先假设其他因素是固定不变的，再进行逐项的分析，并进行逐项的替代。内部审计机构和人员在绩效审计中使用该方法可以对被审计单位的综合绩效指标进行分析，从多种因素中找出影响绩效的最关键或者最本质的影响因素，以为进一步的审查提供评价依据。因素分析法可以进一步细分为连环替代法和差额分析法。

（一）连环替代法

连环替代法是将分析指标分解为单个的可以计量的因素，并根据各因素之间的依存关系，顺次用各因素的比较值替代基准值（通常为标准值或计划值），并据以测定各因素对分析指标的影响。

例如，假设某一分析指标 W 是由相互联系的 A、B、C 三个因素相乘得到的，本期（实际）指标和基期（计划）指标为：

本期（实际）指标 $W_1=A_1\times B_1\times C_1$

基期（计划）指标 $W_0=A_0\times B_0\times C_0$

在测定各因素变动指标对指标 M 影响程度时可按以下顺序进行：

基期（计划）指标 $W_0=A_0\times B_0\times C_0$…………（1）

第一次替代 $A_1\times B_0\times C_0$………………（2）

第二次替代 $A_1\times B_1\times C_0$………………（3）

第三次替代 $A_1\times B_1\times C_1$………………（4）

进一步分析如下：

（2）-（1）可以看出 A 因素变动对 W 的影响。

（3）-（2）可以看出 B 因素变动对 W 的影响。

（4）-（3）可以看出 C 因素变动对 W 的影响。

再将各因素的变动综合起来，得出总的影响：

$$\triangle M=M_1-M_0=（4）-（3）+（3）-（2）+（2）-（1）$$

在应用连环替代法时，必须进行指标分解，并确定替代顺序。替代顺序的确定应当从经济指标组成因素之间的相互关系出发，选定适当的条件，使分析结果具有客观性、有效性。连环替代法是在每次只变动一个因素，其他因素不变的假设下进行的，在运用此方法时需要从被审计单位的实际情况出发，有目的地进行分析，同时还要注意各影响因素、影响程度之和与分析对象的吻合。

（二）差额分析法

差额分析法是连环替代法的一种简化形式，它利用各因素的比较值与基准值之间的差额，来计算各因素对分析指标的影响。

例如，某一个指标及有关因素的关系如下：

实际指标：$P_1=A_1\times B_1\times C_1$

标准指标：$P_0=A_0\times B_0\times C_0$

实际与标准的总差异为 P_1-P_0，这一总差异同时受到 A、B、C 三个因素的影响，它们各自的影响程度计算如下：

A 因素变动的影响：$(A_1-A_0) \times B_0 \times C_0$

B 因素变动的影响：$A_1 \times (B_1-B_0) \times C_0$

C 因素变动的影响：$A_1 \times B_1 \times (C_1-C_0)$

再将以上三大因素各自的影响数相加就等于总差异 P_1-P_0。

四、量本利分析法

量本利分析法是分析一定期间内的业务量、成本和利润三者之间变量关系的方法。量本利分析法是成本—数量—利润分析方法（Cost-Volume-Profit Analysis）的简称，也称为 CVP 分析法。该方法根据业务量、成本、利润的相互关系，通过计算盈亏平衡点分析项目成本与收益的关系，达到预测利润和控制成本的目的，因此又被称为盈亏平衡分析法。在利用量本利分析法时，首先要研究成本和业务量之间的关系，将全部成本划分为变动成本和固定成本，再将收入和利润加进来，并在此基础上建立数学模型，进而运用模型进行有效的管理决策。利用量本利分析法可以计算出组织的盈亏平衡点（BEP），又称保本点。盈亏平衡点有多种表达方式，既可以用产量、售价、单位产品可变成本及年固定成本总量表示，也可以用生产能力利用率来表示。具体的计算公式如下：

盈亏平衡点销售量（保本销售量）= 固定成本 /（单价 – 单位变动成本）

= 固定成本 / 单位边际贡献

盈亏平衡点销售额（保本销售额）= 固定成本 / 边际贡献率

安全边际销售额 = 正常销售额 – 盈亏平衡点销售额

安全边际销售量 = 正常销售量 – 盈亏平衡点销售量

由此可见，盈亏平衡点越低，安全边际额（量）就越大，项目盈利的可能性也就越大。在组织的经营决策分析中，首先要考虑的是哪种方案能为组织提供更多的边际贡献，如何更好地补偿为维持现有生产能力所需支付的固定成本，使组织能够获得更多的利润。

五、专题讨论会

专题讨论会是通过召集组织相关管理人员就经营管理活动特定项目或者业务的具体问题进行讨论的方法。在绩效审计中同样可以运用这种方法，不过需要注意的是，专题讨论会的参与者必须是了解项目及业务或与其相关的管理人员。只有参与讨论的人员了解项目及业务的流程和每个环节，是项目及业务活动的参与者，才能对项目的各项控制点是否合理、是否发挥作用及业务活动完成中存在的问题提出中肯的判断，内部审计人员才能从讨论中提取有效的审计证据。

召开专题讨论会可以充分利用组织的人力资源，与最具有发言权的管理人员直接沟通省去了许多中间环节，可以获得较为真实的审计证据，同时也增进了员工之间的交流，提高管理效率，更是组织实现民主化管理的体现。在具体操作时，选择合适的参与者及主持人是讨论会能否达到预期效果的关键。在讨论时，要围绕项目及业务的具体问题开展，不要偏离主题，主持人要控制好现场气氛和讨论时间，避免讨论过度延伸和矛盾激化。

六、标杆法

标杆法是对经营管理活动状况进行观察和检查，通过与组织内外部相同或者相似经营管理活动的最佳实务进行比较的方法。这种方法最早是由美国的施乐公司提出的，后来得到美国生产力与质量中心的规范化和系统化，进而被广泛使用。标杆法通过与内外部最佳范例的比较，寻找出被审计对象与先进水平之间的差距，进行有效分析，提出改进措施，最大化地挖掘组织或部门可以提升的潜力，有助于重塑组织的核心竞争力，提高运行效率，在一定程度上还缩短了组织的摸索时间和成本，尤其适用于效益水平较低的组织及部门。

内部审计机构和人员在实施标杆法时，通常应当遵循三个阶段，即确定目标、选取参照系和比较分析。

（一）确定目标

实施标杆法的第一个步骤就是确定目标，目标的准确确定需要对主题的深入分析。每个组织、部门或项目的运营都有着自身的优势或弱势，在进行标杆分析时，不需要逐一分析被审计对象的每一方面，只需要选取某一个或某几个主题作为目标，这样可以提高分析的效率。被确定的主题可以是被审计对象明显存在的问题或亟需解决的问题，也可以是管理层最关心的问题或关键的竞争力决定因素，主题的选定往往要根据被审计对象的性质及组织的战略目标进行设定。

（二）选取参照范例

在确定分析目标之后，根据已选择的目标选取在该领域表现出色的个体，建立参照体系。依据主题确认需要分析的关键要素、核心作业流程或管理实践，以平衡计分卡理论为基础拟定实地调查提纲和调查问卷，收集各参照范例在相关方面的资料及数据，确定出最佳实践。选取的范例既可以是外部先进企业，也可以是组织内部的某个先进部门，但其运营经历及特征需要与被审计对象相似或相同。因为只有在环境影响因素相同的条件下，才能寻找出经营管理活动中的差异。

（三）比较分析

在选定最佳实践之后，运用SWOT分析或模型软件，对调查所取得的资料进行分类、整理，比较研究被审计对象与最佳实践之间的差距，明确差距形成的原因和过程，找出弥补自身不足的具体途径或改进机会，设计具体的实施方案，并进行实施方案的经济效益分析。

标杆分析法并不是一次性的，而是一个连续的过程。在完成了首次标杆分析活动之后，要对实施效果进行全面的评判，并及时总结经验，针对环境变化，持续进行标杆分析活动，确保对“最佳实践”的有效跟踪。

七、调查法

调查法是凭借一定的手段和方式（如访谈、问卷），对某种或者某几种现象、事实进行考察，通过对搜集到的各种资料进行分析处理，进而得出结论的方法。

（一）问卷法

在绩效审计实践中，调查法是使用最多的一种方法，通常以问卷调查为主。调查问卷是绩效审计实施过程中取得某些定性指标的重要工具。在设计调查问卷时，内部审计机构和人员可以根据被审计对象的特征及需要获取的审计证据灵活设置问卷的内容与形式。调查问卷一般有两种：一种是问题式问卷，即将调查内容设计为若干可以选择的问题；另一种是填写式问卷，即根据调查内容确定若干量化指标，由被调查人自由填写。当前，科学技术的发展使得调查问卷的载体发生了很大的变化，目前广泛流行的电话调查、邮件调查、网络调查等形式都可以运用到绩效审计的实施过程中来。

问卷调查法可以在短期内对特定的人群发放并收回调查结果，耗费的时间较短，可以节省人力和物力。问卷调查法不受调查范围的限制，容易获得被调查人的真实想法，形式也比较自由，可操作性强，适用于对各类组织所实施的绩效审计。但是，问卷调查法也存在一些劣势，例如受问卷篇幅及调查时间的限制，调查深度往往不够，也可能存在被调查人员不愿配合的情形等。

（二）访谈法

访谈法是在绩效审计的实施过程中，内部审计人员当面向被审计单位的有关人员了解情况，获取审计证据。访谈有多种方式，可以通过电话进行访谈，可以面对面进行访谈，也可以通过信函的方式进行访谈。访谈可以一对一地进行，也可以采取一对多、多对多地召开座谈会的形式进行。访谈的对象可以是被审计单位的管理人员、内部的工作人员、股东或者董事会的人员，也可以是被审计单位以外的相关人员，例如人大代表、对被审计事项或被审计单位感兴趣、一直非常关注或者进行研究的人员、一些研究机构、监管机构的人员、社会专家等。该方法是内部审计机构和人员最常使用的方法之一，采用这种方法可以帮助内部审计人员加强对被审计事项的了解，当面向访谈对象深入了解被审计事项的来龙去脉，既方便又灵活。

结构化访谈是绩效审计中常用的收集数据和信息的方法，内部审计人员可以利用数据采集工具（DCI）通过电话或面对面访谈的方式收集数据和信息。在进行结构化访谈时，访谈人员以准确的方式向很多个体或代表提出相同的问题，向受访者提供相同的答案选项。相比之下，非结构化访谈则包括很多开放式的问题，这些问题并不是以准确的结构化的方式提出。结构化访谈方法最大的优点就是访谈结果量化方便，可以直接进行统计分析，属于统计调查的一种。结构化访谈方法的应用范围十分广泛，可以自由选择调查对象，也能问一些比较复杂的问题，并可以选择性地对某些特定问题作出深入调查。结构化访谈的缺点是要求访谈人员需要具备高度熟练的访谈技巧，并接受过专门的培训，还需要较多的人力、物力和时间。对于敏感性、尖锐性或有关个人隐私的问题，被访者受到心理因素和环境因素的影响可能不会作出正面的回答，导致访谈无结果或结果失真。为此，在进行结构化访谈时，内部审计人员需要对被访谈者进行事先的训练，通过训练使被访谈人员在接受访谈之前做好心理、技术、物质以及相关知识的准备。

在运用访谈法时，内部审计人员需要使用多种沟通技巧。在访谈之前要做好充分的准备，明确访谈目标，拟定详细的访谈提纲。在访谈过程中，内部审计人员应当正确引导，紧密围绕主题开展访谈，并做好详细的记录。内部审计人员在提出问题时可以使用不同类型的问题，例如开放式、封闭式、试探式、假设式、选择式等。访谈结束后要做好总结，尽快整理访谈记录，提炼出可以写入审计报告的结论。

八、成本效益（效果）分析法

成本效益（效果）分析法是通过分析成本和效益（效果）之间的关系，以每单位效益（效果）所消耗的成本来评价项目效益（效果）的方法。内部审计机构和人员应用成本效益分析法的目的在于确定被审计单位或被审计项目的效益是否超过了成本。内部审计人员在实施绩效审计时，应当在全面考虑项目效益和成本的基础上，计算效益与成本的比值。如果效益与成本的比值大于1，说明效益大于成本，比值越大，效益越大；如果比值小于1，说明效益低于成本，比值越小，资金使用的效益越低。

成本效益分析法中涉及的“成本”和“效益”概念并不是通常所指的狭义的含义，而是广义的含义。“成本”是指做一件事实际承担的各种代价，“效益”则是指实际取得的各种成果。具体而言，衡量一个项目所付出的成本应该是其经济成本、社会成本和环境成本的总和，并不单单是指会计意义上的成本。其中，经济成本包括机会成本和会计成本。相对应地，效益也可以从经济效益、社会效益和环境效益三个方面予以衡量。

成本效益分析法是将这些有形或无形的成本和效益转化为具有共同特性的事物进行比较分析。在应用成本效益分析法时，通常是将成本和效益转化成货币价值，再进行比较。因此，计算项目成本与效益的货币价值是利用成本效益分析法的难点。在进行间接成本和间接效益的转化时，可以使用货币性或非货币性的评估方法。萨缪尔森认为，在成本效益法的运用中，还应该考虑货币的时间价值，通过项目的全部预期收益和全部预期成本的贴现值来评价项目，这就使成本效益的分析结果更具有可靠性。因此，成本效益分析法的关键是如何确定项目的效益、成本和贴现率。

成本效益分析法在事前、事中和事后绩效审计中都可以应用。例如，在投资行为发生前，成本效益分析即为可行性分析，可以为决策提供依据；在项目建设期间进行成本效益分析，相当于进行投资预算和收益估算，可以及时发现问题，使投资更有准备，为项目进行提供信心；在项目完工后进行成本效益分析即为事后评价，可以寻找项目中存在的问题和隐患，为后续项目运作提出改进措施和完善建议。

九、数据包络分析法

数据包络分析法是以相对效率概念为基础，以凸分析和线性规划为工具，应用数学规划模型计算比较决策单元之间的相对效率，对评价对象作出评价的方法。数据包络分析（Data Envelopment Analysis，简称 DEA）是由著名运筹学家 A.Charnes 和 W.W.Copper 以"相对效率"概念为基础，根据多指标投入和多指标产出对相同类型的单位（部门）进行相对有效性或效益评价的一种新的系统分析方法。决策单元的相对有效性（即决策单元的优劣）被称为 DEA 有效，可以证明，DEA 有效性与相应的多目标规划问题的帕累托有效解（或非支配解）是等价的。数据包络分析法是处理多目标决策问题的较好方法，该方法最适合处理具有多个输入（输出越小越好）和多个输出（输入越大越好）的多目标决策问题。数据包络分析法不仅可以对同一类型的各决策单元（DMU）的相对有效性进行评定、排序，还可以利用 DEA"投影原理"进一步分析各决策单元非 DEA 有效的原因及其改进方向，从而为决策者提供重要的管理决策信息。

十、目标成果法

目标成果法是根据实际产出成果评价被审计单位或者项目的目标是否实现，将产出成果与事先确定的目标和需求进行对比，确定目标实现程度的方法。内部审计机构和人员利用目标成果法可以发现产出与目标之间的差距以及偏离程度，从而锁定经营管理过程中的缺陷、失误和问题，进而分析问题的原因，挖掘提高绩效的潜力。

目标成果法与其他分析方法相比，较为简单，易于理解，便于操作，但是也要求被审计对象的目标是可以量化的。在实施目标成果法时，内部审计人员应当将考核的重点放在目标的完成程度上。这就要求管理层首先根据目标管理原理和工作责任确定各部门及个人的工作目标或项目的完成目标。一般来说，目标的内容可能是单一的，也可能是多样的。如果是多样的目标，在对各项内容与目标进行比较得出结论之后，还必须将各项内容综合起来形成最终的结论。综合的方法可以采用较主观的定性的方式，也可以采用将各项得分加权平均的定量的方式。

由于工作内容的各个方面并不具有同等的可量化的特性，目标及完工程度的量化往往存在很大的困难。加之期初目标的制定也会影响目标成果法的效果，如果目标制定不科学，将在很大程度上导致审计结果的失真。在实际运用中，目标成果法经常用于生产环节和研发环节，但其量化标准却各有差异。对于生产目标的考核，可以按工时或件数、批次计量。而对于软件开发人员的考核，由于研发一个软件项目所需的时间较长，对软件人员的考核周期就不宜以具体时间为限，可以按完成一个项目的周期来安排。

目标成果法具有一定的局限性，在实际操作时往往要与其他方法结合使用。通过目标成果法，可以找出实际工作业绩与预定目标之间的距离。组织管理层应当分析差距产生的原因，通过调整工作方法等手段，努力缩小乃至消除实际成果与预期目标之间的差距，直至实现预期目标。

十一、公众评价法

公众评价法是通过专家评估、公众问卷及抽样调查等方式，获取具有重要参考价值的证据信息，评价目标实现程度的方法。公众评价法是对调查法和目标成果法的结合和补充，在广泛调查、吸取公众意见的基础上，对目标的完成程度作出评价。公众评价法还利用了专家的意见，弥补了内部审计人员在某些专业领域知识的不足，有利于得出科学的审计结论。通过收集公众的意见，可以反映出更多组织在管理中存在的问题，找出更符合组织发展实际的改进措施和建议。实施公众评价法，也是组织民主管理、以人为本理念的体现，有利于激发员工的积极性，培养员工的主人翁意识。

第五节　绩效审计的评价标准

世界上所有的判断都是建立在标准的基础之上的，任何评价也都需要一个标准，绩效审计当然也不例外。绩效审计的评价标准就是审计人员衡量、评价被审计对象优劣的参照物，也是提出审计意见、作出审计结论的依据。

《世界审计组织绩效审计指南》将绩效审计标准定义为审计人员衡量和评价被审计活动的经济性、效率性、效果性的合理的、可以达到的业绩标准。它反映了针对被审计事项的规范化控制模式，代表了良好实务，即理性了解情况的人士对“事情应该有的标准”的期望。理解和建立绩效审计标准是开展绩效审计实务的重要前提。内部审计机构和人员应当根据绩效审计目标，确定绩效评价的标准，有了目标和标准，才能确定收集证据和综合评价的具体方法，因此，绩效审计标准是连接审计目标与审计方法的纽带。另外，绩效审计标准还是审计人员和被审计者之间建立有效沟通的基础，因为只有双方对评价标准达成一致，双方才能够更容易地接受根据该评价标准得出的结论。

一、评价标准的来源

我国《内部审计具体准则第2202号》明确规定：“绩效审计评价标准的来源主要包括：①有关法律法规、方针、政策、规章制度等的规定；②国家部门、行业组织公布的行业指标；③组织制定的目标、计划、预算、定额等；④同类指标的历史数据和国际数据；⑤同行业的实践标准、经验和做法。”

从绩效审计的发展历程来看，在一定的历史时期，绩效审计的评价标准通常来源于国家的施政方针、国家或行业性的标准、行业机构发布的专业信息、其他国家的经验结果以及审计人员的职业判断等。

（一）有关法律法规、方针、政策、规章制度等的规定

国家的法律法规、方针和政策，以及各项规章制度是一切活动必须遵守的最基本的准则，绩效审计评价标准当然也必须遵循国家有关法律法规、方针、政策、规章制度等的规定，内部审计机构和人员所确定的任何审计标准都不能与其相违背。在我国，国家的法律法规、方针政策主要包括《中华人民共和国宪法》、《中华人民共和国公司法》、《中华人民共和国审计法》、《中华人民共和国审计法实施条例》等基本法律和法规。只有在遵循国家的法律法规、方针、政策的前提下取得的绩效，才是真正的绩效。

（二）国家部门、行业组织公布的行业指标

除了国家法律法规、方针、政策、规章制度对组织经营活动及审计活动的约束之外，国家各部门及行业协会对组织绩效也设定了评价标准，这些评价标准可以作为内部审计机构和人员实施绩效审计的标准。例如，1999 年财政部、原国家经贸委、人事部、原国家计委联合印发的《国有资本金效绩评价指标体系》及《国有资本金效绩评价操作细则》提出的 8 项基本指标、16 项修正指标和 8 项评议指标，从三个层次对组织效绩进行了深入分析，较为全面地反映了组织的生产经营状况和经营者的业绩。再比如，2006 年国资委颁布的《中央企业综合绩效评价管理暂行办法》及《企业绩效评价标准值》，对绩效评价标准作出了更为详细的规定。2013 年财政部颁布的《预算绩效评价共性指标体系框架》则为建立符合我国国情的预算绩效评价指标体系指明了方向。无疑，国家各级政府部门所颁布的组织绩效管理、评价标准和指标是内部审计机构和人员在实施绩效审计时可以使用的最为权威的评价标准。

行业标准是指以一定行业众多群体的相关指标数据为样本，运用数理统计方法计算和制定出的、适合于该行业的绩效评价标准。内部审计机构和人员在采用行业标准作为绩效审计的评价标准时，可以对各类项目的绩效水平进行历史或横向的分析。在评价被审计活动的同时，还可以通过评价结果总结出一定时期内同类项目应当达到的绩效水平，从而为整个行业的发展提供可借鉴的信息。

（三）组织制定的目标、计划、预算、定额等

组织制定的目标、计划、预算、定额等指标也可以为内部审计机构和人员确定绩效审计的评价标准提供依据。这类指标从组织自身的实际情况出发，具有较强的可比性。作为绩效审计的评价标准，既是组织的管理目标，又能反映出组织的实际管理水平，也比较容易得到组织管理层的认同。

（四）同类指标的历史数据和国际数据

同类指标的历史数据和国际数据是内部审计机构和人员确定绩效审计标

准的重要来源。被审计部门或项目以前年度取得的绩效是正常管理环境下可以达到的管理成果，如果被审计单位的管理环境并未发生较大的改变，被审计部门或项目的绩效至少应当可以达到以前年度的相同水平。将历史数据作为评价标准可以衡量组织目标的完成程度，并为评定组织的发展速度提供参考依据。另外，参照国内外同行业的先进水平或平均水平制定绩效审计的评价标准，可以评估组织在整个行业中的地位，并对组织管理层起到激励作用。在没有找到其他较为合理的评价标准的前提下，内部审计机构和人员可以将历史数据作为组织绩效的衡量标准。但是，历史数据和国际数据所涵盖的指标的时间和空间跨度较大，内部审计机构和人员在运用时应当充分考虑各种环境因素的变动对评价标准的影响。

（五）同行业的实践标准、经验和做法

在确定绩效审计的评价标准时，内部审计机构和人员还可以充分借鉴同行业的实践标准、经验和做法。具有相似性质的组织在发展道路上往往会遇到与被审计单位相同的问题。因此，虚心学习其他组织的经验，从其他组织的实践标准中寻找适合自己的标准，取其精髓、去其糟粕，也不失为内部审计机构和人员选择绩效审计评价标准的一种高效办法。

二、评价标准的确定

我国《内部审计具体准则第 2202 号》明确规定："内部审计机构和内部审计人员应当选择适当的绩效审计评价标准。"

从绩效审计的实践来看，绩效审计的对象千差万别，评价被审计对象经济性、效率性和效果性的标准也各不相同，甚至在同一个项目中也可能存在完全不同的评价标准，因此，建立完全统一的绩效审计评价指标是不现实的。但是，在没有适当的绩效审计评价标准的情况下，内部审计人员希望客观公正地提出评价意见也是十分困难的。为此，选择适当的绩效审计评价标准，建立科学的绩效评价标准体系，为内部审计人员提供明确的评价依据是绩效审计的重点和难点。在设置绩效审计评价标准体系时，内部审计机构和人员

可以先列出主要的评价方向，再由行业协会或组织自身根据行业和组织自身的特点和性质，确立更加详细和合适的分解指标以及评价标准。

（一）绩效审计评价标准的发展

在20世纪80年代以前，基于投资者和债权人的利益，组织的绩效评价体系几乎都是将重心放在财务绩效的评价之上，具体内容主要包括组织的盈利能力、偿债能力和营运能力。到80年代以后，传统的绩效评价标准受到了社会公众的质疑，组织内部绩效评价标准的内容也逐渐由财务评价向非财务评价方向发展，重心也逐渐倾向于组织的战略选择、治理结构和核心竞争能力。90年代以来，将财务指标和非财务的业务指标相结合构建绩效评价体系已经是非常普遍的做法，最有代表性的包括德鲁克的改革论绩效计量法、平衡计分卡法、ABC成本核算法及EVA衡量法等。

在我国，绩效审计的发展时间较短。1995年，财政部发布了企业绩效评价指标体系，该指标体系从企业投资者、债权人以及社会贡献等三个方面规定了十项绩效评价指标。但是，这十项绩效评价指标基本上都是财务指标，并未涉及社会、环境、生态等可持续发展指标。1999年，财政部、原国家经贸委、人事部、原国家计委联合颁布了《国有资本金效绩评价规则》和《国有资本金绩效评价操作细则》，首次将非财务指标纳入企业内部绩效的评价标准之中。

（二）绩效审计评价标准的质量特征

我国《内部审计具体准则第2202号》明确规定："绩效审计评价标准应当具有可靠性、客观性和可比性。"

在我国，绩效审计评价标准体系的建立与西方国家相比尚不成熟，内部审计机构和人员在确定绩效审计的评价标准时应当吸取国外先进经验，尤其应当关注绩效审计评价标准的质量特征。绩效审计的评价标准应当具有可靠性、客观性和可比性等质量特征。

1. 可靠性。绩效审计评价标准的可靠性是指内部审计机构和人员确定的绩效审计评价标准应当能够使不同的内部审计人员在同样的情形下运用同样的标准得出基本一致的结论。

2. 客观性。绩效审计评价标准的客观性是指内部审计机构和人员在确定和运用绩效审计评价标准时不应受到内部审计人员或管理人员偏见的影响。内部审计人员可以根据确定的绩效审计的评价标准对被审计对象作出公平和合理的评价。

3. 可比性。绩效审计评价标准的可比性是指内部审计机构和人员确定的绩效审计评价标准与其他相似机构所确定的标准或历史标准应当保持一致，以使被审计单位可以将其绩效与其他组织的绩效、行业水平，以及历史水平进行比较。

（三）绩效审计评价标准的内涵特征

内部审计机构和人员确定的绩效审计评价标准除应具备上述三项质量特征之外，还应具有时效性、层次性、可控性和相关性等内涵特征。

1. 时效性。绩效审计评价标准的时效性是指绩效审计评价标准的选择是以特定的时间、环境和条件为基础的。绩效审计评价标准并不是一成不变的，应当是随着时间和条件的变化而改变的。当今世界经济发展日新月异，内部审计机构和人员在确定绩效审计的评价标准时尤其应该注意标准的时效性，不能用过时的评价标准来评价现在的经济活动。绩效审计评价标准还应该具有前瞻性和先进性，并在绩效审计的实践中不断地对其进行修改和完善。

2. 层次性。绩效审计评价标准的层次性是由组织经济活动的层次性所决定的。如果将组织的经济活动分为宏观经济活动、中观经济活动、微观经济活动，那么绩效审计的评价标准也可以分为宏观绩效评价标准、中观绩效评价标准和微观绩效评价标准。内部绩效审计的评价标准多与微观绩效评价标准相重合，可以具体到部门标准、车间及班组标准或者某一项目的标准等。

3. 可控性。绩效审计评价标准的可控性并不完全等同于可操作性，除了要求评价指标在操作上具有可行性之外，还要求评价指标涉及的因素应当是可控的。绩效审计只能针对被审计经济活动有能力控制的因素和指标进行评价，对于无法控制或不可抗力等因素是无法进行评价的。

4. 相关性。绩效审计评价标准还需要具有相关性。凡是作为绩效审计评价标准的政策规定和指标都必须与审计目标、审计内容相关，也就是应当与经济性、效率性和效果性相关。与被审计活动的经济性、效率性和效果性无关的法律法规、行业标准、计划指标等都不能作为绩效审计的评价标准。

（四）就绩效审计评价标准所进行的沟通

我国《内部审计具体准则第 2202 号》明确规定："内部审计机构和内部审计人员在确定绩效审计评价标准时，应当与组织管理层进行沟通，在双方认可的基础上确定绩效审计评价标准。"

根据世界各国绩效审计实践的惯例，内部审计机构和人员在确定绩效审计评价标准时应当与组织管理层进行充分沟通，在双方认可的基础上最终确定绩效审计的评价标准。最高审计机关国际组织也曾指出，在制定绩效审计评价标准时争取被审计单位的合作是非常重要的，评价标准应得到被审计单位的认可。从绩效审计发展较成熟的几个国家的实践来看，美国和澳大利亚在绩效审计中都要求充分考虑被审计单位的经营管理标准；英国则主张在绩效审计中审计人员要与被审计单位保持良好的合作关系。

在绩效审计的实施过程中，被审计单位衡量或评价自身工作成果的标准及评价指标也可以作为内部审计机构和人员确定绩效审计评价标准的参考依据。内部审计人员在实施绩效审计之前应当与被审计单位进行充分的沟通与讨论，获取更多信息，收集更多的审计证据，及时得到与绩效审计评价标准相关的反馈信息，避免选择的绩效审计评价标准脱离被审计单位的实际情况，确保所选择绩效审计评价标准的客观性和可行性。因此，不论内部审计机构和人员选择什么样的绩效审计评价标准，也不论选择评价标准的途径和方法如何，在绩效审计的计划阶段都应当与被审计单位进行沟通，确保绩效审计的评价标准能够得到被审计单位的认可。只有事前得到认同，内部审计机构和人员才能最终确定绩效审计的评价标准。如果内部审计人员与被审计单位从一开始就对绩效审计的评价标准存在异议，被审计单位很可能不会很好地配合内部审计人员的工作，或者也可能不愿意接受最终的审计结论，如果是这样的话，绩效审计报告中提出的改进建议将不可能得到落实，整个绩效审计的实施也必将失去意义。

第六节　绩效审计报告

绩效审计报告是绩效审计结果的最终表现形式，是内部审计人员在绩效审计工作结束后发表审计意见、作出审计结论、提出审计意见的书面文件。内部审计人员可以在报告中对被审计事项提出客观的评价，肯定优点和长处，同时对组织管理中存在的经济性、效益性和效果性问题进行分析，并针对审计过程中发现的问题提出改进建议和完善措施。

一、绩效审计报告的要求

我国《内部审计具体准则第 2202 号》明确规定："绩效审计报告应当反映绩效审计评价标准的选择、确定及沟通过程等重要信息，包括必要的局限性分析。"

绩效审计报告是审计评价的载体，审计评价贯穿于绩效审计的整个过程。绩效审计评价要以审计事实为依据，不能凭空捏造。绩效审计报告应当反映绩效审计评价标准的选择、确定及沟通过程等重要信息，包括必要的局限性分析。在绩效审计报告中，内部审计人员应该以清晰、具体的语言描述绩效审计的目标、范围和评价标准。绩效审计评价标准是审计目标和审计范围的反映，绩效审计报告应当详细地分析评价标准的选择、确定、应用与评价结果，以使绩效审计报告的使用者了解内部审计人员的审计思路，形成对整个审计过程的方向性理解。由于绩效审计评价标准必须得到被审计单位的认可，内部审计人员就绩效审计的评价标准与被审计单位的沟通过程也应当列示在绩效审计报告中，以证明审计结论切合被审计单位的实际情况，具有合理性和客观性。然而，受制于绩效审计报告的篇幅及审计报告应突出重点的要求，内部审计人员在撰写绩效审计报告时也不必罗列所有的情况和因素，不必对所有的审计内容进行面面俱到的描述，只需抓住重要问题进行分析，对于次要的内容可以简化或者省略，同时作出必要的局限性分析，以确保绩效审计报告清晰明了，有助于报告使用者明确关键问题之所在。

我国《内部审计具体准则第 2202 号》明确规定："绩效审计报告中的绩效评价应当根据审计目标和审计证据作出，可以分为总体评价和分项评价。当审计风险较大，难以做出总体评价时，可以只做分项评价。"

内部审计机构和人员在绩效审计报告中作出绩效评价可以采用总体评价和分项评价两种方式。内部审计机构和人员在选择绩效审计的评价方式时应当贯彻谨慎性与重要性原则。对于绩效审计实施过程中并未涉及的被审计事项，或者审计证据不足、评价标准不明确的事项以及超出审计范围的事项可以不予评价。对于组织已经实现的经济发展目标、健全的内部管理体制和效率、效益达标的环节，内部审计人员应当在绩效审计报告中给予充分的肯定；对于证据确凿的效率、效益低下，盲目决策等问题，内部审计人员应当在绩效审计报告中作出重点说明。绩效审计的审计证据多为具有说服力的证据，一般都是通过审计抽样与统计分析获得的，定性证据较多，定量证据较少，绩效审计评价存在一定的风险性。如果难以对被审计事项整体作出评价，内部审计人员可以将被审计事项分解成可以评价的子项目进行评价，从而确保绩效审计评价的客观性和合理性，以降低审计风险。如果绩效审计评价无法做到面面俱到的话，那么在全面分析各种问题时，绩效审计报告就必须突出重点，以提高评价效率。

我国《内部审计具体准则第 2202 号》明确规定："绩效审计报告中反映的合法、合规性问题，除进行相应的审计处理外，还应当侧重从绩效的角度对问题进行定性，描述问题对绩效造成的影响、后果及严重程度。"

绩效审计报告中呈现的问题应该能够体现绩效审计的目标、特征及关注点，与其他内部审计报告有所区分。作为绩效审计的最终成果，绩效审计报告是组织管理层在使用绩效审计这一管理工具时的重要依据，也是促使组织管理层了解绩效审计工作，重视组织绩效问题，发展绩效审计的手段。绩效审计报告中反映的合法、合规性问题，除进行相应的审计处理外，还应当侧重从绩效的角度对问题进行定性，描述问题对组织绩效造成的影响、后果及严重程度。绩效审计关注的是组织的绩效问题，但是组织的绩效问题并不是绩效审计报告阐释的重点，内部审计人员还应当在绩效审计报告中进一步说明绩效问题所造成的影响、后果及严重程度，以使组织管理层充分了解绩效审计的全部成果。

我国《内部审计具体准则第2202号》明确规定："绩效审计报告应当注重从体制、机制、制度上分析问题产生的根源，兼顾短期目标和长期目标、个体利益和组织整体利益，提出切实可行的建议。"

在绩效审计报告中，报告使用者最关心的应该就是组织存在的绩效问题及需要作出的改进。为此，内部审计机构和人员在撰写绩效审计报告时，不应仅将关注点集中在单纯地描述和说明在绩效审计实施过程中发现的具体问题，应当注重从体制、机制、制度上分析问题产生的根源，不仅可以帮助组织管理层了解组织所存在的更深层次的问题，也更容易得到被审计单位和人员的充分理解。分析问题、解决问题是绩效审计报告建设性的体现，是绩效审计的精髓所在，也是关注企业经济性、效率性和效果性的最终落脚点。内部审计人员在就绩效审计中发现的问题提出改进建议时，也应当兼顾组织的短期目标和长期目标、个体利益和组织整体利益，提出的改进建议和完善措施应当具有针对性、逻辑性，符合被审计单位的实际情况，切实可行，并能够在促进组织改善经营管理，提高经济效益，降低经营风险，最终实现组织目标方面取得实际的成效。

二、绩效审计报告的内容

与传统财务审计报告不同的是，绩效审计报告没有统一的格式。报告的格式及内容可以根据审计对象的性质及组织自身管理的要求决定，但必须采用书面的或是其他可重复取得的形式，并与组织管理层预期使用目的相适应。绩效审计报告的形式是多种多样的，目前采用较多的是详式报告，即用详细的文字叙述表达内部审计人员的意见和结论。内部审计人员在对被审计事项的状况作出评估时，对于存在的问题、改进措施和建议，尤其要详细阐述，这是绩效审计报告建设性功能的体现，也是绩效审计价值的核心。但需要注意的是，绩效审计报告的结论强制性较低，仅仅是提出讨论性和说服性的建议，并不作出强制性的审计处理决定。这是因为组织绩效水平受各种因素的影响，绩效审计标准较为灵活且不统一，绩效审计人员自身能力也存在一定的局限，这些都造成了绩效审计报告自身无法避免的局限性。

美国绩效审计报告的框架内容非常系统，主要包括审计目标、范围和方法；审计结果；审计建议；审计遵循的准则；重大不合规现象和滥用行为；违法行为；管理控制重大缺陷；被审计项目负责人对审计发现、结论、建议及纠正措施的看法；被审计项目显著的成就；对将来需要审计的重大问题提出的建议；报告未披露资料的性质及禁止披露的依据。

加拿大绩效审计报告的框架内容包括审计目的、审计时间、审计范围；审计准则；审计项目的概况，包括管理层的责任；审计标准及与管理层在审计标准方面存在的分歧；审计查出的主要问题；审计建议；被审计单位对审计报告的反馈意见；审计结论。

英国绩效审计手册提出绩效审计报告要全面反映审计工作的目标、工作过程与方法以及工作的成果，其内容主要包括：项目背景；被审计单位或项目的工作目标；被审计单位实现其目标的主要手段和措施；审计人员开展绩效审计情况的描述（包括审计的范围、内容和方法）；审计发现的主要问题及原因分析；提出的审计建议。

瑞典规定绩效审计报告的格式和内容因审计项目的不同而不同，但基本结构大致相同，主要包括审计情况概述；引言；审计安排；审计对象说明；审计发现问题；审计结论；审计建议和附件。

从各国对绩效审计报告的规范不难发现，除了内容排序和详略程度不同之外，大多数国家的绩效审计报告内容都十分相似，内容基本都包括审计对象的基本情况、审计的范围及目标、审计评价标准、审计实施情况、审计发现的主要问题、审计评价及结论、审计建议、被审计部门的意见反馈等。我们可以借鉴这些国家对于绩效审计报告的规定，从中总结一些好的做法和经验。综合国外的经验与我国内部审计准则的要求，内部审计机构和人员在撰写绩效审计报告时应当将下列事项列入绩效审计报告之中：

（一）被审计事项基本情况

被审计事项基本情况是指与审计目标有关的被审计单位、部门或项目的基本信息。主要包括被审计单位名称、部门的主要职责、工作范围、使用资源情况、组织构成、工作程序等，以及被审计项目的背景、目标、人员安排、实施情况及完工情况等。

（二）审计的范围及目标

在绩效审计报告中，内部审计人员应当清晰地表述审计目标，以避免对相关各方造成误解。绩效审计报告还应当说明审计工作开展的深度和广度，指明是对被审计事项进行全面审计还是部分审计，是经济性审计、效率性审计、效果性审计中的一项、两项还是全部，以使报告使用者清楚地知晓绩效审计的范围和目标。

（三）审计评价标准

绩效审计的评价标准是得出审计结论的依据。内部审计人员在绩效审计报告中应该明确地列示绩效审计过程中选择的评价标准，选择评价标准的依据，以及对这些评价标准的具体应用。

（四）审计实施情况

内部审计人员在绩效审计报告中应当详细说明绩效审计过程中所运用的审计方式、方法、审计工作的起讫时间，以使报告使用者充分详细地了解审计目标的实现过程以及审计结论的形成过程。绩效审计报告中还要指明审计准则的遵循情况，如果没有遵循准则，应该说明理由。

（五）审计发现的主要问题

审计发现的主要问题包括被审计单位、部门违反国家法律法规或组织规定的事实、原因以及后果；组织在经济性、效率性和效果性等运营管理方面存在的重要问题的事实、原因以及后果；相关内部控制的重大缺陷等。内部审计人员在绩效审计报告中列示审计发现的主要问题是为了使报告使用者了解内部审计人员得出审计结论及审计意见的依据。

（六）审计评价及结论

内部审计人员应当根据不同的审计目标，以审计结果为基础，考虑可接受的审计风险、审计发现问题的重要性等因素，从真实性、合法性、效益性等方面在绩效审计报告中提出客观合理的评价意见和审计结论。

（七）审计建议

审计建议是审计结论和审计发现的情况及分析的逻辑关系的直接体现，是绩效审计报告的核心内容之一。内部审计人员应当针对在绩效审计实施过程中发现的问题有针对性地提出审计建议，并在内容上与绩效审计报告的其他部分相呼应。

（八）被审计单位的意见反馈

绩效审计报告提出的问题和改进建议需要得到被审计单位的认可，这是促进被审计单位采取切实的改进措施的基本前提。为此，内部审计机构和人员应当在绩效审计报告中列示被审计单位对审计报告的看法；经过沟通之后，对绩效审计报告的修改情况；被审计单位不同意审计报告的理由或对审计结论作出的解释等。当被审计单位存在不同意见时，内部审计人员需要认真地进行核对和分析，采纳合理的意见，及时调整报告内容。对于那些双方不能统一的意见，内部审计人员应当在绩效审计报告中分别反映双方的意见。

第七章
信息系统审计

信息系统审计是随着信息技术在组织经营管理领域的广泛使用和会计信息系统的快速发展而发展起来的。随着组织管理信息化以及会计软件的开发和广泛使用，非信息技术证据的数量和比例相对减少，传统的审计方法越来越不适用。另外，由于计算机信息系统进行业务处理较手工系统进行业务处理在数据处理工具、方法、流程等方面都发生了很大的变化，审计方法和技术也相应发生了改变，因而信息系统审计已经成为当前内部审计的一个主要发展方向和工作重点。

第一节　信息系统审计的概念

信息系统审计，简称 IS 审计（Information Systems Audit，ISA），关于信息系统审计的概念到目前为止在世界范围内尚没有形成完全统一的概念界定，当前比较具有代表性的概念界定有：

1. “信息系统审计是一个获取并评价证据，以判断信息系统是否能够保证资产的安全、数据的完整以及有效率地利用组织的资源并有效果地实现组织目标的过程”（Ron Weber，1999）。

2. “为了信息系统的安全、可靠与有效，由独立于审计对象的 IT 审计师，以第三方的客观立场对以计算机为核心的信息系统进行综合的检查与评价，向 IT 审计对象的最高领导，提出问题与建议的一连串的活动”（日本通产省，1996）。

我国《内部审计具体准则第 2203 号》将信息系统审计界定为：“内部审计机构和内部审计人员对组织的信息系统及其相关的信息技术内部控制和流程所进行的审查与评价活动。”

由此可见，在内部审计领域，信息系统审计的主体是内部审计机构和人员。信息系统审计的客体是信息系统从开发、运行到维护的整个生命周期及其业务应用，包括信息系统内部控制。信息系统审计的目标是对信息资产的安全性、数据的完整性以及系统的可靠性、有效性和效率性进行全面的审查与评价，以确认预定的业务目标得以实现，确定其是否能够有效可靠地达到组织的战略目标，并为改善和健全组织对信息系统的控制提出建议。

第二节　信息系统审计的目标

我国《内部审计具体准则第 2203 号》明确规定：“信息系统审计的目的是通过实施信息系统审计工作，对组织是否实现信息技术管理目标进行审查和评价，并基于评价意见提出管理建议，协助组织信息技术管理人员有效地履行职责。”

审计目标是人们通过审计实践活动所期望达到的最终结果，对于信息系统审计而言，其目标就是内部审计机构和内部审计人员通过实施信息系统审计工作，审查和评价组织实现信息技术管理目标的情况，基于评价意见提出管理建议，保证组织信息系统的安全、可靠、有效和高效，并且协助组织信息技术管理人员有效地履行职责，合理使用组织资源、实现组织目标。具体而言，组织的信息技术管理目标主要包括：

一、保证组织的信息技术战略充分反映组织的战略目标

组织的信息技术系统应当服务于组织的战略目标，以更好地推动组织的发展。在大多数组织中，信息系统是有效使用组织资源、实现组织目标的重要手段，无论是在信息系统的规划、设计还是运行、维护等过程中，信息系统都要为实现组织目标服务。因此，信息系统审计不仅要查出信息系统中出现的问题，更要帮助组织有效地使用资源，实现战略目标。

二、提高组织所依赖的信息系统的可靠性、稳定性、安全性及数据处理的完整性和准确性

信息系统的资源通常包括硬件、软件、网络、数据文件、系统文档、消耗性材料和其他设备。硬件可能因为地震、台风等自然因素遭受损坏或者人为破坏，软件可能遭到病毒或黑客袭击，网络可能因各种原因而导致网络故障，数据资源也可能丢失或毁损。因此，检查信息系统的安全性，以保证信息系统的硬件、软件、网络和数据资源是否得到妥善保护是至关重要的。

同时，信息系统的可靠性是由硬件、软件、网络、数据资源等的可靠性综合决定的。它是信息系统的一项重要性能，通过信息系统审计以确保软件的良好运行，数据真实完整，网络通畅能够完成预定功能也是至关重要的。因此应当提高组织所依赖的信息系统的可靠性、稳定性、安全性以及数据处理的完整性和准确性。

三、提高信息系统运行的效果与效率，合理保证信息系统的运行符合法律法规以及相关监管要求

信息系统的效率性是指用最少的系统资源的投入产出最多的用户所需要的信息。信息系统的效率体现在多个方面，如系统硬件处理能力、软件资源

和数据资源的优化利用程度；数据处理的速度；查询的响应时间等。信息系统的效率并不是由单个的子系统效率所决定的，而是与整个信息系统的效率有关。即便是某个子系统的效率特别高，但是其他子系统效率低，也会使得整个系统效率变慢。因此，在评价整个信息系统的效率时，应确定整个系统中的“短板”在哪里，才能有针对性地加以改进。

信息系统的有效性是指系统能否实现既定目标、系统的各项业务的处理过程是否符合国家有关法律法规的要求。要评价系统的有效性，一般需要经过一段时间，对系统业务及运行有所了解后，再进行审查。同时，还应以业务的相关法律法规为依据，对系统的各项业务是否符合相关规定作出评价，并提出改进意见。同时，应合理保证信息系统的运行符合法律法规以及相关监管要求。

第三节　信息系统审计中的职责划分

我国《内部审计具体准则第 2203 号》明确规定：“组织中信息技术管理人员的责任是进行信息系统的开发、运行和维护，以及与信息技术相关的内部控制的设计、执行和监控；信息系统审计人员的责任是实施信息系统审计工作并出具审计报告。”

一、信息技术管理人员的责任

对组织的信息系统进行开发、运行和维护，同时设计、执行和监控与信息技术相关的内部控制是信息技术管理人员的职责。信息技术管理人员有责任建立健全有效的信息系统及相关的内部控制，并且应当根据内部审计人员的建议，对信息系统中已经发生的不合理行为进行制止和纠正，做好信息系统的日常维护，对可能出现的问题及时进行追查和预防，以进一步完善信息系统内部控制。

二、信息系统审计人员的责任

信息系统审计人员的责任是实施信息系统审计工作并出具审计报告。在现代技术环境下，内部审计人员只有能够使用信息系统并理解与之相关的风险，才能在组织内部开展信息系统审计工作。因此，内部审计人员应能熟练掌握信息技术术语、概念和技能，并在实际中加以应用。通过对组织内部信息系统的审查与评价，合理关注组织内部可能发生的不正当行为，并向管理层提出建议，以协助组织管理层健全、完善信息系统内部控制。然而，由于现代大型信息系统的操作复杂性以及信息技术的专业性，内部审计人员在进行信息系统审计时，可能需要利用外部专家服务，以协助信息系统审计的顺利进行。

第四节　信息系统审计的程序

信息系统审计可以作为独立的审计项目组织实施，也可以作为综合性内部审计项目的组成部分实施。当信息系统审计作为综合性内部审计项目的一部分时，信息系统审计人员应当及时与其他相关内部审计人员沟通信息系统审计中的发现，并考虑依据审计结果调整其他相关审计的范围、时间及性质。

一、信息系统审计计划

我国《内部审计具体准则第 2203 号》明确规定："内部审计人员在实施信息系统审计前，需要确定审计目标并初步评估审计风险，估算完成信息系统审计或者专项审计所需的资源，确定重点审计领域及审计活动的优先次序，明确审计组成员的职责，编制信息系统审计方案。"

与其他任何审计项目一样，内部审计人员在实施信息系统审计前，也需

要做好充分的审计计划，确定审计目标和范围，并初步评估审计风险。当审计任务确定以后，内部审计机构和人员应当根据任务的繁简程度估算完成信息系统审计或者专项审计所需的资源，确定重点审计领域及审计活动的优先次序。同时应当组成信息系统审计小组，明确审计组成员的职责，并详细地编制信息系统审计方案。

编制信息系统审计方案时，除遵循相关内部审计具体准则的规定之外，内部审计机构和人员还应当考虑下列因素：（1）高度依赖信息技术、信息系统的关键业务流程及相关的组织战略目标；（2）信息技术管理的组织架构；（3）信息系统框架和信息系统的长期发展规划及近期发展计划；（4）信息系统及其支持的业务流程的变更情况；（5）信息系统的复杂程度；（6）以前年度信息系统内、外部审计所发现的问题及后续审计情况；（7）其他影响信息系统审计的因素。

为此，在对信息系统进行审计之前，内部审计机构和人员应当着重了解组织信息系统的下列情况：（1）硬件设备，包括主机的机型、所配置的外围设备、辅助设备等；（2）系统软件，包括所选用的操作系统、数据库管理系统等；（3）应用软件，包括软件的取得方式，是购买的商品化软件，还是组织自行开发的软件，软件的主要功能和模块结构；（4）文档资料，包括系统的操作手册、维护手册、系统和程序流程图等。根据了解的情况，内部审计机构和人员决定哪些是需要测试的项目，是否需要聘请计算机专家参加系统的审计，准备采用哪些计算机审计技术等。当信息系统审计作为综合性内部审计项目的一部分时，内部审计人员在审计计划阶段还应当考虑项目审计目标及要求。

二、信息技术风险评估

我国《内部审计具体准则第 2203 号》明确规定：“内部审计人员应当采用以风险为基础的审计方法进行信息系统审计，风险评估应当贯穿于信息系统审计的全过程。”

内部审计人员在进行信息系统审计时，需要对组织的信息系统风险进行评估，识别组织所面临的与信息技术相关的内、外部风险，并运用适当的风险评估方法评价其发生的可能性和影响程度，以进一步确定审计目标与范围。

信息技术风险是指组织在信息处理和信息技术运用过程中产生的、可能影响组织目标实现的各种不确定因素。信息技术风险，包括组织层面的信息技术风险、一般性控制层面的信息技术风险及业务流程层面的信息技术风险等。对信息系统的风险评估可分为组织层面、一般性控制层面以及业务流程层面这两个层次。

（一）组织层面、一般性控制层面信息技术风险的识别和评估

内部审计人员在识别和评估组织层面、一般性控制层面的信息技术风险时，需要关注下列内容：（1）业务关注度，即组织的信息技术战略与组织整体发展战略规划的契合度以及信息技术（包括硬件及软件环境）对业务和用户需求的支持度；（2）信息资产的重要性；（3）对信息技术的依赖程度；（4）对信息技术部门人员的依赖程度；（5）对外部信息技术服务的依赖程度；（6）信息系统及其运行环境的安全性、可靠性；（7）信息技术变更；（8）法律规范环境；（9）其他。

（二）业务流程层面信息技术风险的识别和评估

业务流程层面的信息技术风险受行业背景、业务流程的复杂程度、上述组织层面及一般性控制层面的控制有效性等因素的影响而存在差异。一般而言，内部审计人员应当了解业务流程，并关注下列信息技术风险：（1）数据输入；（2）数据处理；（3）数据输出。

一个组织的信息系统，如果没有严格的输入控制措施，未经批准的、不合法的、不完整的、不正确的垃圾数据就可能被输入系统，希望系统据此提供可靠的信息是不可能的。因此，要提高组织信息系统的可靠性，必须设计有效的输入控制措施。输入控制的目的就在于保证只有经过授权批准的业务才能输入计算机信息系统；保证经批准的业务数据没有丢失、遗漏，也没有增加、重复或被做了不恰当的修改，完整、准确地输入并转换为机器可读的形式；保证被计算机拒绝的错误数据能被改正后重新向系统提交。

数据处理是计算机信息系统按程序指令实行的内部功能，包括数据验证、计算，比较、合并、排序、文件更新和维护、访问、改错等内部处理活动。数据处理是否正确，其结果是否可靠，在很大程度上依赖于输入数据的正确性和可靠性、应用程序的正确性以及环境控制的完善性。在数据处理环节经常出现的问题包括程序逻辑错误、计算错误、用错文件、用错记录、处理非法数据等。因此，设置数据处理控制措施是非常必要的。处理控制就是对计算机信息系统进行的内部数据处理活动的控制措施，这些控制措施往往被写入计算机程序，属于信息系统的自动控制。处理控制措施主要包括：审核处理输出；数据有效性检验；处理有效性检测；错误纠正控制；保留审计线索；断点技术等。

输入的业务和数据经系统处理后，绝大部分是以机器可读的形式存储在存储介质上的。组织的管理人员要利用这些信息时，还必须以肉眼可见的形式由系统打印输出。因此，系统不但要定期或不定期地把各种信息输出到存储介质上，而且还要打印输出各种报告、报表或其他有关资料。输出控制的目的就是要保证输出资料的准确、可靠，并能按要求及时送到指定的用户手中，而未经批准的人不能接触系统的输出资料。常用的输出控制措施包括控制总数核对；勾稽关系检验；对输出资料的核对检查与合理性检验。组织的许多资料是机密的，重要资料的泄露往往会给组织带来巨大的损失。因此，计算机信息系统的输出，无论是磁性文件还是打印资料，输出后应立即受到严格的控制，未经批准的人不能接触到这些输出文件，以防有人窃取或篡改输出资料。系统输出的磁性文件应由系统的资料保管员负责保管，没有专职资料保管员的，可由兼职的资料保管员或操作员保管。打印输出的资料应在系统的操作日志上有所记录，包括记录输出的日期、文件、页数及负责的操作员姓名。

在对业务流程层面进行风险评估时，内部审计人员不但要了解组织信息系统的业务处理规程及其执行情况，而且还应实际跟踪系统的业务流，观察数据是如何准备的，如何审批的，又如何输入计算机的，有哪些控制能够保证只有经过审批的业务才能被系统接受处理，信息又是如何输出使用的，操作员有无记录操作日志等，以此取得证据，证实业务是否按业务处理规程进行处理。在评估系统的输入控制时，内部审计人员应检查已处理的业务是否都经过了审批，数据的准备是否合规等。同时，内部审计人员还应评估所输入信息是否都经过了恰当的处理，系统的输出资料是如何处置的，有无健全的检查、保管和分发制度等以确定系统业务流层面的风险是否重大。

三、信息系统审计测试

内部审计人员应当充分考虑风险评估的结果，以合理确定信息系统审计的内容及范围，并对组织的信息技术内部控制设计的合理性和运行的有效性进行测试。内部审计人员在对信息系统内部控制进行评估时，应当获得相关、可靠和充分的审计证据以支持审计结论完成审计目标，并应当充分考虑系统自动控制的控制效果的一致性及可靠性的特点，在选取审计样本时可以根据情况适当减少样本量。在系统未发生变更的情况下，可以考虑适当降低审计频率。内部审计人员在审计过程中应当在风险评估的基础上，依据信息系统内部控制评估的结果重新评估审计风险，并根据剩余风险设计进一步的审计程序。

四、信息系统审计报告

在完成信息系统审计的证据收集和审计程序的实施之后，内部审计人员应当运用专业判断，综合所收集到的相关证据，形成审计意见，出具审计报告。审计报告中需对组织信息系统的安全性、可靠性、有效性和效率性发表审计意见，并向管理层提出有关信息系统内部控制和运行管理方面的问题及改进措施，以促进组织信息系统的健全与完善，实现信息系统审计的目标。

第五节　信息系统审计的内容

我国《内部审计具体准则第 2203 号》明确规定：“信息系统审计主要是对组织层面信息技术控制、信息技术一般性控制及业务流程层面相关应用控

制的审查和评价。”

信息系统审计的内容包括对组织层面信息技术控制、信息技术一般性控制及业务流程层面相关应用控制三个方面的审查和评价。信息系统内部控制的各个层面都包括人工控制、自动控制和人工、自动相结合的控制形式，三者相互联系，相互促进，相互补充，内部审计人员应当根据不同的控制形式采取恰当的审计程序。

一、组织层面信息技术控制的审计

组织层面信息技术控制，是指董事会或者最高管理层对信息技术治理职能及内部控制的重要性的态度、认识和措施。组织层面信息技术控制一方面可以规章制度的形式明确每个部门及人员的职责，另一方面，也要在软件中采用密码控制技术，通过设置严格的用户密码，来防止越权行为的发生。内部审计人员应当考虑下列控制要素中与信息技术相关的内容：

（一）控制环境

内部审计人员应当关注组织的信息技术战略规划对业务战略规划的契合度、信息技术治理制度体系的建设、信息技术部门的组织结构和关系、信息技术治理相关职权与责任的分配、信息技术人力资源管理、对用户的信息技术教育和培训等方面。

（二）风险评估

内部审计人员应当关注组织的风险评估的总体架构中信息技术风险管理的框架、流程和执行情况，信息资产的分类以及信息资产所有者的职责等方面。

（三）信息与沟通

内部审计人员应当关注组织的信息系统架构及其对财务、业务流程的支持度、董事会或者最高管理层的信息沟通模式、信息技术政策（信息安全制度）的传达与沟通等方面。

（四）内部监督

内部审计人员应当关注组织的监控管理报告系统、监控反馈、跟踪处理程序以及组织对信息技术内部控制的自我评估机制等方面。

二、信息技术一般性控制

信息技术一般性控制是指与网络、操作系统、数据库、应用系统及其相关人员有关的信息技术政策和措施，以确保信息系统持续稳定的运行，支持应用控制的有效性。对信息技术一般性控制的审计应当考虑下列控制活动：

（一）信息安全管理

内部审计人员应当关注组织的信息安全管理政策，物理访问及针对网络、操作系统、数据库、应用系统的身份认证和逻辑访问管理机制，系统设置的职责分离控制等。

（二）系统变更管理

内部审计人员应当关注组织的应用系统及相关系统基础架构的变更、参数设置变更的授权与审批，变更测试、变更移植到生产环境的流程控制等。

（三）系统开发和采购管理

内部审计人员应当关注组织的应用系统及相关系统基础架构的开发和采购的授权审批，系统开发的方法论，开发环境、测试环境、生产环境严格分离情况，系统的测试、审核、移植到生产环境等环节。

（四）系统运行管理

内部审计人员应当关注组织的信息技术资产管理、系统容量管理、系统物理环境控制、系统和数据备份及恢复管理、问题管理和系统的日常运行管理等。

三、业务流程层面相关应用控制

业务流程层面应用控制是指在业务流程层面为了合理保证应用系统准确、完整、及时完成业务数据的生成、记录、处理、报告等功能而设计、执行的信息技术控制。对业务流程层面应用控制的审计应当考虑下列与数据输入、数据处理以及数据输出环节相关的控制活动：

（一）授权与批准

信息系统中的授权与批准控制仍然是非常重要的内部控制，诸如对登录系统的人员进行用户名和密码的授权控制，利用用户名对登录人员在系统中进行浏览、编辑设置授权控制。

（二）系统配置控制

系统配置包括对硬件、软件和网络资源的配备和整合。硬件控制是构筑在计算机硬件设备内部的一种控制，用来检测并处理设备故障和错误，保证系统的可靠性。常见的硬件控制有：边界保护、二模冗余、N模表决、双电路、回送校验、互锁、文件保护环、奇偶校验、反向相乘、有效性检查、程序固化、缓慢降级、溢出检验、不中断电源系统等。软件控制包括从对软件功能的需求、研发、测试、运行、变更等各个环节的控制。网络控制则是对网络中各种通讯设备和通讯线路以及接近用户的传输线路和终端等网络资源的控制，例如数据加密、断口保护、主体验证、数据完整性保护、通讯流分析控制等。

（三）异常情况报告和差错报告

信息系统应当设置对异常情况和差错的检测和报告控制，在对不期望出现的异常情况和差错进行定义的基础上，在系统中设定检测控制，一旦出现被定义的异常情况和差错，系统会自动向相关的部门和人员进行报告，以方便组织及时采取纠正措施。

（四）接口/转换控制

信息系统中往往配置很多硬件设备，这些硬件设备是通过各种形式的接口连接的，系统中的数据也是通过这些接口进行转换和传输的，为此对这些接口以及数据的转换进行控制也是非常必要的。

（五）一致性核对

信息系统在将来自组织各个职能部门的各种类型的数据进行整合之前，需要对数据的一致性进行核对，并对存在不一致的信息进行必要的调查和处理。

（六）职责分离

在信息系统环境下最重要的几个需要分离的数据处理职责包括：（1）系统分析员，系统分析员负责系统总体设计，他确定整个系统的目标及个别应用方面的具体设计。（2）程序设计员，程序设计员根据系统设计员确定的各个具体目标，开发具体的程序流程图、编程、测试程序、验收。对程序设计员来说，不接触输入数据进行计算机操作是十分重要的，因为熟悉程序就很容易设计违规程序为己谋利。（3）计算机操作员，计算机操作员通过计算机程序负责会计信息在系统中的处理，操作员必须根据程序设计员开发的程序运行手册的指令进行工作。理想的情况是，操作员不具备程序设计方面的知识，使他不能在操作前或操作中修改程序。（4）资料管理员，资料管理员负责保管计算机程序、业务档案和其他重要的计算机记录。资料管理员对这些记录进行重要的实物控制，只有经过批准才能接触到这些记录。（5）数据控制小组，数据控制小组的职能是测试系统所有方面的效率和效果，包括各种控制的适当性、输入的质量、输出的合理性。控制小组人员的工作与内部审计人员十分相似，因此，其是否独立是十分重要的。

（七）系统访问权限

接触控制保证只有经过批准的人员，才能使用计算机，接触软件和数据文件。例如系统使用密码和权限控制，只有掌握正确密码的人才能进入系统，只有给定权限的人才能调用相应的功能或接触有关的文件。对在开放系统中存放的程序或数据文件的目录加密，使一般人不经系统认证难于直接调用、浏览或篡改。

（八）系统计算

信息系统的正常运转是建立在系统能够实现正确计算的基础上的，系统要求规定了系统的主要目标，任何程序的开发与设计都必须按照系统要求进行。程序设计文件规定了软件程序的开发和测试，包括为开发或编写程序以及测试或改变详细流程图的特殊要求。程序运行指令规定了各种计算机程序的操作顺序和各种指令。在文件编辑标准中，应该对输入详细的操作指令的可能结果进行说明，并说明输出情况。

第六节　信息系统审计的方法和技术

在信息系统的审计中，审计的对象和内容都发生了很大的变化，对审计的方法和技术也提出了新的要求，传统的评价内部控制、证据收集和证据评价的审计技术和方法中的相当一部分仍然可以使用，但是计算机数据处理和手工数据处理毕竟存在许多不同之处，从而需要对传统的审计方法和技术进行改进，并开发全新的更加适合于信息系统审计的方法和技术。

一、信息系统审计的方法

我国《内部审计具体准则第 2203 号》明确规定："内部审计人员在进行信息系统审计时，可以单独或者综合运用下列审计方法获取相关、可靠和充分的审计证据，以评估信息系统内部控制的设计合理性和运行有效性：（1）询问相关控制人员；（2）观察特定控制的运用；（3）审阅文件和报告及计算机文

档或者日志；（4）根据信息系统的特性进行穿行测试，追踪交易在信息系统中的处理过程；（5）验证系统控制和计算逻辑；（6）登录信息系统进行系统查询；（7）利用计算机辅助审计工具和技术；（8）利用其他专业机构的审计结果或者组织对信息技术内部控制的自我评估结果；（9）其他。”

1. 询问相关控制人员。内部审计人员通过个别面谈和召开会议的形式与组织负责信息系统相关控制的人员进行谈话，以调查了解信息系统在规划、实施、应用与管理方面的控制情况。同时，内部审计人员还可以向被审计单位的高层管理人员、信息部门主管、系统管理人员、各业务部门的应用系统使用人员等询问有关信息系统在管理、应用和控制方面存在的问题，并根据对方的回答获取审计测试所需要的资料。

2. 观察特定控制的运用。内部审计人员应当查看特定控制下相关人员正在从事的活动或执行的程序，观察特定控制的运用有利于内部审计人员了解特定控制的具体设计和执行情况，获取组织的经营环境、信息化环境，业务运转情况及内部控制执行情况等方面的第一手资料。

3. 审阅文件和报告及计算机文档或者日志。内部审计人员通过查阅有关文件和书面材料可以了解组织信息系统及具体的内部控制运行情况。通常情况下，每一个信息系统都应该有规范完整的文档资料，以增强系统的可维护性和可审性。系统文档主要包括可行性分析报告、系统分析报告、系统概要设计说明书、系统详细设计说明书、源程序表、系统测试报告、操作手册、系统评审报告等。系统文档不仅可以为改进和维护系统提供必要的资料，也可以为信息系统审计提供重要线索。内部审计人员通过审核系统文档可以了解信息系统的开发、实施、测试和评审等方面的情况。

4. 根据信息系统的特性进行穿行测试，追踪交易在信息系统中的处理过程。内部审计人员应当从计算输入开始，跟踪某项业务在信息系统中的所有处理过程，直至计算机输出，以检验应用程序、控制程序和系统可靠性。穿行测试不需对信息系统的处理进行大范围的测试，只需对一笔或几笔交易的处理过程进行测试，其主要目的在于帮助内部审计人员了解信息系统的处理流程。

5. 验证系统控制和计算逻辑。验证系统控制和计算逻辑属于内部审计在信息系统审计中通常会运用的一种系统功能审查方法，内部审计人员可以通过比较被审计程序和模拟程序对被审计单位真实业务数据处理的结果，以判断被审计程序的功能运行是否正确。

6. 登录信息系统进行系统查询。内部审计人员可以登录组织的信息系统以查询相关信息，从而了解信息系统内部控制的设置和运行情况。

7. 利用计算机辅助审计工具和技术。内部审计人员可以利用计算机辅助审计技术进行审计，例如采用测试数据法、基本案例系统评估、追踪法、综合测试法、受控再处理法等。

8. 利用其他专业机构的审计结果或者组织对信息技术内部控制的自我评估结果。在信息系统审计中，内部审计人员还可以利用外部审计机构的审计结果或组织内部的自我评估结果，并作为审计参考。

传统的手工审计注重对历史数据进行证据的收集，在信息技术环境下则更注重对业务事项、处理过程和系统设置进行证据的收集，因此信息系统审计的基本方法都是根据信息系统的特点设计的。依据是否对计算机系统内部的文件和程序以及处理和控制功能进行直接审查，可以将审计的基本方法分为绕过计算机审计方法和穿过计算机审计方法。在穿过计算机审计方法中，按照审查的直接对象的不同，又可以分为审查数据法和审查系统法。

1. 绕过计算机审计方法。绕过计算机审计又称“黑盒法”，它是将进行电子数据处理的计算机系统作为一个黑盒来看待，无需对计算机系统的处理过程加以详细了解，只是对计算机的输入和输出资料进行检查和核对，借以确定关于系统内部控制状况和输出结果正确性的一种方法。

（1）绕过计算机审计方法的适用条件。绕过计算机审计方法的运用依赖于下列假设：若系统的输入、输出是正确的，则可以认定系统进行数据处理的过程也是正确的。因此，内部审计人员可以绕过计算机，在不知道计算机数据处理具体内容和方法的前提下，通过检查肉眼可见的输入输出文件形成判断或结论。如果输入是正确的，而输出是错误的，则可以肯定计算机处理过程存在问题。使用绕过计算机审计方法进行审计测试，工作的重点在于检查与核对，目的在于验证输出结果的正确性。

绕过计算机审计方法的使用必须以下列条件的存在为前提：第一，审计线索完整、可见，所有的业务均保留原始凭证，并在有关的输出账簿中留有详细的记录。第二，处理过程相对简单明了，某些情况下，计算机输入与输出的关系较为简单直接，检查核对的工作量也比较小，如对应收账款和固定资产的审查；在另外一些情况下，输入与输出的关系则较为复杂，如对工资、产品成本的审查，相应的检查核对的工作量也很大，甚至相当困难，此种情况则不适合使用绕过计算机审计方法。第三，内部审计人员可以得到完整的系统文档，否则的话，内部审计人员对系统的处理与控制功能一无所知，审计证据也缺乏证明力。第四，系统使用的软件被广泛使用，并经过严格的测试，在这种情况下，系统的功能一般较为齐全、可靠，内部审计人员不直接对计算机系统内部进行检查一般也不会遗漏重大的控制弱点。第五，该方法比较适合于对批处理系统的审查。

（2）绕过计算计审计方法的优缺点。绕过计算机审计方法的主要优点在于，内部审计人员即使不掌握计算机的相关知识，不了解被审计单位计算机系统的具体情况，同样可以进行审计测试，因此成为审计实践中使用较为普遍的一种方法。

但是，使用绕过计算机审计方法也存在明显的缺陷，具体表现在：第一，用手工方式验证输出结果耗费时间较多；第二，输出结果中如果发现错误，往往无法判定其产生的原因，因为导致计算机数据处理过程中出现错误的因素有很多，既可能是硬件或软件的错误，也可能是操作的错误，内部审计人员无法判定导致错误的原因将影响到审计结论或建议的质量；第三，该方法只适用于计算机输入输出关系较为简单、直接，手工方式下肉眼可见的文件和审计线索大部分仍然保留的情况，而随着计算机技术的飞速发展，软件开发水平的不断提高，信息系统的不断完善，为充分有效地利用计算机的数据处理和存储能力，由计算机完成的处理内容将更加丰富和复杂，中间结果一般不会打印出来，最终的输出也只有很少的部分形成书面文件，此种情况下使用绕过计算机审计方法，当发现输出中存在错误时，内部审计人员只能接受被审计单位的解释而无法辨别真假，审计的质量和效率都会受到影响。

2. 穿过计算机审计方法。穿过计算机审计方法又称“白盒法”，它是将计算机的输入输出和数据处理过程本身均作为审计的直接对象进行测试的一种方法。

（1）穿过计算机审计方法的适用条件。随着计算机技术的发展和数据处理水平的提高，数据处理系统出现了一些明显的趋势：第一，联机输入越来越普遍，在有些系统中，工作人员收到顾客打来的订货电话或电子邮件后，就直接将数据输入系统，而没有留下任何可见的原始凭证。第二，打印输出越来越少，甚至消失，多数系统中输出形式越来越多地采用屏幕显示方式，通过联机查询系统可直接获取有关资料，系统只打印输出一些例外报告。第三，大量采用实时系统，在实时系统中，业务发生后立即更新有关文件，在某一时点打印输出的文件是无法反映最新情况的，因为当打印资料送到内部审计人员手中时，新的业务已经发生，系统文件已被更新。另外，如果操作人员有意做手脚的话，可能导致打印资料与机内存储的文件数据不一致的情况，这就要求内部审计人员必须对计算机系统的运行过程、处理功能等进行多方面的审查，此时则需要使用穿过计算机审计方法。但是，值得注意的是，穿过计算机审计方法并不排除手工操作的可能性和必要性。

（2）穿过计算机审计方法的优点。穿过计算机审计方法的最大特点是大大提高了信息系统审计的深度，扩大了审计的范围。在信息系统中由于审计线索的变化而导致的审计困难基本上被克服了，对输出中发现的问题可以进行更为深入的分析和检查，对审计结论的形成提供了充分的审计证据，并可以动态地评价系统适应变化的能力，节省详细验证输出的人力、物力和时间的耗费，内部审计人员的形象和地位也可得以巩固和提高。由于它适应会计及管理信息系统发展的特点和要求，也体现了审计现代化的内在要求，因此应该成为信息系统审计方法的发展趋势。

3. 审查数据法与审查系统法。在对信息系统的审计中，数据文件、程序和系统三个部分存在着紧密的内在联系，穿过计算机审计方法将这三者作为一个整体实施全面的检查。如果在审核检查中主要以数据作为直接检查的对象，则称之为审查数据法，审查数据可以是被审计单位的真实数据，也可以是模拟数据，审查的一般方式是将真实数据或模拟数据在被审计程序运行的结果与内部审计人员按照正确程序处理得到的结果相比较，以得出相应的结论。审查数据法既可以用于内部控制的评审，也可以用于实质性测试，审查的结果既可以帮助了解有关的程序控制状况或程序正确性，也可以直接确定计算机输出结果的正确性，从总体情况来看，审查数据法更适合于实质性测试。

如果在信息系统审计中侧重于对系统和程序的审查，则称之为审查系统法。审查系统法虽涉及对数据的检查，但是它更多的是与电子数据处理模型、计算机硬件技术等直接联系，比如整体化测试法、标记与追踪、并行模拟法等。由于计算机系统、程序的技术性要求很强，审查系统法中使用的各种技术也相对较为复杂。

二、信息系统审计的技术

我国《内部审计具体准则第2203号》明确规定："信息系统审计人员可以根据实际需要利用计算机辅助审计工具和技术进行数据的验证、关键系统控制/计算的逻辑验证、审计样本选取等；内部审计人员在充分考虑安全的前提下，可以利用可靠的信息安全侦测工具进行渗透性测试等。"

在对信息系统实施审计时，内部审计人员往往需要一系列的专门技术"穿透"计算机进行审计测试，伴随计算机技术的发展和审计理论与实践水平的提高，信息系统审计的测试技术也在不断地丰富和发展。

（一）测试数据法

1.测试数据法的概念。测试数据法又叫模拟数据法，是一种有效的、常用的、对信息系统的功能进行审查的方法，目的在于确定被审计单位的计算机程序能否正确处理所发生的有效或无效的经济事项。为达到这一目的，内部审计人员要预先编制一些不同类型的经济业务输入被审计单位的信息系统中，并在自己的控制下进行处理。模拟数据的使用可以有两种方式：（1）模拟数据与实际数据共同运行，这种方式使测试能够在真实的环境下进行，但也有可能对被审计单位的真实数据造成影响；（2）只运行模拟数据，这种方式不会对被审计单位的实际数据造成影响，但内部审计人员必须确定取得的程序副本与原版程序内容完全相同。

2.测试数据法的使用。使用测试数据法，测试数据的选择与设计是一个关键问题，为测试被审计单位的计算机程序能否对不同类型的数据作出正确反映，内部审计人员在测试数据中既要包括正常的经济业务，也要包括不正常的经济业务。但同时也要尽可能使用较少的数据，以减少审计工作量。

值得注意的是，使用测试数据法测试数据的正确性受到多种因素的影响，内部审计人员必须对测试过程进行必要的控制。如果在被审计单位计算机上进行测试，应该首先确认系统控制的可靠性，并且对数据的准备、输入和处理过程予以必要的监督。如果测试数据的操作由被审计单位人员执行，在将模拟数据交给操作人员后，内部审计人员应在一旁监督，以防弄虚作假。测试完成后，应立即取得运行结果。这样才能合理地排除其他因素的影响，确定程序的正确性状况。另外一个选择是在内部审计机构的计算机上运行测试，此时也需要对数据准备、输入和处理过程进行一定的监督，只是手段略有差别。

3. 测试数据法的优缺点。测试数据法可以大大减少测试所需要的数据量，一条业务记录往往可以检测几种控制。采用测试数据法，还可以对每一种应有的程序化控制加以检查，以为了解、评价被审计程序的处理和控制功能提供确切的审计证据。此外，这种方法还不需要内部审计人员具有太多的计算机知识。

但是，应用测试数据法也有其局限性，首先，设计模拟数据是一项技术性要求很高的工作，在数据的设计过程中，内部审计人员容易忽略某些条件，尤其是对于复杂的程序，可能的错误条件极多，更容易被遗漏；其次，对于复杂程序，模拟数据的测试需要花费大量的时间、人力和财力；再次，如果内部审计人员对计算机操作一无所知，有可能无法保证对处理过程的有效监督，有经验的操作人员有可能用其他程序代替被审计程序而不被审计人员发觉；最后，测试数据法是一种静态方法，它只能测试系统和程序在某一固定时刻的处理功能，而不能动态地测试。因此，测试数据法比较适合于成批处理系统的测试，而且一般仅能用于对单项应用的测试。

（二）程序编码检查法

1. 程序编码检查法的概念。程序编码检查法也称静态校验法、编码检查法等，是检查人员通过逐一阅读检查程序语句以确定程序是否存在错误和程序中设置的控制是否有效的一种人工检查方法。在控制测试中，检查的目标是分析确定程序中应设置的控制是否存在，其有效性如何；在实质性测试中，检查的目标则是确定程序的正确性及其处理功能的正确性。

2. 程序编码检查法的使用。例如，在控制测试中，检查输入数据的有效性校验是否存在和有效时，若输入业务事件中顾客号码中包含有校验数字，内部审计人员通过阅读、分析进而确定校验数字的计算与比较是否符合逻辑，编码是否正确，以达到评价内部控制的目的。

在实质性测试中，内部审计人员通过对程序以下几个方面的检查，可以确定程序的正确性以及程序的运行是否将给出正确的结果：（1）数据类型的定义及使用是否正确；（2）计量单位的使用前后是否一致；（3）参数的引用是否正确；（4）使用的表达式是否恰当；（5）是否存在执行非法程序的模块等。

在使用程序编码检查法时，应特别注意所检查的程序与被审计单位使用的程序是否完全一致。在此过程中，可以利用计算机作为辅助工具，将已检查的程序和被审计单位使用的程序复制到同一磁性介质中，然后利用计算机软件自动比较两个程序是否一致。

3. 程序编码检查法的优缺点。程序编码检查法的优点是免去了收集和处理数据的工作，节约了此方面的审计费用，该方法可以详细地了解程序中所包含的内容，各种类型的程序问题基本上可以用这种方法检查。但是，该方法要求内部审计人员具有较高水平的计算机知识和技能，要求被审计单位电子数据处理会计系统的各种文件齐全，说明的内容完整、明确，而且该方法使用时耗费时间较多。因此，除了对程序中关键性内容考虑采用此种方法，一般情况下通常采取其他方法。

（三）编码比较程序检查法

1. 编码比较程序检查法的概念。编码比较程序是专门用来检查两个程序文本一致性的计算机程序。内部审计人员通过将两个独立保管的应用程序版本输入计算机，由编码比较程序对两个版本进行比较检查，可以确定两个版本内容是否一致。在实际应用中，一般是由内部审计人员保存一个经过审查并确定其内容和控制功能完备的程序副本，在再度对该程序进行检查时，采用编码比较程序检查法即可发现被查程序在两次审计过程中是否有所改动。比较的内容可以是源程序，也可以是目标程序。由于计算机不直接执行源程序，所以比较源程序不如比较目标程序可靠性高。可以请计算机专家编写编码比较程序，也可以利用某些计算机磁盘操作系统具有的文件比较功能。

2. 编码比较程序检查法的优缺点。这种方法的优点是设计简单，使用方便，可以检查出许多非法的修改。但该方法也有一定的局限性，它不能检验出合法修改中的非法子程序，也不能检验出已被修复的程序改动，特别难以解决的问题是对于发现的差异原因查找起来非常困难。而且，使用该技术要求内部审计人员必须保留被审计程序的合法副本，应用程序的修改应及时通知内部审计人员并及时更新程序副本。所以，该方法只能用于再次审计，而不适用于对程序、系统的初次审查。

（四）受控处理法

1. 受控处理法的概念。受控处理法是内部审计人员在审计测试中，挑选一组被审计单位的实际业务数据，然后将其输入被审计系统中，在内部审计人员的控制监督下进行处理，并将处理结果与事先用手工方法确定的预期结果加以比较，进而达到测试目的。

受控处理法既可以用于控制测试，也可以用于实质性测试。在控制测试中，测试的目的是确定在实际环境下，被审计系统与被审计程序的输入、处理及输出控制是否有效；在实质性测试中，测试的目的则是在于确定被审计系统及被审计程序对于实际数据处理的准确性。

2. 受控处理法的优缺点。受控处理法的主要优点是简便易行、省时省力，而且不需要内部审计人员具有高深的计算机知识。另外，由于它直接检查被审计单位使用中的程序，不必再行比较被审计程序与实际使用程序的一致性。但在处理过程中，内部审计人员必须进行监督和控制，防止被审计单位操作人员以其他程序代替平时使用的程序。

该方法也存在以下一些缺陷：（1）选择的实际业务数据可能不足以评价各种控制的功能，如实际业务数据多为正确数据，要想找到足够的业务数据对应用系统的各种控制进行全面的测试往往是不可能的；（2）内部审计人员尽管不需要掌握较多的计算机程序知识，但要进行有效地控制和监督以防止被审计单位操作人员偷换程序或数据，还是应该具有相当的操作知识；（3）内部审计人员对实际业务数据的监督、控制及比较，可能影响被审计单位正常的数据处理。

（五）受控再处理法

1. 受控再处理法的概念。受控再处理法与受控处理法类似，也是在内部审计人员的监督下，将实际业务数据输入被审计系统或程序进行处理，与受控处理法的不同之处在于，输入的实际业务数据不是尚未处理的数据，而是已由被审计系统处理过的数据；再处理的结果也不是与内部审计人员手工处理的结果相比较，而是与首次处理的结果相比较，看两次处理结果是否一致，以达到测试目的。

2. 受控再处理法的使用。受控再处理法应用于控制测试时，与受控处理法一样，测试目的在于确定应用控制的有效性；应用于实质性测试时，除能够确定程序处理数据的准确性外，还能够检查在数据两次处理期间，程序是否有改动，或看这种改动是否正确。

使用受控再处理法必须以以前曾经对该程序进行过测试，并已证实其控制功能恰当，处理结果准确为前提，否则，再处理的结果将无从比较，或比较毫无意义。所以在对某系统或程序进行初次审计时，不能采用此种方法。此外，如果被审计单位以前的主文件没有保留，这种方法也无法采用。

除具有与受控处理法相同的优点外，受控再处理法的应用对被审计单位正常业务的影响较小，因为审计测试选择在什么时候进行，可视内部审计人员及被审计单位的方便而定。

（六）并行模拟法

1. 并行模拟法的概念。并行模拟法是审计人员使用一个简化的、但是具有与被审计系统相同的基本特征的模拟系统，将被审计单位原始数据同时在模拟系统和真实系统中运行，将结果比较以确定系统的正确、可靠性。

2. 并行模拟法的使用。并行模拟法既可以用于控制测试，也可以用于实质性测试，既可用于程序的检查，也可用于数据文件的检查。采用这种方法可以省去分析数据大量繁重的手工劳动，使内部审计人员在较短的时间内获得有关程序和数据正确性、有效性的证据，还能够使内部审计人员摆脱对被审计单位人员、程序和其他设施的依赖，使测试结果更加客观。

但是，这种方法要求内部审计人员应具备相当的计算机知识和编程能力，而且设计模拟程序与实际程序往往耗时、费力，还需付出较高的成本。另外，在比较分析模拟程序与设计程序处理的差异时，常常很难找到造成差异的具体原因，即使是有经验的内部审计人员也常遇到困难。因此，并行模拟法一般仅用于对程序关键部分及其功能的测试。

（七）整体测试法

1. 整体测试法的概念。整体测试法是在应用系统中建立一个模拟的实体，比如一个假设的车间、部门、顾客等，并将模拟数据与实际业务数据一同输入应用系统进行处理，然后将处理结果与预先处理的正确结果进行比较，以检查系统的处理功能和程序的控制功能。

应用该方法的基本步骤如下：（1）在被审计系统中设立一个虚拟的实体，比如在审查应收账款模块时，可以设立一个虚拟的客户；（2）根据审计测试的具体目标要求，设计与虚拟实体有关的业务数据，并得出预期处理结果；（3）将虚拟实体的模拟数据与被审计单位的实际业务数据一同输入被审计系统进行有关处理；（4）将虚拟实体模拟数据的实际处理结果与预先计划的正确结果比较，进行分析以评价系统的功能。

2. 整体测试法的优缺点。整体测试法具有以下几个显著的特点：（1）在测试中，模拟数据与实际业务数据之间的联系更加密切，内部审计人员可以连续输入或随时输入模拟数据，并同实际业务数据一同进行处理，从而连续地对实际程序进行直接测试，因此，该方法是一种动态审计方法；（2）测试面广，在一次测试中，实际上对所有需动用的程序都进行了检查；（3）该方法特别适合对实时系统的审计，在具体测试中的工作组织较为方便，但是，由于系统能够识别检验数据，因而不能肯定检验数据与实际数据的处理步骤和内容是否完全一致。

整体测试法的主要缺点是设计的初始成本较高，此外，为使模拟数据达到有效地测试系统的目的而又不至于影响被审计系统的正常业务处理，需要做好安全保密和额外的沟通、协调及处理工作。

（八）嵌入审计程序法

1. 嵌入审计程序法的概念。嵌入审计程序法是在被审计系统的开发阶段，在被审计应用系统中嵌入能够执行某些审计测试功能的程序模块。当业务数据输入计算机系统时，由应用程序对其进行编辑和处理，同时，嵌入的审计程序模块也对数据实施检查，如果符合既定的条件，则自动将其拷贝到审计控制文件上，内部审计人员可以定期或不定期地将审计控制文件打印输出，以对程序和数据处理情况进行检查和评价。

2. 嵌入审计程序法的使用。嵌入的审计程序模块一般可以完成下列四个方面的工作：（1）收集和储存有关经济业务的信息以便今后审核；（2）发现和记录任何不正确的、与审计关系密切的项目以作为确定审查重点的依据；（3）定期地检验正在处理的文件的一致性，当错误发生时，记录发生错误的事件与时间；（4）汇总计算经济业务数据处理中发生错误或偏差的水平，为分析系统工作可靠性提供真实可靠的资料。

内部审计人员在设计审计程序模块时，应结合具体情况选择适当的记入系统审计控制文件的标准，既要达到审计测试的全面性要求，又不能将标准定得太宽，使得记入系统审计控制文件的业务数据过多。

嵌入审计程序法可以应用于成批处理系统，也可以用于实时系统。作为日常监控手段，非常适用于内部审计的使用。该技术的最大特点是在数据处理过程中执行某些审核检查工作，弥补了信息系统中审计线索不充分而形成的审计工作的某些空白。该技术的不足之处，一是成本过高，二是不能检查内部审计人员未曾预料到的情况。

此外，在对信息系统的审计测试中，程序关键路径分析、系统日志分析、数据库分析等技术也都发挥着一定的作用。在审计实践中，无论是审查数据还是审查程序，采用的技术并不是单一的，内部审计人员应合理选择使用的技术，并将它们很好地组合在一起，以充分发挥这些技术的作用，切实改进审计质量与效率。

第八章

对舞弊行为进行检查和报告

在审计发展史上，舞弊一直是困扰审计执业界和学术界的重大问题。从美国的安然公司、世通公司、阳光公司，到中国的琼民源、郑百文、银广夏等一系列上市公司舞弊案中，我们不难看到，舞弊风气之盛、金额之大以及带来的后果之严重。舞弊严重制约和阻碍了社会经济的发展，同时也损害了组织的形象和内部控制。鉴于内部审计范围的广度和深度以及内部审计工作的经常性，使得内部审计人员对组织的业务活动和内部控制都比较熟悉，相对于外部审计人员在防范和发现组织的舞弊行为方面更有优势。内部审计人员能够掌握更多的舞弊线索或较早察觉容易引发舞弊的制度缺陷，更容易发现各种舞弊问题。因此，在预防、检查和报告舞弊行为的工作中，内部审计机构和人员发挥着举足轻重的作用。在国外，组织管理层十分重视内部审计人员在组织内部开展的舞弊审计工作。例如，世界通信公司的重大舞弊行为，既不是由人才济济、经费充裕的美国证券监督委员会发现的，也不是由经验丰富、技术精湛的会计师事务所安达信发现的，更不是由薪酬丰厚、权高位重的公司董事会发现的，而是由三位内部审计人员首先发现的。可见，内部审计机构和人员在预防、检查和发现组织舞弊方面，发挥着至关重要的作用。

第一节　舞弊的概念界定

尽管很多人对舞弊有着大致了解，也可以指出一个或多个舞弊行为的实例，但对舞弊进行定义却并不是一件容易的事情。代表审计师以及舞弊检查师的职业组织都在尝试对舞弊进行定义，并试图明确在各自领域内检查和发现舞弊的角色和责任。

一、国际内部审计师协会对舞弊的定义

国际内部审计师协会对舞弊的定义是使用较为广泛的，协会将舞弊定义为："任何以欺骗、隐瞒或违背信用为特征的非法行为。这些行为不依靠暴力或胁迫。个人或组织为获取金钱、财产或服务，为避免付款或提供服务，为获得个人或组织私利等目的都有可能舞弊。"协会对舞弊的这一定义与内部审计机构在组织中的广泛作用是保持一致的。

二、美国注册公共会计师协会对舞弊的定义

美国注册公共会计师协会关于舞弊的定义表现出更加狭义的视角，该定义特别强调了"编制虚假财务报告及侵占资产的舞弊行为"。这是因为注册会计师审计主要侧重于财务报表审计，目前已经扩展至与财务报告相关的内部控制审计，为此，美国注册公共会计师协会从评估舞弊对组织财务报告的相关性及影响的视角对舞弊进行定义是很合理的。

对财务信息作出虚假报告是指被审计单位管理层通过操纵利润误导财务报表使用者对被审计单位业绩或盈利能力的判断。比如被审计单位管理层利用高估收益和资产的方式使财务报表呈现较好的财务状况和经营成果，或者通过低估收益和资产的方式隐藏应纳税所得额以减少上缴的所得税。

侵占资产是指被审计单位的管理层或员工非法占用被审计单位的资产。虽然很多侵占资产的金额对于财务报表而言并不重要，但其所导致的资产损失必须引起被审计单位的重视。侵占资产的舞弊行为多发生在被审计单位的员工层中，但高层管理人员涉嫌的侵占资产舞弊也屡见不鲜。由于高层管理人员通常对组织资产具有较大的控制权，其所参与的侵占资产舞弊往往涉及更大的金额。

三、美国注册舞弊检查师协会对舞弊的定义

美国注册舞弊检查师协会对舞弊的定义特别强调了职业舞弊，也就是发生在工作岗位上的舞弊行为。职业舞弊包括大范围内的员工、管理者和经理层的欺诈行为。简单的职业舞弊可以是小金额的现金偷窃，复杂的职业舞弊可以是编制虚假财务报表。职业舞弊通常包括四个因素：（1）舞弊行为是在私下秘密进行的；（2）舞弊者违反了其在组织中的责任；（3）舞弊者实施舞弊行为的直接或间接的目的是为了获得财务利益；（4）舞弊者的舞弊行为消耗了组织的资产、收入或者储备。

四、联合发布的舞弊定义

2008 年，美国注册舞弊检查师协会（ACFE）、美国注册公共会计师协会（AICPA）以及国际内部审计师协会（IIA）共同发布了《管理企业舞弊风险：实务指南》，将舞弊定义为："舞弊是任何旨在欺骗别人的故意行为或者遗漏，造成了受害人的损失并 / 或使肇事者实现其目的。"

五、我国《内部审计准则》对舞弊的定义

我国《内部审计具体准则第 2204 号》明确规定："舞弊是指组织内、外人员采用欺骗等违法违规手段，损害或者谋取组织利益，同时可能为个人带来不正当利益的行为。"

我国内部审计准则制定对舞弊行为进行检查和报告的具体准则的主要目的在于规范内部审计机构和人员协助组织预防、检查和报告舞弊的行为，更好地发挥内部审计机构和人员在预防、检查和报告舞弊工作中的优势，提高审计效率和效果，协助组织管理层更加有效地遏制舞弊，同时也可以进一步明确内部审计机构和人员以及组织管理层在预防、发现及纠正舞弊行为中的各自责任，降低组织的舞弊风险。

舞弊行为的存在常常是由于组织的内部控制存在薄弱环节，如果不加以纠正，可能会更严重地损害组织的利益。因此，无论舞弊行为涉及的金额有多大，其性质都是严重的。

六、对舞弊定义的综合分析

正确理解舞弊的含义，必须把握舞弊的以下特征：

1. 舞弊是一种违反法律法规的行为，即行为人的行为是不符合国家法律法规或违反组织规章制度的。

2. 舞弊是一种故意的行为，这是区分错误和舞弊的根本特征之一。错误通常是由于行为人不精通财务会计知识，不了解相应法律法规或在操作过程中不细心，不谨慎，不规范等原因所造成的，动机上是非故意的，手段上具有偶然性，是一种过失行为。舞弊则是指行为人故意采用非法手段，例如涂改凭证，伪造单据或规避规章制度等，对事实进行篡改、歪曲，以达到占有或挪用公共财产的不良企图。

3. 舞弊行为是通过不正当的手段谋取或损害组织利益，但无论其行为的动机对组织是否有利，当该行为曝光后，最终都会给组织带来伤害。

4. 舞弊行为可能给舞弊者带来不正当利益，包括直接或间接的非法获利。

5. 舞弊的实施者可能是组织内部人员，也可能是组织外部人员，通常外部人员实施的舞弊也会损害组织的利益。

第二节 舞弊的表现方式

内部审计人员期望发现组织内部的舞弊行为，首先必须了解和把握组织内部的舞弊行为的各种表现方式。尽管不同组织内舞弊者的舞弊动机和舞弊行为的表现方式不尽相同，但是概括起来主要表现为损害组织经济利益的舞弊行为和谋取组织经济利益的舞弊行为。

一、损害组织经济利益的舞弊行为

我国《内部审计具体准则第 2204 号》明确规定："损害组织经济利益的舞弊，是指组织内、外人员为谋取自身利益，采用欺骗等违法违规手段使组织经济利益遭受损害的不正当行为。"

损害组织经济利益的舞弊行为可能使舞弊者获得不正当个人利益，但这并非是必然的现象，具体的表现情形主要包括：（1）收受贿赂或者回扣；（2）将正常情况下可以使组织获利的交易事项转移给他人；（3）贪污、挪用、盗窃组织资产；（4）使组织为虚假的交易事项支付款项；（5）故意隐瞒、错报交易事项；（6）泄露组织的商业秘密；（7）其他损害组织经济利益的舞弊行为。当然，由于组织的运营环境不同，可能还存在其他未列举的损害组织经济利益的舞弊行为，需要内部审计人员运用职业判断来确定哪些行为可能损害组织的经济利益。

二、谋取组织经济利益的舞弊行为

我国《内部审计具体准则第 2204 号》明确规定："谋取组织经济利益的舞弊，是指组织内部人员为使本组织获得不当经济利益而其自身也可能获得相关利益，采用欺骗等违法违规手段，损害国家和其他组织或者个人利益的

不正当行为。”

某些舞弊行为可以使组织的经济利益增加，从局部和短期看，这种舞弊行为给组织带来了利益，其防范工作不像前一种舞弊行为被管理层所重视。甚至在内部审计机构和人员发现该类型舞弊时，管理层可能还会给予舞弊者某种程度的保护。但是，这种舞弊行为会损害国家或其他组织、个人的经济利益，从长远看，这类舞弊行为一旦被揭露，组织的经济利益还是会受到损害，如失去资本市场的信任、组织形象受损、支付违法违规的罚款等。这种损害行为也可能使舞弊者获得不正当的个人利益。内部审计机构应当向适当的管理层说明该类型舞弊对组织长远发展带来的负面影响，并争取高级管理层支持其对该类型舞弊的预防和检查。

谋取组织经济利益的舞弊行为具体的表现情形主要包括：(1) 支付贿赂或者回扣；(2) 出售不存在或者不真实的资产；(3) 故意错报交易事项、记录虚假的交易事项，使财务报表使用者误解而作出不适当的投融资决策；(4) 隐瞒或者删除应当对外披露的重要信息；(5) 从事违法违规的经营活动；(6) 偷逃税款；(7) 其他谋取组织经济利益的舞弊行为。当然，由于组织的运营环境不同，可能还存在其他未列举的谋取组织经济利益的舞弊行为，需要内部审计人员运用职业判断来确定哪些行为可能属于谋取组织经济利益的舞弊。

第三节　舞弊三角理论

舞弊三角理论是由美国注册舞弊检查师协会的创始人、现任美国会计学会会长史蒂文 · 阿伯雷齐特提出的。他认为，组织中舞弊行为的产生必须具备三个要素，即压力、机会和借口，这就像燃烧必须同时具备一定的热度、燃料、氧气这三要素一样。这三个要素相互联系，相互作用，共同导致了组织内舞弊的发生。

一、舞弊三角的构成要素

（一）实施舞弊的动机或压力

理性的人必然知晓舞弊是违背法律或道德的行为，如果没有特殊的动机或压力，舞弊是不会发生的。比如，侵吞、挪用资产等损害组织经济利益的舞弊行为的动机可能是个人生活的入不敷出，或是为了满足对奢华物质生活的贪欲；谋取组织经济利益的舞弊行为可能是因为管理层出于组织外部或内部实现特定利润目标的压力，特别是当没有实现特定的财务目标将会对管理层产生重大不利后果时，例如影响到管理层个人的经济利益或职务升迁时。

（二）实施舞弊的机会

只有舞弊的动机或压力尚不能导致舞弊的发生，舞弊者还必须具有实施舞弊行为的机会。比如，如果内部控制可以被处于关键管理职位或熟知内部控制的某个薄弱环节的人员所凌驾或规避，那么就存在着损害或谋取组织经济利益的机会。

（三）合理化态度

即便实施舞弊的前两个条件都已经具备也并不意味着舞弊必然会发生，舞弊者还需要为舞弊行为寻找貌似合理的借口，使舞弊行为看上去、听上去或在舞弊者内心感受上显得合理，以求得其内心的平衡或解脱。比如，当某人侵占资产时，其内心可能认为其所在的组织未能向其提供应有的待遇或补偿。这些貌似合理的借口，往往与舞弊者特定的性格特征和价值取向有关。

二、基于舞弊三角理论的舞弊检查思路

了解舞弊存在的条件，并进行层层递进的剖析为内部审计人员在审计实务工作中识别与评估舞弊导致的审计风险提供了多个思考维度和审查视角，更加有助于舞弊审计的实务操作。

由于舞弊通常存在一定的隐蔽性，舞弊的审查会存在一定的困难。根据舞弊三角理论，内部审计人员在了解被审计单位及其环境时应当考虑所获取的信息是否表明存在舞弊风险因素，以为舞弊的发现和进一步的审查提供合理的依据。舞弊风险因素是内部审计人员在了解被审计单位及其环境时识别的、可能表明存在舞弊动机或压力、机会的事项或情况，以及被审计单位对可能存在的舞弊行为的合理化解释。舞弊风险因素的存在虽然并不一定表明发生了舞弊，但在舞弊发生时通常存在舞弊风险因素，因此舞弊风险因素的识别就为内部审计人员发现舞弊提供了便利的条件。虽然表明损害和谋取组织经济利益的舞弊行为存在的三个条件是相同的，但两类舞弊行为的舞弊风险因素却是不同的。

（一）损害组织经济利益的舞弊风险因素

1. 与动机或压力有关的舞弊风险因素。损害组织经济利益的舞弊行为更多的是与非法占用组织资产的舞弊者个人的动机或压力有关，与损害组织经济利益的舞弊行为的动机或压力有关的舞弊风险因素有：

（1）财务问题或还款压力是造成侵占资产舞弊行为的主要原因；

（2）管理层与员工之间的矛盾与冲突，比如在解聘、晋升、报酬、补偿、奖励等方面存在的矛盾冲突严重到一定程度时，可能升级为员工通过侵占资产而进行的报复行为。

2. 与机会有关的舞弊风险因素。一般组织内部都会存在一些侵占资产的舞弊机会，特别是对于易于接触的现金、价值较高又便于携带的资产更是如此。如果组织内部不能对这些较为敏感的资产设置完善的内部控制，比如充分的职责分工、独立的复核、接触资产的授权以及相关资产管理人员的强制性休假制度等，侵占资产的舞弊机会将更加明显。与侵占资产的机会有关的舞弊风险因素有：

（1）贪污收入款项。例如侵占收回的货款、将汇入已注销账户的收款转移至个人银行账户等。

（2）盗取货币资金、实物资产或无形资产。例如窃取存货自用或售卖、通过向公司竞争者泄露技术资料以获取回报等。

（3）使组织对虚构的商品或劳务付款。例如向虚构的供应商支付款项、收受供应商提供的回扣并提高采购价格、虚构员工名单并支取工资等。

（4）将组织资产挪为私用。例如将公司资产作为个人贷款或关联方贷款的抵押等。

（5）缺乏充分的职责分工。例如管理存货实物的员工又负责存货的账务记录。

前已述及，对财务信息作出虚假报告的动机可能是掩盖侵占资产的事实。实际上，侵占资产通常伴随着虚假或误导性的文件记录，其目的是隐瞒资产缺失或未经适当授权使用资产的事实。

3. 与合理化态度有关的舞弊风险因素。管理层对内部控制和道德行为的态度可能会为侵占资产的舞弊行为创造合理化借口，与侵占资产的合理化态度有关的舞弊风险因素有：

（1）管理层缺乏对内部控制的重视，经常随意超越内部控制，对内部控制的缺陷也视而不见、听之任之；

（2）管理层本身就倡导或执行一些违反法律法规或道德规范的行为，比如欺骗顾客的行为，或者采取以高额奖励激励销售人员的政策等，都会使员工也认为侵占资产的行为是可以接受的。

（二）谋取组织经济利益的舞弊风险因素

1. 与动机或压力有关的舞弊风险因素。谋取组织经济利益的舞弊行为的动机或压力往往来源于管理层希望误导财务报表使用者对组织业绩或盈利能力的判断。因为管理层需要履行受托资产保值增值的经管责任，而财务业绩，特别是盈利能力指标往往被视为受托经管责任履行情况的衡量指标，当这些指标的实际情况无法达到管理层的期望时，管理层就存在了对其进行虚假报告的动机或压力。与谋取组织经济利益的舞弊行为的动机或压力有关的舞弊风险因素有：

（1）迎合市场预期或特定监管要求。例如，迎合资本市场上财务分析师对公司业绩的预期，或者迎合监管机构所设定的作为特定行为先决条件的“门槛”指标。

（2）牟取以财务业绩为基础的私人报酬最大化。例如，在管理层的私人报酬与组织的财务业绩直接挂钩的情况下，往往会导致管理层出于追求私人报酬最大化的动机而歪曲财务业绩数据和指标。

（3）偷逃或骗取税款。例如，组织通过故意少记、漏记作为计税依据的业务收入、当期利润等财务信息，以达到少交或不交税金的目的；或者通过伪造业务和财务信息，达到骗取出口退税或不当享受税收优惠政策的目的。

（4）骗取外部资金。例如，组织不符合相应条件或资质要求，但为了达到增资扩股、取得银行贷款或商业信用等融资目的，通过粉饰财务信息的方式，来掩盖事实真相，骗取投资者、债权人的资金。

（5）掩盖侵占资产的事实。例如，通过进行虚假的账务记录隐藏或掩盖盗用、贪污或挪用资产的事实。

2. 与机会有关的舞弊风险因素。组织管理层谋取组织经济利益的机会包括对会计记录或相关文件记录的操纵、伪造或篡改，对交易、事项或其他重要信息在财务报表中的不真实表达或故意遗漏，以及对会计政策和会计估计的故意误用。谋取组织经济利益的舞弊行为往往是受到组织管理层的授意和掌控的，因此管理层凌驾于内部控制之上，超越内部控制就为舞弊的发生提供了机会。与谋取组织经济利益的舞弊行为的机会有关的舞弊风险因素有：

（1）编制虚假的会计分录，特别是在临近会计期末时；

（2）滥用或随意变更会计政策；

（3）不恰当地调整会计估计所依据的假设及改变原先作出的判断；

（4）故意漏记、提前确认或推迟确认报告期内发生的交易或事项；

（5）隐瞒可能影响财务报表金额的事实；

（6）构造复杂的交易以歪曲财务状况或经营成果；

（7）篡改与重大或异常交易相关的会计记录和交易条款。

虽然这些舞弊手段的实施时间不一定具有固定的规律，但内部审计人员应当特别警惕会计期末，这时组织管理层往往会集中突击实施各类谋取组织经济利益的舞弊行为。

3. 与合理化态度有关的舞弊风险因素。组织管理层在实施谋取组织经济利益的舞弊行为前会设想一些使这些舞弊行为合理化的态度、取向或道德价值，或者提出迫于环境和压力不得已而为之的理由。与谋取组织经济利益的舞弊行为的合理化态度有关的舞弊风险因素有：

（1）对组织价值的不恰当理解、沟通和支持；

（2）了解到的曾经违反法律法规的情况；

（3）管理层的过度野心或不现实的预测。

第四节　组织管理层与内部审计机构和人员在防范舞弊行为中的不同责任

一、组织管理层的责任

我国《内部审计具体准则第 2204 号》明确规定："组织管理层对舞弊行为的发生承担责任。建立、健全并有效实施内部控制，预防、发现及纠正舞弊行为是组织管理层的责任。"

预防、发现和纠正舞弊行为是组织管理层的责任。建立、健全并有效实施内部控制，是预防、发现或遏制舞弊行为发生的有效途径。组织的管理层有责任建立健全、有效的内部控制，并且应当根据内部审计人员的报告和建议，对已发生的舞弊行为进行制止和纠正，对可能的舞弊进行追查和预防，进一步完善组织内部控制。

二、内部审计机构和人员的责任

我国《内部审计具体准则第 2204 号》明确规定："内部审计机构和内部审计人员应当保持应有的职业谨慎，在实施的审计活动中关注可能发生的舞弊行为，并对舞弊行为进行检查和报告。"

内部审计机构是组织内部控制的重要组成部分，内部审计机构和人员的责任就是通过审查和评价组织内部控制的适当性、合法性和有效性来协助组织管理层遏制舞弊行为，发现组织内部控制的重大缺陷。即使是在不以揭露舞弊行为为主要目标的常规内部审计过程中，内部审计人员也要以应有的职业谨慎态度，合理关注组织内部可能发生的各种舞弊行为，以协助组织管理层预防、检查和报告舞弊行为。

针对上述的舞弊三角理论，对组织内部的舞弊行为最有效的解决方法就是建立健全组织的内部控制制度，而内部审计机构及人员的职责就是保证内控制度在设计和执行上的恰当性和有效性。

（一）审查和评价组织规章制度的可行性

根据舞弊三角理论，过大的压力会诱导员工的舞弊行为。例如，在制度缺乏可操作性的情况下对制度的程序进行频繁检查，员工可能反而会弄虚作假以蒙混过关。将对员工的大额奖励和不切实际的业务考核指标挂钩，员工也会为获取大额奖励而实施舞弊。因此，在发现组织制定的内部制度存在不合理的情况时，内部审计人员应及时与管理层沟通并改进制度安排，以防止由于制度的欠缺而产生的舞弊行为。

（二）审查和评价管理层态度的科学性

根据舞弊三角理论，如果管理层对员工人为操纵的错误和记录行为态度模糊不清，没有严厉的惩罚措施，舞弊者被发现后所付出的代价很低，就可能诱导舞弊者为自己的行为找到借口，从而纵容舞弊行为的不断发生。因此，内部审计人员应当定期审查和评价组织对舞弊行为是否采取了严肃的态度，并对所发现的行为进行了严厉的惩罚，以杜绝员工因此为自己的不当行为找到借口。

（三）审查和评价员工行为的规范性

根据舞弊三角理论，如果员工的道德素质较低，组织又没有制定合理的行为准则以规范员工行为的话，员工在借口和压力的刺激下也可能会舞弊。因此，内部审计人员应当审查和评价组织是否针对员工建立了充分的道德和行为规范，并促进管理层不断完善各项规范。

（四）审查和评价经营活动授权制度的合理性

根据舞弊三角理论，如果舞弊者没有机会，就不可能产生舞弊行为。显然合理的授权和内部牵制制度能够防止权力过分集中，避免职权滥用和职务舞弊。因此，内部审计人员应当审查和评价组织内部控制中是否设置了充分的不相容职务分离和适当的授权审批制度，以杜绝舞弊发生的机会。

（五）审查和评价风险管理机制的有效性

有效的风险管理能够弥补内部控制的漏洞，同样也可以减少舞弊的机会。当内部审计人员对内部控制进行检查时，需要关注风险管理中是否存在可能诱发舞弊的漏洞，包括管理层是否正确识别和分析了对经营、财务状况有影响的内部或外部风险，是否对外部风险因素和内部风险因素，诸如员工素质、组织活动性质、信息系统处理的特点进行了检查。

（六）审查和评价管理信息系统的有效性

为了使员工能够履行自身的职责，组织需要对内外部信息进行识别、捕捉和交流。外部信息包括市场份额、法规要求和客户投诉等。内部信息包括会计核算制度，即由管理层建立的记录和报告经济业务和事项、维护资产、负债和所有者权益的方法和记录。由于完善的管理信息系统能够有效地预防舞弊行为的产生，因此，内部审计人员也必须定期地审查和评价组织设计和运行管理信息系统的有效性。

三、应有的职业谨慎

应有的职业谨慎是内部审计人员应当具备的合理谨慎态度和技能。组织内部的舞弊行为的发生是与组织内部控制存在缺陷和漏洞直接相关的，这些缺陷和漏洞总会留下一些迹象，如果内部审计人员保持合理的职业谨慎，就能够对这些漏洞或迹象保持警觉，进而可以提醒管理层采取措施预防或发现舞弊行为。为此，内部审计机构和内部审计人员在检查和报告舞弊行为时，应当从下列方面保持应有的职业谨慎：

（一）具有识别、检查舞弊的基本知识和技能，在实施审计项目时警惕相关方面可能存在的舞弊风险

对舞弊风险的警觉和识别要求内部审计人员不仅具有财务知识，还需要对管理学和组织运营方面具有相当程度的了解，有足够的工作经验及对任何异常现象都不会轻易放过的职业怀疑态度。

（二）根据被审计事项的重要性、复杂性以及审计成本效益，合理关注和检查可能存在的舞弊行为

内部审计人员所开展的日常审计工作并不是专门用来预防、发现和报告舞弊的，只依靠日常工作程序不能保证发现所有的可能引发舞弊的内部控制漏洞或发现所有已经存在的舞弊行为，需要延伸采取其他必要的程序。另外，由于检查和发现舞弊所需要的成本比日常审计工作大得多，组织不可能针对舞弊行为测试每一项交易业务。同时，舞弊的揭示也不能运用推理作为依据，需要有明确的证据，这也势必增加了揭示舞弊的审计成本。因此，不可能要求审计人员对所有可能存在舞弊的疑点都保持同等的关注程度，而只能根据其可能对组织造成危害的影响程度和揭示舞弊成本等因素综合考虑，保持合理的关注和警觉。

（三）运用适当的审计职业判断，确定审计范围和审计程序，以检查、发现和报告舞弊行为

在内部审计工作中，内部审计人员如果发现组织存在控制薄弱环节，就需要进一步追查，以便发现可能存在的舞弊行为。在确定延伸审计程序的范围、程度等事项时，内部审计人员需要考虑被审计事项的重要性、复杂性和审计的成本效益等因素，并运用职业判断决定对发现、检查和报告舞弊所采取的审计范围与程序。

（四）发现舞弊迹象时，应当及时向适当管理层报告，提出进一步检查的建议

适当的管理层是指有权进行相应决策，对舞弊行为进行制止、纠正或者完善相关的内部控制以预防舞弊行为的管理层。内部审计人员应当在发现舞弊迹象时，及时向适当的管理层报告，并提出相应的调查、纠正和完善制度等相关建议，以供管理层参考。

内部审计人员在检查和报告舞弊行为时，除应保持合理的关注和谨慎态度之外，还应当特别注意做好保密工作。通常，舞弊的检查工作由组织适当的管理层进行统筹安排和协调，内部审计机构和人员只是参与组织对于舞弊行为进行的检查工作。由于内部审计人员了解组织的内部控制，且不少舞弊行为都能从资金上进行追踪，内部审计人员恰好是这方面的专业人士，因此，内部审计人员往往是参与舞弊行为检查的主要人员。但是，内部审计人员只是承担舞弊检查的部分工作，还需要组织的相关管理层负责协调与指挥检查工作的进展。由于舞弊事项的敏感性，需要组织的相关人员对舞弊检查过程及发现的问题予以保密，否则可能造成舞弊者掩盖或销毁舞弊的痕迹，或对内部审计人员的工作设置障碍。

四、内部审计在履行检查和报告舞弊行为责任中的局限性

由于内部审计并非专为检查舞弊而进行，即使内部审计人员以应有的职业谨慎执行了必要的审计程序，也不能保证发现所有的舞弊行为。防范和遏止舞弊要依靠组织所建立的内部控制。

内部审计的日常工作对象是组织的经营活动和内部控制，其工作程序并非专门用来发现和检查舞弊。在对内部控制的日常审计过程中，内部审计人员通过对内部控制设计和运行有效性的检查来协助预防、发现和报告舞弊。由于舞弊者可能刻意掩饰舞弊行为，内部审计人员需要对审计证据的可靠性予以特别关注，防止被舞弊者误导。虽然在检查舞弊过程中，内部审计人员

也会注意到内部控制的薄弱环节和效率问题，但其注意力更多地集中在实际已经发生的事件上，寻找可以证明舞弊存在的具体细节。这种工作重心与工作程序、方法的不同，使内部审计人员难以保证通过日常工作发现所有的舞弊行为。内部控制具有固有局限性，由于时间、环境或执行人等原因，可能使组织的内部控制失效，使得舞弊可能发生。这种局限性使得内部审计人员即使以应有的职业谨慎执行了审计程序，也无法保证发现所有的舞弊行为。

第五节　评估舞弊发生的可能性

一、对舞弊发生的可能性进行评估

我国《内部审计具体准则第 2204 号》明确规定："内部审计人员在审查和评价业务活动、内部控制和风险管理时，应当对舞弊发生的可能性进行评估。"

内部审计机构和人员在内部审计活动中应当对可能存在的舞弊风险进行识别与评估。风险的识别是指内部审计人员认识组织存在哪些方面的舞弊风险的过程，其实质就是对组织可能存在的舞弊风险、舞弊行为以及风险管理和内部控制状况进行分析的过程。对于舞弊风险的识别与评估是认知和感知风险，并对风险进一步分析和度量的过程。感知风险是风险识别的基础，包括分析存在哪些风险、哪些风险需要特别关注；分析风险是风险识别的关键，包括分析引起风险的主要原因、风险事故的后果，确定风险识别的方法等。

内部审计人员在审查和评价业务活动、内部控制和风险管理时，应当从以下方面对舞弊发生的可能性进行评估：

（一）组织目标的可行性

组织目标设置不当，超越执行人的能力范围，就会对执行人产生不当的压力，使执行人为了达到目标而采取各种手段，甚至是舞弊的手段。为此，内部审计人员在对舞弊发生的可能性进行评估时，应当充分考虑组织的客观环境与实际情况，评价组织目标设置的适当性和可行性，确保执行者可以通常合理的努力就可以达到，以杜绝导致舞弊的压力。

（二）控制意识和态度的科学性

组织控制意识和态度是否正确、科学决定了组织能否设计出符合组织实际情况的、有效的内部控制。为此，内部审计人员在对舞弊发生的可能性进行评估时，应当评价组织控制意识和态度的科学性，特别是负责建立并保证组织控制有效运行的高级管理层对控制的重视程度。

（三）员工行为规范的合理性和有效性

组织制定的各种针对员工的规章制度是对员工行为的直接指导和规范，员工的行为是否合理、有效决定着员工的行为是否能够与组织目标保持一致。为此，内部审计人员在对舞弊发生的可能性进行评估时，应当评价组织针对员工行为制定的各种规章制度的合理性和可行性。

（四）业务活动授权审批制度的有效性

组织对业务活动设置的授权审批制度是对各种舞弊行为最为直接的监控手段，各种职责的分离、授权审批等控制措施确保了各个层次的执行人难以滥用职权，作出超越权限的指令，从而限制了舞弊行为的发生，同时也限制了舞弊行为确实发生时的损失程度。为此，内部审计人员在对舞弊发生的可能性进行评估时，应当评价组织在各项业务活动环节设置的授权审批制度在设计和执行上的有效性。

（五）内部控制和风险管理机制的有效性

风险管理机制是组织用于应对、消除面临的各种风险的解决方法和策略，其有效性对于最大限度地消除风险，降低风险带来的损失程度具有重要的影响。为此，内部审计人员在对舞弊发生的可能性进行评估时，应当评价组织内部控制和风险管理机制的有效性。

（六）信息系统运行的有效性

组织的管理信息系统不仅处理组织内部的信息，同时也处理组织外部的信息。信息在组织内部的交流与沟通，可以使员工更好地履行其职责。同时，管理信息系统对信息的收集与整理也使得员工的工作得到了一定的监督和约束，可以有效地降低舞弊行为发生的机会。为此，内部审计人员在对舞弊发生的可能性进行评估时，应当评价组织信息系统运行的有效性。

二、对可能导致舞弊发生的情况的考虑

我国《内部审计具体准则第 2204 号》明确规定："内部审计人员除考虑内部控制的固有局限外，还应当考虑下列可能导致舞弊发生的情况：（1）管理人员品质不佳；（2）管理人员遭受异常压力；（3）业务活动中存在异常交易事项；（4）组织内部个人利益、局部利益和整体利益存在较大冲突。"

在对舞弊发生的可能性进行评估的基础上，内部审计人员需要考虑可能导致舞弊发生的情况，并评估其影响程度和发生的可能性。尽管组织已经建立并运行了内部控制，但是内部控制也存在固有的局限性。例如，出于成本效益的考虑，内部控制在某些环节可能存在缺失的情况；在决策时人为判断可能出现错误和因人为失误而导致内部控制失效；行使控制职能的人员素质不适应岗位要求也会影响内部控制功能的正常发挥；内部控制一般都是针对经常而重复发生的业务而设置的，如果出现不经常发生或未预计到的业务，原有控制就可能不适用；在设置了职责分离的环境下仍然可能存在串通舞弊的情况；高级管理层利用职权超越内部控制等。内部控制的固有局限性使得舞弊者能够利用内部控制的固有局限，绕开内部控制实施舞弊行为。如果管理人员品质不佳，管理人员遭受异常压力，经营活动中存在异常交易事项，组织内部个人利益、局部利益和整体利益存在较大冲突，内部审计机构在审计中难以获取充分、相关、可靠的证据等情形下，舞弊行为发生的可能性会更大。

三、对评估结果的报告

我国《内部审计具体准则第 2204 号》明确规定："内部审计人员应当根据可能发生的舞弊行为的性质，向组织适当管理层报告，同时就需要实施的舞弊检查提出建议。"

内部审计人员应当在日常工作中对可能存在的舞弊保持警惕，当内部审计人员发现舞弊的迹象时，就应当向适当的管理层进行报告，并督促适当管理层尽快采取措施，遏制舞弊造成的影响。报告的形式可以是口头报告，也可以是书面报告，不论内部审计人员的报告结果如何，其在作出报告时都应有合理的证据支持。

第六节 舞弊的检查

舞弊的检查是指实施必要的检查程序，以确定舞弊迹象所显示的舞弊行为是否已经发生。

我国《内部审计具体准则第 2204 号》明确规定："内部审计人员进行舞弊检查时，应当根据下列要求进行：（1）评估舞弊涉及的范围及复杂程度，避免向可能涉及舞弊的人员提供信息或者被其所提供的信息误导；（2）设计适当的舞弊检查程序，以确定舞弊者、舞弊程度、舞弊手段及舞弊原因；（3）在舞弊检查过程中，与组织适当管理层、专业舞弊调查人员、法律顾问及其他专家保持必要的沟通；（4）保持应有的职业谨慎，以避免损害相关组织或者人员的合法权益。"

预防、发现及纠正舞弊行为是组织管理层的主要责任，决定是否进行舞弊的检查及如何进行舞弊检查同样也是组织管理层的责任。内部审计机构和人员只是协助管理层完成这一职责。在某些情况下，由内部审计人员负责检查舞弊可能更为有效，但针对舞弊的检查与内部审计人员日常工作内容毕竟不相同，因此往往还需要内部审计人员与其他专业人士共同努力，才能完成检查舞弊的工作。

一、评估舞弊涉及的范围及复杂程度

内部审计机构和人员应当评估舞弊涉及的范围及复杂程度，并避免对可能涉及舞弊的人员提供信息或被其所提供的信息误导。由于舞弊者通常会消除舞弊痕迹，或者破坏、篡改记录，提供虚假的信息，内部控制也可能受到破坏或者被超越，因此，在常规审计中可以信赖的审计证据或同样条件下取得的可靠审计证据，在舞弊检查中就可能不足以信赖或表现为不可靠。为此，内部审计人员应当对舞弊者消除舞弊痕迹或者篡改记录、提供虚假信息以及破坏相关内部控制的行为保持警觉，以获取客观、真实、可靠的审计证据。

二、设计适当的舞弊检查程序

内部审计机构和人员应当设计适当的舞弊检查程序，以确定舞弊者、舞弊程度、舞弊手段及舞弊原因。舞弊检查的工作程序与常规审计的不同之一就是其属于发现性工作，需要专门技术与专业人员的支持，针对已经发现的舞弊线索采取特殊的审计程序与方法。在日常审计工作中，内部审计人员可能更注重审计整体的合理性和有效性。但在舞弊检查中，除了从整体的分析中寻求线索，内部审计人员更需要侧重于微观的、细节的合理性，例如对经济利益流出和流入组织的环节就需要重点关注。

三、与相关各方保持必要的沟通

内部审计机构和人员应当在舞弊检查过程中与组织适当管理层、专业舞弊调查人员、法律顾问及其他专家保持必要的沟通。在舞弊检查过程中，随着检查所发现的问题不同，所涉及的人员与专业领域也不尽相同，因此，内部审计人员应当与参与检查舞弊的各方面人员都保持有效沟通，利用其他专业人士的经验与能力，使检查工作达到预期的效率和效果。

四、保持职业谨慎

内部审计机构和人员应当保持应有的职业谨慎，以避免损害相关组织或人员的合法权益。内部审计人员应当了解相关的法律法规，以避免由于采取了不恰当的审计程序和方法，使组织和人员的合法权益受到损失，也使自己处于不利的地位。

第七节　舞弊的报告

舞弊的报告是指内部审计人员以书面或者口头形式向组织适当管理层或者董事会报告舞弊检查情况及结果。

一、舞弊报告的形式

由于舞弊检查具有机密性，因此舞弊报告的提交对象应是适当的管理层，通常向组织的高级管理层或董事会进行报告。舞弊的报告形式可以是口头的，也可以是书面的。报告可以在检查工作结束后提交，也可以在检查工作进行过程中提交。采取口头报告和在检查过程中进行报告的目的是为了使组织管理层及时知晓所发现的情况，以决定是否采取措施和采取什么措施来遏制舞弊行为。在完成舞弊检查工作后，应提交正式的书面报告。

二、需要向适当管理层报告的情形

我国《内部审计具体准则第 2204 号》明确规定："在舞弊检查过程中，出现下列情况时，内部审计人员应当及时向组织适当管理层报告：（1）可以

合理确信舞弊已经发生，并需要深入调查；（2）舞弊行为已经导致对外披露的财务报表严重失实；（3）发现犯罪线索，并获得了应当移送司法机关处理的证据。”

内部审计机构和人员的工作是检查舞弊，其本身没有权利对如何处置舞弊行为作出决策，因此，当内部审计机构和人员确信舞弊行为已经发生或舞弊行为已经导致对外披露的财务报表严重失实时，应及时报告组织适当的管理层，以便其决定是否需要采取进一步的措施。在发现犯罪线索，并获得了应当移送司法机关处理的证据时更需要及时向组织适当管理层进行报告以决策是否向外部权力机构通报所发现的问题。

三、完成舞弊检查后的审计报告

我国《内部审计具体准则第 2204 号》明确规定：“内部审计人员完成必要的舞弊检查程序后，应当从舞弊行为的性质和金额两方面考虑其严重程度，并出具相应的审计报告。”

内部审计人员完成必要的舞弊检查程序后，应当从舞弊行为的性质和金额两方面考虑其严重程度，并出具相应的审计报告。审计报告的内容主要包括舞弊行为的性质、涉及人员、舞弊手段及原因、检查结论、处理意见、提出的建议及纠正措施。内部审计人员在完成舞弊检查工作之后提交的报告中，应当体现内部审计人员对舞弊的检查过程及内部审计人员的职业判断，不仅要阐明舞弊的成因、责任人、性质，还应当体现改进的建议和纠正措施，后者体现了内部审计机构的建设性职能，也是为了实现组织利益的最大化。

从成本效益原则考虑，内部审计人员对不同性质和金额的舞弊行为的处理应当采取不同的方式。若发现的舞弊行为性质较轻且金额较小时，可一并纳入常规审计报告；若发现的舞弊行为性质严重或金额较大时，应出具专项审计报告。如果涉及敏感的或对公众有重大影响的问题，则应征求法律顾问的意见。需要强调说明的是，对舞弊性质和金额的判断同等重要，某些金额较小但性质严重的舞弊行为也应得到重视。决定采取何种方式报告舞弊检查结果时，需要运用内部审计人员的职业判断。

第九章

内部审计机构的管理

高效的运作来源于良好的管理，内部审计对组织的整体运营和管理进行监督与评价，如同其他机构一样内部审计机构也需要进行有效的管理。加强内部审计机构的管理是保证审计质量，提高审计效率和完善审计职能的重要举措，也是确保内部审计工作充分发挥其作用的重要环节。

第一节　内部审计机构管理概述

一、内部审计机构管理的概念

我国《内部审计具体准则第 2201 号》明确规定："内部审计机构的管理，是指内部审计机构对内部审计人员和内部审计活动实施的计划、组织、领导、控制和协调工作。"

内部审计机构的有效管理是内部审计工作是否能够发挥作用的重要保障，内部审计机构要想在组织治理、内部控制和风险管理中实现审计目标，就需要对内部审计机构的业务发展进行合理的规划，使其与组织发展战略保持一致，并能够覆盖组织在经营管理中的各个风险领域。为此，内部审计机构应当接受组织董事会或最高管理层的指导和监督，内部审计机构负责人也必须对内部审计机构管理的适当性和有效性负完全责任。

二、内部审计机构管理的目标

我国《内部审计具体准则第 2201 号》明确规定："内部审计机构的管理主要包括下列目的：（1）实现内部审计目标；（2）促使内部审计资源得到充分和有效的利用；（3）提高内部审计质量，更好地履行内部审计职责；（4）促使内部审计活动符合内部审计准则的要求。"

（一）实现内部审计目标

审计目标是人们在特定的社会历史环境中，期望通过审计实践活动达到的最终结果。内部审计的目标是改善组织的运营，提高组织风险管理、内部控制及治理过程的效果，增加组织的价值。只有加强对内部审计机构的管理才能保障内部审计工作的实施与内部审计目标的实现得以完美的匹配。

（二）促使内部审计资源得到充分和有效的利用

组织中的内部审计资源包括人力、物力、财力和技术方法等，这些内部审计资源无疑是有限的，而需要完成的内部审计项目相对又是无限的，为此如何更加合理地配置内部审计资源，使有限的内部审计资源得到最有效的配置正是内部审计机构管理的一个重要目标。

（三）提高内部审计质量，更好地履行内部审计职责

为确保内部审计质量符合内部审计准则的要求，内部审计机构需要进行有效的管理，通过制定和执行一系列的政策和程序来对内部审计质量进行控制和保证，使内部审计在组织中发挥更大的效果。

（四）促使内部审计活动符合内部审计准则的要求

内部审计准则是各类企业、各级政府机关以及其他单位的内部审计人员在进行内部审计工作时应当遵循的基本原则和行为规范，是衡量内部审计工

作质量的尺度和准绳，对于提高内部审计工作质量和工作效率、促进内部审计理论与实务的发展具有重要的意义。通过内部审计机构的管理能够促进内部审计工作更加遵守内部审计准则的要求，符合内部审计准则的规范，内部审计活动也才能更加合规和高效地得以开展。

三、内部审计章程

我国《内部审计具体准则第 2201 号》明确规定："内部审计机构应当制定内部审计章程，对内部审计的目标、职责和权限进行规范，并报经董事会或者最高管理层批准。"

组织应依据国家有关法律法规、公司章程，建立健全内部审计工作制度，保证内部审计工作得以规范开展。内部审计制度的形式和内容取决于组织内部审计机构的规模、架构及其工作的复杂程度。在内部审计制度体系中最为核心的就是内部审计章程，所有的内部审计制度和规定都必须以内部审计章程为依据。组织应在内部审计章程中对内部审计活动宗旨、权力和职责作出明确规定。内部审计章程是组织治理的重要文件之一，具有广泛的约束力，是内部审计机构和人员进行内部审计活动的依据，它代表了董事会或最高管理层对审计监督和服务的授权，也是制定其他层次内部审计制度的依据和基础。组织应对内部审计章程的执行情况进行检查，并对内部审计章程及时进行必要的修订，以确保内部审计章程能够很好地指导内部审计工作。同时，对内部审计章程的修订也代表了内部审计机构向董事会或最高管理层力荐内部审计新观念和新思想的机会。内部审计机构在制定其他的内部审计制度和规定时必须遵照内部审计章程，对章程内容作出补充和细化，不得与内部审计章程相抵触。内部审计章程应当包括下列主要内容：

（一）内部审计目标

内部审计的目标决定着内部审计的价值取向和功能定位，它是有效开展内部审计工作的前提。面对竞争的加剧和监管的加强，组织管理层必须快速反应，调整战略，再造流程，防范风险，这就需要为决策提供更加及时、准确的信息。现代内部审计已不再是传统的查错防弊，而是要评价并改善组织的风险管理、控制和治理过程的效果，为组织增加价值，帮助组织实现其目标。为此，内部审计章程应当明确内部审计为组织增加价值的关键目标及实现途径。为组织增加价值是内部审计通过履行确认和咨询职能，提供组织需要的审计产品和服务，在完善组织的内部控制、建立风险防范机制和改善组织治理方面发挥作用，从而促使组织在价值上获得增益。

（二）内部审计机构的职责和权限

组织应在内部审计章程或规定中对内部审计的职责和权限作出明确规定。内部审计的目标是改善组织的运营，提高组织风险管理、控制及治理过程的效果，增加组织的价值。组织在确定内部审计的职责时，应与内部审计工作目标相匹配。内部审计机构在职责范围内开展工作和报告结果时，组织应该赋予其免受干预，能够完全、自由和不受限制地接触组织所有活动、记录、财产和人员的权限。

（三）内部审计范围

内部审计为实现审计目标，就必须不断开拓内部审计范围，通过广泛的确认和咨询服务充分履行其职能。内部审计既要实施财务审计、绩效审计、遵循性审计、系统安全审计和审慎性调查审计等确认项目，以向组织提供有关风险管理、内部控制和治理程序等方面的评价；同时，内部审计还要积极与服务对象协商，通过开展内部控制培训、为管理层提供关于新系统的控制建议、起草相关政策等咨询活动，以增加组织价值并提高组织的运营效率。

（四）内部审计标准

内部审计机构通过制定内部审计工作管理办法以明确内部审计工作标准，确保内部审计机构运行过程中的一般性行政管理和审计项目等业务工作得到控制和规范。为提高审计工作效率和效果，确保审计工作质量，内部审计机构还可以依据章程和管理办法，结合组织的实际情况，对内部审计实务工作中好的做法进行总结和提炼并相对固化，制定实施细则或业务指引，为内部审计人员在开展类似业务或工作时提供常规性的指导。

四、内部审计机构管理的模式

内部审计机构应当建立合理、有效的组织结构，多层级组织的内部审计机构可以实行集中管理或者分级管理。实行集中管理的内部审计机构可以对下级组织实行内部审计派驻制或者委派制。实行分级管理的内部审计机构应当通过适当的组织形式和方式对下级内部审计机构进行指导和监督。

组织在选择内部审计机构的管理模式时，应当充分考虑其自身性质、规模及内部治理结构。内部审计机构在组织中的地位，应足以保证其履行审计职责。成功的内部审计应该建立在良好治理的基础上，组织在选择内部审计机构的管理模式时，一方面要以获得组织最高领导明确的认可和支持为依据，另一方面要以能够保障内部审计独立、客观地为管理层提供持续的、专门的服务为依据，两者不可分割且缺一不可。内部审计机构要保持一定的独立性，应向组织内部能够确保内部审计机构履行职责的层级报告。组织在确定内部审计机构人员编制时，也应当考虑组织的规模、业务量和复杂程度，并在可能的情况下配备具有信息技术、工程等其他相关专业知识的人员。

五、内部审计机构管理的内容

内部审计机构管理的内容主要包括下列方面：（1）审计计划；（2）人力资源；（3）财务预算；（4）组织协调；（5）审计质量；（6）其他事项。

六、内部审计机构管理的分类

内部审计机构的管理可以分为部门管理和项目管理。部门管理主要包括内部审计机构运行过程中的一般性行政管理。项目管理主要包括内部审计机构对审计项目业务工作的管理与控制。实质上，内部审计部门和内部审计项目两者之间没有本质的区别。在部门中贯彻项目，项目中也包含着部门的管理成果。

第二节 内部审计部门管理

内部审计部门是指为增加组织价值并改善组织运营而提供独立、客观的确认与咨询服务的部门、处或小组、顾问或其他从业人员。内部审计部门管理包括内部审计计划管理、人力资源管理、财务预算管理、内部审计工作手册管理，以及内部审计工作质量管理等。

一、内部审计计划管理

我国《内部审计具体准则第 2201 号》明确规定："内部审计机构应当根据组织的风险状况、管理需要及审计资源的配置情况，编制年度审计计划。"

内部审计计划管理就是内部审计机构通过编制年度审计计划和项目审计方案安排、协调和实施内部审计项目，并评价和报告内部审计项目计划执行情况的活动过程。它是内部审计机构对年度审计项目计划的编制、协调、调整、检查和考核等一系列相互关联的活动的总称。加强和改进内部审计计划管理，可以充分利用组织中有限的内部审计资源，实现对内部审计业务的科学管理，促进内部审计机构有效履行其监督和服务职能，同时也可以更好地完成董事会和管理层所认可的目标，发挥内部审计在组织中的作用。

（一）编制年度审计计划的作用

内部审计是组织内部一项独立、客观的确认和咨询活动，其目的是为了促进组织目标的实现，为组织增加价值。但是，在任何组织内部，各种审计资源总是有限的，在一定期间内不可能对组织内部所有的经营活动和内部控制实施完全的审计。因此，为了使有限的内部审计资源得到充分的应用，并取得最大的效益，就需要对内部审计工作进行事先的规划。另外，内部审计工作是一项复杂的系统工程，内部审计人员必须根据审计项目的具体情况及复杂程度事先对内部审计过程作出合理的安排，包括对审计目的、范围、审计方法、程序、审计小组人员配备等问题的规划。制订好年度审计计划，认真地实施年度审计计划，并对年度审计计划的执行情况进行检查和考核，可以保证年度审计工作协调进行，有利于年度审计任务的完成和审计目标的实现，有利于合理利用审计资源，提高审计效率。因此，年度审计计划是贯穿于整个内部审计工作过程的一项重要管理内容。

（二）年度审计计划的内容

年度审计计划是对年度的审计任务所作的事先规划，与财务预算、销售计划、生产计划等内容一样，是组织年度工作计划的重要组成部分。内部审计机构负责人负责年度审计计划的编制工作。年度审计计划应在下年度开始前编制完成，报组织相应管理层批准，并报董事会下设的审计委员会审批，用以指导内部审计机构下年度的工作。内部审计机构应当根据批准后的审计计划组织实施内部审计工作，年度审计计划应当包括下列主要内容：

1. 内部审计年度工作目标。内部审计年度工作目标需要根据组织战略、组织年度目标并考虑内部审计工作的需要予以确定，并始终与内部审计章程的要求保持一致，以保障内部审计章程所规定的宗旨得以贯彻执行。

2. 需要执行的具体审计项目及其先后顺序。由于组织的经营活动和内部控制包括的内容非常广泛，通常内部审计工作无法在一年的时间内涵盖所有的审计内容，因此内部审计机构在编制年度审计计划时必须对审计项目作出合理的选择，确定被审计单位并且安排其先后顺序是年度审计计划的重要内容。

3. 各审计项目所分配的审计资源。由于内部审计资源是有限的，必须对所选择的审计项目分配好各自所需要的审计资源，包括所需要的审计人员数量及预计耗费的审计工时等。

4. 后续审计的必要安排。后续审计是内部审计机构为检查被审计单位对审计发现的问题所采取的纠正措施及其效果而实施的审计。后续审计是保证审计效果的一项必要工作，也是内部审计区别于外部审计的特征之一。内部审计机构负责人必须考虑为后续审计预留必要的审计资源，并列入年度审计计划的内容。

（三）制定年度审计计划的基本要求

1. 遵守相关法律法规的规定。法律法规是内部审计工作的准绳，内部审计机构应当在法律法规规定的职责、权限范围内，根据组织主要负责人或权力机构的要求，在充分考虑现有审计资源状况的基础上，确定审计工作重点，合理安排审计任务。

2. 评价各审计项目风险，重视审计工作质量。质量是内部审计工作的生命线，重视审计质量，防范审计风险是内部审计工作永恒的主题，也是内部审计工作赖以生存的基础。内部审计机构应当充分认识审计风险和审计质量的关系，合理地评估审计风险，减少审计失误，提高审计质量。为此，内部审计机构负责人应当根据各审计项目的风险程度，规划审计项目执行的先后顺序，并根据审计项目的性质、复杂性以及时间限制，合理安排所需要的审计资源。

（四）制定年度审计计划的基本思路

经济的快速发展以及社会、科技、政治的不断变化，使得现代组织在经营发展过程中必然面临各种日趋复杂的内部和外部环境。面对瞬息万变的市场和变幻多端的风险，如何加强风险管理和内部审计职能就显得特别重要。通过风险评估来识别风险、量化风险，并以此作为编制年度审计计划的依据，可以使得内部审计工作的开展更好地与组织目标的实现紧密结合。为此，以风险评估为导向制定年度审计计划的工作就显得非常重要，通过对内部审计风险的识别有助于将审计资源分配到高风险领域，从而实现明确重点审计领域，有的放矢，提高内部审计效率和效果的目标。

（五）制定年度审计计划应当考虑的因素

1. 组织风险。组织风险是组织目标无法实现的可能性，是由组织在现代社会中所面临的内部与外部环境的不确定性所导致的。将风险控制在组织可以接受的水平之下是组织目标实现的一个必要条件。内部审计机构在选择审计项目时，应当优先考虑风险较为严重的领域，这样才能通过内部审计的监督、评价职能，改善这些领域的经营活动及内部控制，减少、规避、控制风险，促进组织目标的实现。

内部审计机构在考虑组织风险时必须考虑以下因素：（1）组织的发展目标及年度工作重点，风险是组织目标无法实现的可能性，因此组织发展目标及年度工作重点是内部审计机构考虑风险因素的基础；（2）影响组织相关经营活动的法规、政策、计划和合同，组织的经营活动必须在相关法规、政策、计划和合同的限制下进行，违反这些内容将导致组织目标无法实现；（3）相关内部控制的质量，内部控制的完善程度是影响组织风险的一个重要因素，一般来说，内部控制较健全的领域，风险能得以较好的控制，内部控制较薄弱的领域，风险会比较严重；（4）经营活动的复杂性及其近期变化，经营活动越复杂，出现错误和舞弊的可能性就越大，风险也越大，而近期发生变化的经营活动通常风险也比较大；（5）相关人员的能力、品质及其岗位的近期变动，经营活动发生错误和舞弊的风险与相关岗位人员的能力和品质有很大关系，如果人员不胜任或品质存在问题，就会带来较大风险，重要岗位人员的变动通常也会增加风险；（6）其他与项目有关的重要情况，不同类别的组织所面临的风险不同，选择审计项目考虑的风险因素除了上述 5 项之外还应该根据组织特点考虑其他重要的风险因素。

2. 流程风险。流程风险是存在于业务循环和操作层面的风险点，内部审计机构制定年度审计计划时，应当考虑流程风险较为严重的领域，这样才能通过内部审计的监督、评价职能，改善这些领域的经营活动及内部控制，减少、规避和控制流程风险。

3. 管理需要。内部审计是为组织提供服务的，组织高级管理层出于对组织业绩和经营的某些方面的关注，会要求内部审计实施某些特定的审计项目，这些管理上的需要也是内部审计制定年度审计计划时需要考虑的因素。在年度审计计划过程中，如果高级管理层发现了一些迫切需要关注的问题，例如舞弊迹象等，那么出于管理上的需要，内部审计机构负责人要对年度审计计划进行必要的修改和补充。

4. 审计资源。审计资源是内部审计机构所拥有的人力、财力及其所能提供的审计工时。每一个审计项目都必须耗费必要的审计资源。在一个年度内能够完成多少审计项目必然受制于审计资源的限制。因此，内部审计机构负责人在规划年度审计计划时，应当根据审计项目的性质、复杂性及时间限制，合理安排所需的审计资源。根据被审计单位的不同性质及其业务的复杂程度，考虑分配具有相应学识、能力的内部审计人员，并根据审计项目的时间限制，对于急需解决问题的审计项目安排充分数量的内部审计人员。

（六）以风险导向编制年度审计计划应注意的事项

1. 对已经建立内部控制体系或者风险管理体系的组织可以直接利用专业风险总体识别的风险成果，对尚未系统建立上述管理体系的组织应在日常工作中注意收集、汇总和分析风险评估的相关信息，逐渐形成风险管理数据信息库，既可以为组织未来内部控制和风险管理体系的建立和推进打下良好的基础，又可以提高年度审计计划的风险评估工作效率。

2. 组织风险图谱应根据组织实际情况及时进行更新，避免组织运营过程中新出现的重要或关键风险领域在图谱中未得到清楚标注而影响年度审计计划的编制效果。

3. 风险导向不应局限于年度审计计划的编制阶段，而应贯穿于年度审计计划从编制到实施的全过程，并在不同的阶段采取不同的方式方法随时调整风险评估结果，以指导年度审计计划的合理运行。

4. 内部审计机构应配合内部审计向风险管理审计转型的需要，通过对外引进和内部培养的方式提升内部审计队伍的职业素养，培育风险审计文化，使风险导向成为指导各类审计项目高质高效开展的基本原则。

二、内部审计人力资源管理

我国《内部审计具体准则第 2201 号》明确规定："内部审计机构应当根据内部审计目标和管理需要，加强人力资源管理，保证人力资源利用的充分性和有效性，主要包括下列内容：（1）内部审计人员的聘用；（2）内部审计人员的培训；（3）内部审计人员的工作任务安排；（4）内部审计人员专业胜任能力分析；（5）内部审计人员的业绩考核与激励机制；（6）其他有关事项。"

加强内部审计机构的人力资源管理是组织保障内部审计职能发挥的根本条件，也是保证内部审计工作质量的关键影响因素，为此组织应当高度重视内部审计人力资源管理。内部审计机构应当根据内部审计目标和管理需要，加强人力资源管理，保证人力资源利用的充分性和有效性。内部审计人力资源管理主要包括下列内容：

（一）内部审计人员的聘用

组织应当合理进行内部审计人员规模配置与岗位设计，结合组织内部审计发展战略、审计计划需求、审计工作量、人员变动、人员绩效考核等因素，对内部审计人力资源现状进行分析，制定相应的内部审计人力资源长期及短期需求规划，制定出科学有效的人员聘用计划。

（二）内部审计人员的培训

组织针对内部审计人员胜任能力框架提出的要求，编制相应的评估问卷，对内部审计人员进行技能测试及评估，并根据评估结果制定培训计划，选择相应的培训课程。考核评估结果也可以为内部审计人员的职称、职务晋升提供一定的参考。

（三）内部审计人员的工作任务安排

内部审计机构应当根据内部审计管理目标和要求，科学进行内部审计人员岗位设计，明确每个岗位的具体职责，制定明晰的岗位说明书。内部审计机构还应当考虑岗位的适度动态轮换，以激励为原则调动内部审计人员工作的积极性，保持工作新鲜感，提升工作绩效。

（四）内部审计人员专业胜任能力分析

内部审计机构应当对内部审计组织结构、岗位配置以及内部审计工作特点、内部审计业务对象进行分析，明确内部审计人员应当具备的胜任能力指标体系，建立内部审计人员专业胜任能力框架。国际内部审计师协会《内部审计人员专业胜任能力框架》（CFIA）指出，内部审计人员专业胜任能力标准的综合指标根据属性，可以分为认知技能和行为技能两类。内部审计机构在设计专业胜任能力指标体系和建立专业胜任能力框架时，应当充分考虑内部审计人员的语言能力（中文书写及表达能力）、学历水平、专业背景、审计专业知识水平和实务工作经验、内部审计工作资历证明、内部审计工作其他相关业务知识水平、文案工作能力、独立解决问题的能力、独立学习知识的能力以及关系管理能力。内部审计机构在选拔内部审计人员时应当尽可能选拔既懂审计业务知识又熟悉信息技术的复合型人才。内部审计机构建立的专业胜任能力框架应与组织的内部审计发展战略、内部审计职能、内部审计人员职业发展需求以及组织整体人力资源需求相匹配，并进行适当的动态调整。

（五）内部审计人员的业绩考核与激励机制

组织应当坚持公开、公平、公正的原则，自上而下地建立以内部审计人员为对象的、更加科学合理的内部审计评价考核体系，作为内部审计人员的业绩考核与激励机制。组织应当将考核结果与激励约束机制相结合，坚持正向激励为主的原则，充分保障内部审计人员的权益，激励内部审计人员的工作动力与热情。

三、内部审计部门预算管理

我国《内部审计具体准则第 2201 号》明确规定：“内部审计机构负责人应当根据年度审计计划和人力资源计划编制财务预算。编制财务预算时应当考虑下列因素：（1）内部审计人员的数量；（2）内部审计工作的安排；（3）内部审计机构的行政管理活动；（4）内部审计人员的教育及培训要求；（5）内部审计工作的研究和发展；（6）其他有关事项。”

（一）编制财务预算的作用

财务预算是一系列专门反映组织在未来一定预算期间内预计财务状况和经营成果，以及现金收支等价值指标的各种预算的总称。内部审计机构通过制定财务预算可以更加清楚地了解内部审计资源的配置状况，促进审计决策目标的具体化、系统化和定量化，保证内部审计工作能够按照预定的目标顺利进行，并通过对内部审计实际绩效与预算的差异分析更好地查找偏差原因，及时发现问题，适时解决问题。

（二）编制财务预算应当考虑的因素

1. 内部审计人员的数量。内部审计人员的数量是内部审计机构编制财务预算的重要影响因素，内部审计机构应当准确地预测预算年度在岗在编内部审计人员的数量、薪酬级别，内部审计人员的变动情况，以及根据内部审计工作安排对其他专家或兼职内部审计人员的需求数量和需要支付的补贴费用等。

2. 内部审计工作的安排。不同类型的内部审计工作需要的审计时间、内部审计人员数量、专业人员的层级等都不尽相同，内部审计机构在编制财务预算时应当充分考虑预算年度的审计计划，准确地预测准备实施的内部审计工作对内部审计资源的具体需求。

3. 内部审计机构的行政管理活动。内部审计机构除了实施年度审计计划的各项审计项目之外，也需要为其日常的行政管理活动耗费一定的资源，内部审计机构在编制财务预算时，需要合理地预测在预算年度中内部审计机构在行政管理活动上对资源的耗费水平。

4. 内部审计人员的教育及培训要求。为提高内部审计人员的专业胜任能力，提升内部审计机构的整体业务水平，内部审计机构必须定期进行各种类型的职业教育和专业培训，内部审计机构在编制财务预算时，应当根据预算年度的职业发展规划和人才培训方案合理预测教育和培训预算。

5. 内部审计工作的研究和发展。为了确保内部审计职能在组织中的长远发展，内部审计机构不能仅停留在完成年度审计计划安排的审计项目和审计工作上，内部审计机构还应当注重对内部审计工作的研究，包括对内部审计职能未来发展的展望、对全新内部审计技术和方法的探索等。为此，内部审计机构在编制财务预算时，应当充分考虑到准备投入在内部审计工作研究和发展上的资源需求。

四、编制内部审计工作手册

我国《内部审计具体准则第2201号》明确规定："内部审计机构应当根据组织的性质、规模和特点，编制内部审计工作手册，以指导内部审计人员的工作。内部审计工作手册主要包括下列内容：（1）内部审计机构的目标、权限和职责的说明；（2）内部审计机构的组织、管理及工作说明；（3）内部审计机构的岗位设置及岗位职责说明；（4）主要审计工作流程；（5）内部审计质量控制制度、程序和方法；（6）内部审计人员职业道德规范和奖惩措施；（7）内部审计工作中应当注意的事项。"

（一）编制内部审计工作手册的作用

内部审计机构应当根据组织的性质、规模和特点，编制内部审计工作手册，以指导内部审计人员的工作。编制内部审计工作手册旨在规范组织内部审计机构执行内部审计工作的程序，规范内部审计人员的工作行为，保证内部审计工作的质量。

（二）内部审计工作手册的主要内容

1. 内部审计机构的目标、权限和职责的说明。内部审计是内部审计机构和人员在组织内部实施的一种独立、客观的确认和咨询活动，为此，内部审计机构的目标通常应确定为通过运用系统、规范的方法，审查和评价组织的业务活动、内部控制和风险管理的适当性和有效性，以促进组织完善治理、增加价值和实现目标。

内部审计机构履行职责时应当享有的权限包括：①要求被审计对象及时提供财政财务收支计划、预算执行情况、决算、财务会计报告、工作计划、工作总结、业务档案及其他有关资料（包括电子数据，下同）和必要的电子计算机技术文档；②参加或者列席组织及所属单位召开的重大投资、资产处置、财政财务收支预算、决算及其他与经济活动有关的会议等；③检查财务、会计及经济活动的资料、文件和与审计事项有关的计算机管理信息系统及相关电子数据；④对被审计对象的业务活动进行现场观察、调查和记录；⑤对审计事项中的有关问题，向有关单位和个人开展调查和询问，取得相关证明材料；⑥对审计发现的违反国家规定或者单位内部规定的行为予以制止，提出处理违法违规行为的意见和改善管理、完善治理的建议。

组织内部的审计机构应当按照董事会、高级管理层主要负责人的要求，主要履行下列职责：①对组织发展战略规划和年度经营计划等执行情况进行审计；②对组织财务收支及有关经营活动进行审计；③对组织内部控制及风险管理情况进行评审；④对组织内部管理的领导干部履行经济责任情况进行审计；⑤有关规定和组织董事会、高级管理层主要负责人要求办理的其他事项。

2. 内部审计机构的组织、管理及工作说明。内部审计工作手册应当根据组织的特点、规模和对内部审计职能的需求，详细说明内部审计机构的组织架构和管理方式，清楚界定内部审计的工作内容和范围。

3. 内部审计机构的岗位设置及岗位职责说明。内部审计工作手册应当明确说明内部审计机构的岗位设置及各岗位的职责，不仅有利于组织其他部门和人员对内部审计机构岗位设置和岗位职责的充分了解，也便于内部审计人员对照岗位职责履行自身义务以及接受组织和内部审计机构对其绩效的考核。

4. 主要审计工作流程。内部审计工作手册应当详细列明内部审计项目从立项获批到编制审计工作方案，从审前调查到审计测试，从审计报告到适当沟通等各环节的主要工作流程，以作为内部审计人员的实际操作指南。

5. 内部审计质量控制制度、程序和方法。内部审计工作手册应当包含详尽的内部审计质量控制制度、程序和方法，以为内部审计机构的质量控制提供制度保障和行动指南。

6. 内部审计人员职业道德规范和奖惩措施。仅在技术层面对内部审计人员的工作进行规范是远远不够的，内部审计工作手册必须强调对内部审计人员的道德规范，同时设定必要的奖惩措施，督促和确保内部审计人员能够遵守职业道德规范。

7. 内部审计工作中应当注意的事项。根据组织特殊需求和内部审计机构的特殊安排，内部审计手册还需要特别指出内部审计工作中应当注意的事项。

五、建立健全内部审计质量控制

我国《内部审计具体准则第 2201 号》明确规定："内部审计机构应当制定内部审计质量控制制度，通过实施督导、分级复核、审计质量内部评估、接受审计质量外部评估等，保证审计质量。"

内部审计质量是指内部审计工作及其结果的优劣程度。内部审计的质量控制是指内部审计机构为保证其审计质量符合内部审计准则的要求而制定和执行的制度、程序和方法。内部审计的质量控制是提高内部审计工作质量的重要途径，也是确保内部审计职能在组织中得以充分发挥的制度保障。内部审计机构负责人对制定并实施系统、有效的质量控制制度与程序负主要责任。内部审计的质量控制分为内部审计机构质量控制和内部审计项目质量控制。

（一）内部审计质量控制的目标

内部审计职能经过长期的发展，已经由早期对组织经营管理活动的监督逐步转变为为实现组织目标和增加组织价值提供确认和咨询服务，进而演变成为组织治理的重要组成部分。为适应内部审计职能的扩展和提升，内部审计的质量控制应当实现的目标包括：（1）保证内部审计活动遵循内部审计准则和组织内部审计工作手册的要求；（2）保证内部审计活动的效率和效果达到既定要求；（3）保证内部审计活动能够增加组织的价值，促进组织实现目标。内部审计机构负责人和审计项目负责人通过督导、分级复核、质量评估等方式对内部审计质量进行控制。

（二）内部审计机构质量控制

内部审计机构负责人对内部审计机构质量负责。内部审计机构建立健全质量控制需要考虑下列因素：（1）内部审计机构的组织形式及授权状况；（2）内部审计人员的素质与专业结构；（3）内部审计业务的范围与特点；（4）成本效益原则的要求；（5）其他。

内部审计机构质量控制主要包括下列措施：（1）确保内部审计人员遵守

职业道德规范；（2）保持并不断提升内部审计人员的专业胜任能力；（3）依据内部审计准则制定内部审计工作手册；（4）编制年度审计计划及项目审计方案；（5）合理配置内部审计资源；（6）建立审计项目督导和复核机制；（7）开展审计质量评估；（8）评估审计报告的使用效果；（9）对审计质量进行考核与评价。

（三）内部审计项目质量控制

内部审计项目负责人对审计项目质量负责。内部审计机构建立健全内部审计项目质量控制应当考虑下列因素：（1）审计项目的性质及复杂程度；（2）参与项目审计的内部审计人员的专业胜任能力；（3）其他。

内部审计项目质量控制主要包括下列措施：（1）指导内部审计人员执行项目审计方案；（2）监督审计实施过程；（3）检查已实施的审计工作。

内部审计项目负责人在指导内部审计人员开展项目审计时，应当告知项目组成员下列事项：（1）项目组成员各自的责任；（2）被审计项目或者业务的性质；（3）与风险相关的事项；（4）可能出现的问题；（5）其他。

内部审计项目负责人监督内部审计实施过程时，应当履行下列职责：（1）追踪业务的过程；（2）解决审计过程中出现的重大问题，根据需要修改原项目审计方案；（3）识别在审计过程中需要咨询的事项；（4）其他。

内部审计项目负责人在检查已实施的审计工作时，应当关注下列内容：（1）审计工作是否已按照审计准则和职业道德规范的规定执行；（2）审计证据是否相关、可靠和充分；（3）审计工作是否实现了审计目标。

（四）与组织其他机构和外部审计的协调

内部审计机构和内部审计人员应当在组织董事会或者最高管理层的支持和监督下，做好与组织其他机构和外部审计的协调工作。内部审计机构可以与为组织提供相关保证与咨询服务的其他内外部人员共享信息、相互协调，以确保工作的全面性，最大限度地减少重复工作。内部审计机构还应当接受组织董事会或者最高管理层的领导和监督，在日常工作中保持有效的沟通，向其定期提交工作报告，适时提交审计报告。

第三节 内部审计项目管理

我国《内部审计具体准则第 2201 号》明确规定："内部审计机构应当根据年度审计计划确定的审计项目，编制项目审计方案并组织实施，在实施过程中做好审计项目管理与控制工作。"

项目是为完成某一独特的产品或服务所做的彼此相互关联的任务或活动的一次性过程。它具有一次性、独特性、目标确定性、活动完整性、组织临时性和开放性、实施渐近性、时间期限等特点。内部审计项目管理是指与某一具体审计项目执行有关的管理措施，包括审计人员的安排、审计工作过程的指导和监督、审计结果的复核以及审计项目的总结与评价等。

一、内部审计项目管理中的职责划分

在审计项目管理过程中，内部审计机构负责人与项目负责人应当充分履行职责，以确保审计质量，提高审计效率。

内部审计机构负责人在项目管理中应当履行下列职责：（1）选派审计项目负责人并对其进行有效的授权；（2）审定项目审计方案；（3）督导审计项目的实施；（4）协调、沟通审计过程中发现的重大问题；（5）审定审计报告；（6）督促被审计单位对审计发现问题的整改；（7）其他有关事项。

审计项目负责人应当履行的职责包括下列方面：（1）编制项目审计方案；（2）组织审计项目的实施；（3）对项目审计工作进行现场督导；（4）向内部审计机构负责人及时汇报审计进展及重大审计发现；（5）组织编制审计报告；（6）组织实施后续审计；（7）其他有关事项。

二、内部审计项目质量控制

内部审计机构可以采取一些辅助管理工具，完善和改进项目管理工作，保证审计项目管理与控制的有效性。

（一）审计工作授权表

审计工作授权表列示了内部审计项目的基本内容，将审计项目中所有需要实施的审计工作以文件的形式正式予以确认。审计工作授权表体现和反映了内部审计机构在每个内部审计项目中对审计时间和审计资源进行分配的周密性。内部审计项目负责人也可以采用审计工作授权表来下达内部审计项目的各项工作，以保证审计过程能够得到周密、细致、高效实施。审计工作授权表应当注明被审计单位的名称，通常要确定项目编号，标明时间分配数，工作起止日期，并指定审计组长和审计组的成员名单，列明审计的目的，需要联系的人员及专家，报告呈送对象等事项。审计工作授权表需要得到组织相关管理层的批准，并签署批准意见和时间。

（二）审计任务清单

审计任务清单是反映每一个审计项目应当完成的所有任务的细节内容的清单，一般由审计组长编制。审计组长通常使用审计任务清单反映和规划执行审计项目所要求的各种管理细节。审计任务清单的内容包括每日工作安排、每周工作安排以及审计准备阶段、内部控制检查、实质性测试、资料汇总、审计结果、审计评价等步骤中的主要工作内容。审计组长还可以将审计任务清单分解成每个审计小组成员应当负责完成的工作清单，并分发给每个审计小组成员。审计任务清单中还会附带审计时间控制表，按照审计人员的具体工作内容分列，有助于审计组长对审计工作的进度实施监督，并确保实际审计工作时数可以控制在预算时间之内。

（三）审计工作底稿检查表

审计工作底稿是内部审计人员记录审计程序、审计内容和审计发现的重要手段，也是用于对审计进展和审计质量进行监督的有效方法。内部审计人员应当随时编制完整、清晰的审计工作底稿，并对审计工作底稿进行编号和索引。审计组长应当在审计过程中定期对已经完成的审计工作底稿进行检查，以确保审计工作的顺利实施，并按照审计方案的要求进行。审计组长可以使用审计工作底稿检查表记录对每个审计组成员编制的审计工作底稿的检查结果，并提出是否需要修改以及是否需要追加审计程序的建议。

（四）审计文书跟踪表

内部审计人员应当编制审计文书跟踪表，用来实时查证每个审计项目的书面文件及事项。例如，审计项目方案中每项具体审计工作的分配情况记录，审计小组会议、审计进点会议、审计过程中与被审计单位相关人员召开的会议、审计总结会议、意见沟通会议以及审计出点会的议程、议题、会议时间安排等记录，审计报告初稿的编写、修改、报送、反馈、定稿等记录等。

三、内部审计项目的档案管理

内部审计机构应当建立审计项目档案管理制度，加强审计工作底稿的归档、保管、查询、复制、移交和销毁等环节的管理工作，妥善保存审计档案。内部审计工作档案是审计过程中保留下来的重要文件资料。它们经过整理、归类、保存等环节形成了组织中的重要信息来源。内部审计档案能够为组织各级管理者分析组织业绩、评价内部控制系统以及甄别违纪和违规事件提供重要的依据。

内部审计机构应当将下列文件材料归入项目审计档案：立项性文件材料，如审计通知书、审计实施方案；证明性文件材料，如审计证据（含承诺书）、审计工作底稿；结论性文件材料，如审计报告、审计报告征求意见书、复核意见书、审计意见书、审计决定书、审计建议书和其他备查文件材料。

审计组确定的立卷责任人应当及时收集审计项目的文件材料。审计终结后，立卷责任人对审计项目形成的全部文件材料按立卷方法和规则进行归类整理，经审计组长或审计机构负责人复查，并经档案管理机构或者档案工作人员检查后，依照有关规定进行编目和装订。内部审计机构应当按照有关规定向档案管理部门移交审计档案。

组织的档案管理部门必须严格限制无关人员对审计档案的接触。借阅审计档案仅限定在内部审计机构内部，内部审计机构以外的部门或单位有特殊情况需要查阅审计档案或者要求出具审计档案证明的，须经内部审计机构主管领导批准。审计档案的销毁也应当遵守档案管理规定。

第十章
内部审计中的人际关系与协调

随着组织规模的日益扩大，组织的相关利益方越来越呈现多样化和复杂化，完善的组织治理对于协调组织各相关利益方的利益越来越重要。内部审计作为组织治理中的重要一环，要想充分发挥其在组织治理中的关键作用，就必须处理和协调组织内部与外部的各种复杂的人际关系。为此，人际交往与冲突管理技能也必然成为对一个合格的内部审计人员专业胜任能力的基本要求。

第一节　内部审计中的人际关系与冲突管理

一、内部审计中的人际关系

我国《内部审计具体准则第 2305 号》明确规定："人际关系是指内部审计人员与组织内外相关机构和人员之间的相互交往与联系。"

融洽的沟通和顺畅的交流已经成为现代社会中不可或缺并且是非常重要的因素，良好的人际关系对于现在的社会化合作是至关重要的。对于身处复杂的组织内、外部环境中的内部审计人员而言更是如此，建立融洽的工作环境，和谐的交流平台已经成为有效开展内部审计工作的重要基础。

内部审计中的人际关系是内部审计机构和内部审计人员为了实现与组织内、外相关机构和人员之间建立良好合作与协调关系的目标所采取的审计沟通、关系协调等具体活动，内部审计对人际关系的处理和协调是整个内部审计活动的有机组成部分。

二、内部审计中人际关系的类型

我国《内部审计具体准则第 2305 号》明确规定："内部审计人员在从事内部审计活动中，需要与下列机构和人员建立人际关系：（1）组织适当管理层和相关人员；（2）被审计单位和相关人员；（3）组织内部各职能部门和相关人员；（4）组织外部相关机构和人员；（5）内部审计机构中的其他成员。"

（一）组织适当管理层和相关人员

由于内部审计职能在组织治理中处于非常重要的地位，因其隶属于董事会或者最高管理层就必然形成接受其领导并向其报告的组织关系。内部审计机构应当接受董事会或者最高管理层的领导，保持与董事会或最高管理层的良好关系，实现董事会、最高管理层与内部审计在组织治理中的协同作用。

（二）被审计单位和相关人员

内部审计与被审计单位和相关人员的关系是内部审计需要面对的最主要、最直接、也是最难以处理和协调的人际关系。为了更好地履行自身的职业责任，也为了更好地促进组织经营管理和内部控制的不断完善，内部审计机构和人员需要以谨慎和客观的态度处理和协调与被审计单位和相关人员的关系。

（三）组织内部各职能部门和相关人员

内部审计职能在组织中的全覆盖性和工作范围的多样性决定了内部审计

机构和人员与组织内部各职能部门和相关人员之间的协作关系，组织内部各职能部门和相关人员既是内部审计工作的信息来源，也是内部审计职能的咨询服务对象。

（四）组织外部相关机构和人员

内部审计需要协调的组织外部相关机构和人员主要涉及外部审计机构和人员，以及外部专家等。内部审计与外部审计应当在具体审计程序和方法、审计发现和成果等方面相互沟通，达成共识，以促进双方的信息共享和业务合作。内部审计机构可以根据实际需要利用外部专家服务，利用外部专家服务是为了获取相关、可靠和充分的审计证据，保证审计工作的质量。

（五）内部审计机构中的其他成员

每个内部审计项目都是内部审计人员组成的团队协作完成的，内部审计质量控制不允许一个审计项目由一个审计人员单独完成。内部审计机构成员之间存在领导关系、监督关系，也存在相互协作和学习关系。

三、内部审计保持良好人际关系的目的

内部审计人员应当与组织内外相关机构和人员进行必要的沟通，保持良好的人际关系，以实现下列目的：

（一）在内部审计工作中与相关机构和人员建立相互信任的关系，促进彼此的交流与沟通

在内部审计的实际工作中，内部审计机构与被审计单位之间、与组织的高层管理者之间以及与审计相关的外部审计和专家之间，常常由于缺乏恰当的沟通，导致大量信息不对称以及信息模糊和客观存在的不确定性。因此，处理好内部审计中的人际关系，首要的目的就是为了与相关机构和人员建立相互信任的关系，以促进与审计相关的信息能够得到及时、准确的传递，确保内部审计工作的顺利进行，降低审计风险。

（二）在内部审计工作中取得相关机构和人员的理解和配合，及时获得相关、可靠和充分的信息，提高内部审计效率

任何内部审计工作都不是单靠内部审计机构和人员就能顺利完成的，在很大程度上需要被审计单位和相关人员以及组织内外部其他机构和人员的协助和配合，不仅需要他们提供审计所需要的大量信息和资料，更需要他们对审计工作的理解和支持。内部审计机构和人员只有取得相关机构和人员的理解和配合，才能及时获得相关、可靠和充分的信息，提高内部审计效率。

（三）保证内部审计意见得到有效落实，实现内部审计目标

客观、恰当的内部审计报告需要在组织内外相关机构和人士的帮助下才能完成，内部审计意见的贯彻执行以及内部审计结果的充分利用都有赖于组织内外相关机构和人士的支持和配合。内部审计人员应当维护组织利益，从全局的角度出发处理和协调好与组织相关各方的人际交往，以保证内部审计意见得到有效落实，实现内部审计目标。

四、内部审计保持良好人际关系的原则

（一）内部审计人员应当具备建立良好人际关系的意识和能力

内部审计中的人际关系非常复杂，处理和协调好这些人际关系需要内部审计人员首先建立良好人际关系的意识，并学习处理和协调人际关系的技巧，培养处理和协调人际关系的能力。

（二）内部审计人员在人际关系的处理中应当注意保持独立性和客观性

要求内部审计人员处理和协调好人际关系并不是完全屈从于被审计机构或者顾忌个人关系，作出不实报告或者报喜不报忧，内部审计的价值必然大打折扣。因此，内部审计人员在人际关系的处理中必须首先保持独立性和客观性，这是内部审计的本质属性，也是内部审计机构和人员必须首先保持的最基本原则。

（三）内部审计人员应当在遵循有关法律、法规的情况下灵活、妥善地处理人际关系

遵循有关的法律和法规、内部审计准则以及内部审计职业道德规范是对内部审计机构和人员的最基本要求，内部审计机构和人员在处理和协调人际关系时，必须首先遵循法律、法规和各项准则、规范，在工作过程中坚持原则，灵活、妥善地处理人际关系，以维护内部审计人员的职业形象、树立良好的职业声誉。

（四）内部审计机构负责人应当定期对内部审计人员的人际关系进行评价，并根据评价结果及时采取措施改进人际关系

内部审计人员在一个人际关系良好的环境下工作需要考虑的因素将更多地集中于审计工作本身，因此，组织和内部审计机构应当为内部审计人员创造提高独立性的制度环境。内部审计机构负责人应当定期对内部审计人员的人际关系进行评价，并根据评价结果及时采取措施改进人际关系。例如，建立内部审计人员独立性申报和回避制度就可以在一定程度上避免人际关系对内部审计客观性的损害。

五、内部审计处理人际关系的方式和方法

我国《内部审计具体准则第2305号》明确规定："内部审计人员在处理人际关系时，应当主动、及时、有效地进行沟通，以保证信息的快捷传递和充分交流。"

沟通就是将一个人的想法传递给另一个人，沟通依其发生的主客体归类，可以分为人与人之间的沟通，即人与人之间的信息传递与交流；人与物之间的沟通，即人与通信工具之间的信息传递与交流；物与物之间的沟通，即通信工具之间的信息传递与交流。内部审计人员在处理人际关系时的沟通是指组织内部人与人之间、人与群体和组织之间的信息传递与交流。通过沟通，某种信息从一个人、群体、组织（发送者）传递到另一个人、群体、组织

（接收者），并寻求反馈以达到相互理解的效果。

沟通是一个双向的、互动的反馈过程，信息的反馈是发生有效沟通的必要条件。沟通不仅是为了传递信息，也是期望唤起或影响接收者特定的反应或行为。只有通过接收者的反应或者反馈，才能准确地评价和衡量沟通是否达到了预期效果。沟通的目的不在于沟通行为本身，而在于沟通的结果。如果预期结果并未产生，接收者并未对发送者发出的信息作出反馈，那就没有达成沟通的目的。沟通是在一定的环境中产生和发展的。无论是信息的发送者对信息的选择和制作，还是接收者对信息的理解和反应，都受到各自所处主体环境的指导和制约，同时又受到客观环境的制约。人是以社会人的角色而存在的，作为社会人，每个人都隶属于一个或几个群体，总要同其他的个体、群体和组织发生这样或那样的联系。没有沟通，社会将不可能存在。人和人之间的沟通是人们传递信息、增进了解、建立感情的途径。组织与个体、组织与群体之间的沟通，可以使组织的管理者更好地获得有关个体和群体的信息，从而更好地决策，更好地协调组织中个体和群体的行为，实现组织的目标。

信息沟通是一个十分重要的问题。在一个组织内，各个部门、不同等级和岗位的个人之间如果没有合理顺畅的信息沟通，相互之间就无法了解别人在做什么、想什么。管理层无法了解组织中每个层级完成工作的信息，就无法在充分掌握情况的基础上作出决策、发出正确的指令。即使发出了指令，也可能因沟通渠道的不畅通，无法传达到每个层级导致无法达到贯彻执行的效果。缺乏有效的沟通，整个组织的协调或统一行为就不可能发生，不同部门和不同个人的工作目标就会分散。人们仅从自己的需要和目标出发，整个组织的目标就无法实现。从根本上说，组织本身就是人们为达到特定目标而建立起来的共同活动的形式，如果没有了沟通，组织都将不复存在。实质上，组织中的所有管理行为都可以在形式上归结为沟通行为。

在内部审计工作中，内部审计人员需要经常定期或不定期向组织治理层和高级管理者递交各种建议书、审计报告、管理建议书等，并就工作进展和有关问题及时进行请示、汇报、交流，通过这种审计沟通，获得上级领导的理解、肯定或者及时纠正工作中的偏差、提出更高的要求，协调内部审计工作，保证审计结论的落实和审计意见的具体实施。但是，沟通的结果可能并不是那么令人满意。因为被审计单位害怕不利的审计发现导致受到批评，害怕因审计建议改变他们日常工作的习惯，害怕被报告的缺陷促使上级采取惩罚措施。为此，内部审计人员应当取得被审计单位的理解和支持，发现被审计单位中存在的问题，有效地传达这些信息，使之得到充分的改正与完善；同时，还要形成良好的工作氛围与人际关系，为日后的审计工作奠定基础。

内部审计人员应当建立保持良好的人际关系的意识，了解和掌握处理人际关系的技巧，与组织内外部各方关系人保持令人满意的人际关系。内部审计人员应当具有进行口头和书面沟通的技能，以便能够清楚和有效地转达诸如审计目的、评价、结论和建议等与审计相关的事项。和许多成功的商业人士一样，努力培养良好人际关系的能力是内部审计人员成功的先决条件，也是内部审计人员提高审计工作质量的可靠保障。

我国《内部审计具体准则第 2305 号》明确规定："内部审计人员处理人际关系时采用的沟通类型包括：（一）人员沟通，即内部审计人员与相关人员之间的沟通；（二）组织沟通，即内部审计机构在特定组织环境下的沟通，主要包括与上下级部门之间的信息交流，与组织内各平行部门之间的信息交流，信息在非平行、非隶属部门之间的交流。"

内部审计人员在处理人际关系时，应当主动、及时、有效地进行沟通，以保证信息的快捷传递和充分交流。在需要信息或发现问题时应当及时进行沟通，以避免因为时间的拖延而造成的误会。沟通前要事先做好计划，列出沟通的内容，根据沟通对象的特点和沟通的环境运用良好的沟通技巧和方式。内部审计人员处理人际关系时采用的沟通类型，主要包括人员沟通和组织沟通。

（一）人员沟通

内部审计机构和人员进行人员沟通的主要方式包括倾听、语言沟通，以及非语言沟通。

1. 倾听。倾听是指内部审计人员利用聆听行为接收口头信息，理解其含义并对此作出反应的过程。对内部审计人员倾听过程可能产生障碍的因素包括先入为主的偏见、不分主次和重点、试图记录每一个细节，以及易受情绪干扰等。

2. 语言沟通。语言沟通是指内部审计人员利用语言行为发送和接收信息而进行信息交流的过程，具体分为口头沟通和书面沟通。内部审计人员利用口头语言进行信息交流的方式包括询问、会谈、调查、讨论、会议、征求意见等；内部审计人员利用书面语言进行信息交流的方式包括审计通知书、问卷调查、内外部审计协调的书面报告、审计报告和管理建议书等。

3. 非语言沟通。非语言沟通是指内部审计人员利用形体、表情或其他非语言信号进行信息交流的过程。非语言沟通的信号也可以传递一些信息，并能够促进双方的沟通。例如，内部审计人员表情严肃、语气生硬，与表情轻松、语气温和，给沟通对方的感觉就完全不同，对最终的沟通效果必然产生完全不同的影响。

语言沟通和非语言沟通是两种互为补充的信息获取方式，内部审计人员可以根据具体情况结合使用。例如，内部审计人员可以从沟通对象的衣着了解其性格，并据此选择合适的语言与其进行沟通。

（二）组织沟通

组织沟通包括纵向沟通、横向沟通和斜向沟通。纵向沟通是指与上下级部门之间的信息交流；横向沟通是指与组织内各平行部门之间的信息交流；斜向沟通是指信息在非平行、非隶属部门之间的交流。这几种不同的沟通类型是根据沟通对象与内部审计人员的相对位置来划分的。

六、内部审计人员保持良好人际关系的技巧

有效的人际关系一般依赖于两种能力：与人沟通的能力和理解他人的能力。内部审计人员应当掌握与人打交道和有效地进行交流的技能与技巧，懂得人际关系并与需要保持良好人际关系的各方维持令人满意的关系。由于沟通对于内部审计人员是如此的重要，掌握有效的沟通技巧将大大提升内部审计的工作效率和工作质量。

（一）保持内部审计沟通中的客观立场

内部审计是在组织内部设置的职能部门，要求内部审计职能完全地独立于被审计部门或人员是不现实的，内部审计的终极目标是与组织内部的其他职能部门共同协作，增加组织价值。例如在风险管理和内部控制审计项目中，内部审计机构和人员通过向有关人员传递采取控制程序的原因，向违反控制的管理者提出风险警示，以帮助和促使其改正违规行为，完善组织的风险管理和内部控制。作为风险管理和内部控制的专家，内部审计人员处于高级管理层与被控制者之间的中间位置，他们作为控制者与被控制者之间的有益缓冲服务于内部控制的完善，因此内部审计是服务性的，而不是单纯的监督，当前内部审计职能向咨询服务功能的转变更是印证了这一点。内部审计的职能定位决定了内部审计机构和人员在内部审计工作中应当采取的沟通立场，既要客观公正，坚持自己的立场，又要给予被审计人员详细阐述自身立场的机会，倾听他们的陈述，理解他们的观点，设身处地地为他们着想，本着真诚的态度尝试理解他们的想法，帮助他们纠正错误。

（二）制定妥善的沟通计划

达到有效沟通的最好方法就是事先制定妥善的沟通计划，通过制定计划控制沟通的过程。制定沟通计划之前，需要内部审计人员作为信息的发送者事先考虑好信息接收者整体的特征，包括他们的个性特征、心理情绪、知识水平等。例如，被沟通者可能是外向型的、内向型的、开放型的、谨慎型的、支配型的。对于外向型的被沟通者，沟通计划应当重在对沟通过程的控制，以使沟通过程能够传递有意义的信息；对于内向型的被沟通者，沟通计划的关键是引起其对沟通的充分回馈。

（三）选择适当的沟通时机

内部审计人员发送信息的时候应当注意在沟通环境中可能存在的干扰，例如接收者正忙于做其他事情，心不在焉或者情绪状态不好，有其他人在场等因素都会影响沟通的效果，因此应当选择接收者更容易接受和理解信息的时机进行沟通。内部审计人员为了选择适当的沟通时机，应当尽量在与被沟通者见面之前，熟悉审计目标、思考实现这些目标的方式；保证提供充足的时间给被沟通者以便与之进行全面的、有效的接触；允许被沟通者进行充分的准备；注意与其他有关活动相协调；时间应尽量避免午饭前后、休假前后，或周末安排有争议的会面或会议。与最高管理层沟通时更应注意选择适当的时机，例如，当领导者发火、疲惫或心烦意乱时，内部审计人员将很难期望恢复他的理性状态并与之进行有效的沟通。另外，与被沟通者以前的沟通经历也会对之后的沟通产生影响。如果先前沟通的气氛是友好的，那么再开始沟通时，被沟通者还是会延续先前的友好气氛。如果先前沟通的气氛并不友好，应努力去改变沟通的环境和气氛。内部审计人员真诚地关注被沟通者以及他们的经营业务将有助于改善沟通气氛。

（四）充分了解沟通的背景

沟通总是在一定背景中发生的，一般而言，对沟通过程发生影响的背景因素有心理背景、环境背景、社会背景、文化背景等。其中对内部审计沟通影响较大的是环境背景，尤其是在什么场所进行沟通的问题。通常情况下，内部审计工作是在被审计单位进行的，被审计人员往往既存在一种显示“所有权”和“控制权”的欲望，又存在对审计人员的一种恐惧感，这些情绪都会影响沟通的顺利进行，甚至造成沟通的失败。为此，内部审计人员需要谨慎处理，不要提出超出审计工作范围的特殊要求，应当表示出合作的态度，学会控制环境因素，根据沟通的内容尽量选择公平的环境进行沟通，必要时再考虑运用权力。此外，在进行书面沟通时，内部审计人员不能控制收件人的环境背景，应当考虑信息接收者的方便，确定送达的时间和地点。

（五）学会倾听

倾听在有效的沟通过程中是至关重要的，但是在现实生活中人们往往无意中养成了很多不良的倾听习惯。例如，打断别人的说话；经常改变话题；只注意听事实，不注意讲话人的感情；在对方还在说话时就想如何进行回答；显得不耐心；假装注意力很集中；回避眼神交流；不停地抬腕看表等。对于内部审计人员而言，倾听的能力同样十分重要。内部审计人员也很容易在沟通的过程中出现不良的倾听习惯，例如，没有深入调查，就对讲述者的谈话妄加评论，对所观察到肤浅的表面现象不负责任的随意发表自己的观点。对审计工作中听到的一些无聊的、词不达意的、离题的讲话心不在焉，可是就在这些无价值的废话之中，可能有一些正是审计所需要的最有价值的信息。另外，内部审计人员天然具备的批评能力会促使他们去评论和反驳别人，而不是更多地进行倾听和理解讲话人所讲述内容的核心，所表达意思的倾向。这些在内部审计沟通过程中可能存在的不良倾听习惯必须得到内部审计人员的高度重视，内部审计人员需要不断地培养和实践良好的倾听习惯和技巧。

（六）发挥非语言的沟通作用

事实上，在沟通过程中，信息发送者说话的方式往往比说话的内容对信息接收者具有更大的影响，说话的语调和说话时的面部表情比语言本身提供的信息更多。有研究表明，语调和面部表情占所传达的全部信息的93%。实际的讲话内容仅占7%。由此可见，非语言沟通对于有效沟通的重要作用，它和语言沟通同等重要，两者相互补充，而不是互相排斥。非语言沟通包括目光沟通、姿势沟通、面部表情沟通、说话的语调沟通、衣着沟通等。例如，有信心的被沟通者喜欢用目光和面部表情表达自己的自信，以一种自我肯定的姿态进行沟通；或者通过用手或手臂作出正确的手势，表现出自己的坦荡和无拘无束。内部审计人员不仅需要充分利用非语言的沟通方式营造积极良好的沟通氛围，也需要认真观察和理解被沟通者非语言沟通方式所传达的情绪和思想。

（七）充分运用沟通中的反馈

许多沟通的问题是由于信息接收者未能准确地把握信息发送者的意思造成的。任何沟通都需要一个检测的环节以判断沟通是否达到了预期的目的，反馈就是这样的一种检测过程。反馈要求信息的接收者以某种方式对沟通过程作出回应，评价沟通的结果和自身的意见。反馈可以来自沟通的不同阶段，面谈中最初传递的信息首先得到反馈，随着沟通的进行，其他信息也不断得到反馈。例如，在面谈中，内部审计人员可以了解被审计单位是否准备依照审计人员的建议去做，或者承诺采取适当的行动。在面谈结束之前，内部审计人员可以再次寻求反馈，以了解被沟通者未来的行动计划。

综上所述，内部审计机构和人员在组织内建立一个积极的、建设性的人际关系氛围是非常有必要的，实现这个目标最简单的方法就是在人际交往和沟通中尽可能与对方达成共识。内部审计人员应当明确审计的最终目的并不是力图查出被审计单位存在的问题，内部审计人员的责任是在审计过程中与被审计人达成共识，为了组织共同的目标共同协商，采取措施纠正错误和防范风险，以期实现组织目标，为组织增加价值。当双方在沟通过程中发生矛盾时，内部审计人员首先应当与被审计人重新营造理解和合作的气氛，这就需要内部审计人员拥有非凡的人际交往技巧，在审计过程中使否定式感情投入最小化，肯定式感情投入最大化。

七、内部审计人际关系中的冲突管理

冲突是指由于某种差异而引起的抵触、争执或争斗的对立状态。人与人之间在利益、观点、掌握的信息或对时间的理解上都可能存在差异，存在差异就可能引起人们在社会交往中的冲突和矛盾。不管这种差异是否真实存在，只要一方感觉到存在差异就会发生冲突。根据人际关系中双方的合作意愿以及抉择过程，人际关系中的矛盾以及人际冲突可能表现为回避、对抗、妥协、迎合和合作等行为方式。在组织内部，内部审计机构和人员往往处于人际关系的焦点位置，面临着各种矛盾和冲突，为此内部审计机构和人员必须进行合理的冲突管理，针对各种矛盾和冲突，进行审计协调，并最终获得审计双方的满意，以降低审计风险和各种控制风险。

（一）内部审计人员人际关系冲突的原因

我国《内部审计具体准则第 2305 号》明确规定：“内部审计人员人际关系冲突的原因主要包括：①缺乏必要、及时的信息沟通；②对同一事物的认识存在分歧，导致不同的评价；③各自的价值观、利益观不一致；④职业道德信

念的差异。"

1. 缺乏必要、及时的信息沟通。沟通双方信息不对称是造成人际关系冲突的重要原因，而造成信息不对称的主要原因之一就是缺乏必要、及时的信息沟通。

2. 对同一事物的认识存在分歧，导致不同的评价。沟通双方往往站在不同的立场，出于对自身利益的考虑，对同一事物的认识可能会存在分歧，进而导致不同的评价，从而最终造成人际关系冲突。

3. 各自的价值观、利益观不一致。沟通双方如果一味地坚持自己的价值观和利益观，在价值观和利益观不一致时，必然导致人际关系冲突。

4. 职业道德信念的差异。沟通双方的价值观和利益观如果存在差距，就可能表现在职业道德信念上的差异，这一差异也会最终导致人际关系冲突。

内部审计人员可能片面追求发现被审计单位存在的问题，而被审计人员可能片面追求实现自身绩效最大化。由于内部审计将会揭示被审计单位存在的问题、工作中的失误或者失职渎职行为，而且这些不利的审计发现通常也会追查相关人的责任，因此，被审计人员通常会害怕在审计中发现的问题会对自身将来的工作鉴定产生不利影响，甚至会遭到非常严重的惩戒，对审计自然会形成一种受到威胁的感情反应。同时，被审计单位和人员也会认为，其本身有着全面、完善的控制和监督体系，内部审计人员没有必要不断审查他们的工作。很多被审计人员都会抱怨内部审计人员打乱了他们的正常工作秩序，也没有必要改变他们已经熟悉的常规工作方式，或是认为内部审计人员关注的内部控制降低了他们的工作效率。加之，一些内部审计人员总是在一种近乎神秘的气氛中工作，他们与被审计人员的谈话也好像一位法庭上的法官盘问一位带着敌意的证人。内部审计人员过分强调被审计单位和人员在工作中的缺陷和差错，甚至指责有过失的被审计人员，在这样的一种敌对气氛下，内部审计人员面临人际关系冲突显然是不可避免的。

（二）内部审计人员化解人际关系冲突的方法

我国《内部审计具体准则第 2305 号》明确规定："内部审计人员应当及时、妥善地化解人际冲突，可以采取的方法主要包括：①暂时回避，寻找适

当的时机再进行协调；②说服、劝导；③适当的妥协；④互相协作；⑤向适当管理层报告，寻求协调；⑥其他。”

内部审计的工作性质导致了内部审计冲突的产生，内部审计人员应当及时、妥善地化解人际关系冲突，可以采取的方法主要包括暂时回避以寻找适当的时机再进行协调，说服、劝导，适当的妥协，互相协作、向适当管理层报告以寻求协调等。

1. 暂时回避以寻找适当的时机再进行协调。在冲突产生的时候，双方情绪可能都不稳定，此时坚持进行沟通，反而可能会激化冲突，无助于问题的解决。因此，可以采取暂时回避的方法，待双方冷静时再做进一步的沟通。

2. 说服、劝导。冲突的产生可能源于双方对同一事物的认识存在分歧，也可能是由于双方的价值观和利益观不一致而导致的，此时内部审计人员应当从组织整体利益出发，坚持客观、公正的立场，进行说服和劝导。

3. 适当的妥协。问题的解决通常取决于多项外界因素，只能分步、分阶段地得到最终解决。当问题的性质较轻时，内部审计人员的过分坚持与挑剔会让被审计单位认为是吹毛求疵。此时，本着双方建立良好人际关系的目标，内部审计人员可以做一些妥协。但是，哪些情况可以作出妥协以及妥协的程度需要内部审计人员进行慎重的判断以免丧失原则和立场。

4. 互相协作。当冲突的产生是由于双方对于问题的解决方案难以取得一致意见时，内部审计人员应当争取能够与对方携手合作共同解决这一问题。

5. 向适当管理层报告以寻求协调。如果双方对于冲突的解决无法取得共识时，内部审计人员可以考虑向适当的管理层进行汇报，由上一级管理层根据组织利益最大化的原则进行协调处理。

综上所述，一个优秀的内部审计人员不仅应当时常学习审计的专业理论知识，还应当认真学习钻研审计中的人际关系处理技巧，认真处理好同被审计人员和组织其他各方的人际关系。在保持自身独立性和公正性的同时，最大限度地发展与被审计单位和人员的良好关系和融洽协作，使被审计人员充分认识和体会到审计是对其工作的帮助和支持，而不是一种威胁。只有处理好内部审计中的人际关系，才可以既帮助内部审计人员发现问题，出具恰当的审计报告，又可以使参与审计工作的每个人受益，最终树立内部审计人员积极良好的职业形象，圆满完成内部审计任务。

八、内部审计沟通的具体途径

内部审计机构和人员在处理人际关系的过程中，应当根据不同的沟通对象选择适当的沟通途径。

（一）与对内部审计工作负有领导责任的组织适当管理层进行沟通

内部审计人员应当积极、主动地与对内部审计工作负有领导责任的组织适当管理层进行沟通，可以采取的沟通途径主要包括：（1）与组织适当管理层就审计计划进行沟通，以达成共识；（2）咨询组织适当管理层，了解内部控制环境；（3）根据审计发现的问题和作出的审计结论，及时向组织适当管理层提出审计意见和建议；（4）发出书面审计报告之前，利用各种沟通方式征求组织适当管理层对审计结论、意见和建议的意见。

（二）与被审计单位进行沟通

内部审计人员应当与被审计单位建立并保持良好的人际关系，可以采取下列沟通途径获得被审计单位的理解、配合和支持：（1）在了解被审计单位基本情况时，应当进行及时、有效的沟通和协调；（2）在实施审计前，利用审计通知书与被审计单位进行书面沟通；（3）通过询问、会谈、会议、问卷调查等沟通方式，了解被审计单位内部控制、风险管理的情况；（4）通过口头方式或其他非正式方式，与被审计单位交流审计中所发现的问题；（5）在审计报告提交之前，以书面方式与被审计单位进行正式的结果沟通。

（三）与组织内其他职能部门进行沟通

内部审计人员应当与组织内其他职能部门建立并保持良好的人际关系，确保在以下方面得到支持与配合：（1）了解组织及相关职能部门的情况；（2）寻求审计中发现问题的解决方法；（3）落实审计结论、意见和建议；（4）有效利用审计成果。

（四）与组织外部相关机构和人员进行沟通

内部审计人员应当与组织外部相关机构和人员之间建立并保持良好的人际关系，以获得更多的认同、支持及协助。在内部审计的实施过程中也通常需要与组织外部的相关机构和人员进行沟通，例如与外部审计的协调、与外部专家的合作等。与组织外部相关机构和人员的良好沟通有助于在必要的时候获取他们的帮助和协作。

（五）内部审计机构内部的沟通

内部审计人员应当重视内部审计机构成员间的人际关系，相互协作，相互包容。内部审计机构承担的内部审计任务是由多个内部审计人员共同完成的，每个人员的分工虽然不同，但是每个人员的工作对于整个项目的完成都是至关重要的。为此，在内部审计机构内部必须建立良好的沟通机制以确保内部审计工作能够取得更高的效率和效果。

第二节　内部审计人际关系中的关系协调

内部审计机构和人员在处理人际关系的过程中应当积极、主动地做好下列关系协调工作：（1）与董事会或者最高管理层的关系协调；（2）与被审计单位的关系协调；（3）与组织内其他职能部门的关系协调；（4）与组织外部相关机构和人员的关系协调；（5）内部审计机构内部的关系协调。

一、与董事会或者最高管理层的关系协调

我国《内部审计具体准则第 2302 号》明确规定：“内部审计机构应当接受董事会或者最高管理层的领导，保持与董事会或最高管理层的良好关系，实现董事会、最高管理层与内部审计在组织治理中的协同作用。”

（一）与董事会或者最高管理层关系协调的基本要求

与董事会或者最高管理层的关系是指内部审计机构因其隶属于董事会或者最高管理层所形成的接受其领导并向其报告的组织关系。协调内部审计机构与董事会或者最高管理层的关系是为了保证内部审计的独立性，增强内部审计工作的有效性。

对内部审计机构有管理权限的董事会或者类似的机构包括董事会、董事会下属的审计委员会，或者非盈利组织的理事会。董事会作为公司的经营决策机构，是由股东大会选举产生的，它直接向股东大会报告，负责公司业务经营活动的指挥和管理。审计委员会是董事会下设的一个主要由非执行董事组成的专业委员会，其主要职责在于监督公司的会计、财务报告以及公司会计报表的审计。理事会是非盈利组织治理结构中非常重要的组成部分，可以为非营利组织提供政策上的指引，促进非营利组织与社区和公众的和谐关系，还可以组织筹资活动，提升非营利组织的声誉和信用。对内部审计机构有管理权限的最高管理层包括总经理以及与总经理级别相当的人员。

内部审计机构与董事会或者最高管理层的关系主要包括：（1）接受董事会或者最高管理层的领导；（2）向董事会或者最高管理层报告工作。内部审计机构负责人应当积极寻求董事会或者最高管理层对内部审计工作的理解与支持。在设立监事会的组织中，内部审计机构应当在授权范围内配合监事会的工作。

（二）接受董事会或者最高管理层的领导

我国《内部审计具体准则第 2302 号》明确规定："内部审计机构接受董事会或者最高管理层领导的方式主要包括：①报请董事会或者最高管理层批准审计工作事项；②接受并完成董事会或者最高管理层的业务委派。"

1. 报请董事会或者最高管理层批准的审计工作事项。内部审计机构应当向董事会或者最高管理层报请批准的事项主要包括内部审计章程、年度审计计划、人力资源计划、财务预算、内部审计政策的制定及变动。

2. 接受并完成董事会或者最高管理层的业务委派。内部审计机构除实施常规审计业务外，还可以接受董事会或者最高管理层委派的事项包括进行舞弊检查、实施专项审计、开展经济责任审计、评价社会审计组织的工作质量以及其他事项等。

（三）向董事会或者最高管理层报告

我国《内部审计具体准则第 2302 号》明确规定："内部审计机构应当与董事会或者最高管理层保持有效的沟通，除向董事会或者最高管理层提交审计报告之外，还应当定期提交工作报告，一般每年至少一次。"

内部审计机构的工作报告应当概括、清晰地说明内部审计工作的开展以及内部审计资源的使用情况，主要包括下列内容：（1）年度审计计划的执行情况；（2）审计项目涉及范围及审计意见的总括说明；（3）对组织业务活动、内部控制和风险管理的总体评价；（4）审计中发现的差异和缺陷的汇总及其原因分析；（5）审计发现的重要问题和建议；（6）财务预算的执行情况；（7）人力资源计划的执行情况；（8）内部审计工作的效率和效果；（9）董事会或者最高管理层要求或关注的其他内容。内部审计机构提交工作报告时，还应当对年度审计计划、财务预算和人力资源计划执行中出现的重大偏差及原因作出说明，并提出改进措施。

内部审计机构应当及时向董事会或者最高管理层提交审计报告，审计报告应当清晰反映审计发现的重要问题、审计结论、意见和建议。日常工作中，内部审计机构还应当与董事会或者最高管理层就下列事项进行交流：（1）董事会或者最高管理层关注的领域；（2）内部审计活动满足董事会或者最高管理层信息需求的程度；（3）内部审计的新趋势和最佳实务；（4）内部审计与外部审计之间的协调。

二、与被审计部门的关系协调

内部审计工作就是通过对被审计单位的检查、监督、评价和提供咨询服务，以促进其改进工作、防范组织风险，增加组织价值。因此，内部审计人员应当通过适当沟通，与被审计单位建立和谐的人际关系，在审计目的、审计取证、审计结论等方面取得其理解和配合。此外，对审计中发现的问题，尤其需要进行充分有效的沟通，建立相互信任的关系，在坚持原则的前提下对审计发现作出恰当的定性，避免出现人际关系紧张或个别人员产生抵触情绪而不予配合的情况，以利于分歧的解决。

内部审计人员与被审计人之间存在着潜在的人际冲突，导致这种冲突的原因可以概括成以下两种：一是被审计人员惧怕内部审计人员；二是内部审计人员自身的不当行为。由于部分被审计人员害怕内部审计人员在审计中发现问题并会对其不利，因而形成了双方潜在的冲突，这种冲突是被审计人员受到潜在威胁的感情反应。部分被审计人员认为内部审计人员没有资格不断审查其活动，也有被审计人员会抱怨内部审计人员打乱了其正常的工作秩序，不必要地改变了其所遵循的常规，几乎不理解内部审计人员所使用的专业术语等。内部审计人员的自身行为也可能引起一些误解，有些冲突的产生就是因为内部审计人员工作的方式、方法不当。一些内部审计人员过于强调被审计单位和人员的缺陷和差错，通常把缺陷与责备简单地联系在一起，经常对有过失的被审计人员点名批评。如果被审计单位不了解内部审计的职责与权利，就会造成对内部审计人员的误解，引起被审计单位与内部审计人员的人际冲突。为此，内部审计机构和人员需要很好地与被审计单位和人员进行有效的沟通，建立相互信任和理解的工作氛围。

内部审计人员同被审计单位进行沟通前，首先应当做好准备工作，包括调查了解被审计单位的业务状况、控制环境等。内部审计机构和人员采取的具体沟通方式应当根据不同的目的作出适当的选择和安排。例如，可以通过前往业务现场与工作人员进行口头对话进行了解，或以调查表等书面方式进行沟通；可以通过召开审计进点会议、交换初步意见会议等正规形式进行当面沟通，同时发送内部审计通知书、初步意见书等，并要求被审计单位出具相应的书面反馈意见；还可以在非正式场合以聊天方式取得审计线索等相关信息。沟通过程中，内部审计人员应当进行有关内部审计职能、审计目的、审计程序的宣传，以取得被审计单位的理解和认同，从而配合内部审计工作。对于审计过程中发现的问题，应当通过事实确认书等形式与被审计单位进行充分沟通，弄清事实，准确定性。

三、与组织内其他职能部门的关系协调

良好的外部审计环境是开展内部审计的重要前提和保障，建立并保持与组织内其他职能部门的良好人际关系也是至关重要的。内部审计机构在组织内部开展工作需要人事、财务、后勤等部门的支持与保障，需要从其他业务部门了解相关的制度规定或被审计单位的有关情况，还可能征求其解决问题的方法、意见等。因此，内部审计机构应当与组织内其他职能部门建立和谐、融洽的人际关系，以全面履行内部审计职责。

内部审计人员应当同组织内其他职能部门和人员进行积极的沟通和协调。首先，内部审计机构应当建立内部审计和组织内其他职能部门的沟通机制，例如内部审计机构可以指派人员参加各职能部门的业务会议；其他职能部门的重要事项或业务活动也应当邀请内部审计人员参加；内部审计机构可以召集组织内其他职能部门参加专项审计会议；可以抽调相关业务部门人员参加专项审计工作；相关职能部门起草的重要文件应当发送内部审计机构。通过组织内部的顺畅沟通机制建立内部审计机构和人员能够与组织内其他职能部门和人员的沟通成为组织内部的常规渠道。内部审计机构与组织内其他职能部门建立有效的交流磋商机制后可以与各职能部门进行双边交流磋商，就相关业务领域的风险管理和内部控制问题相互通报情况、交换意见。这一沟通机制的建立和不断完善，有利于内部审计工作的顺利开展，有利于更加充分发挥审计成果的作用，也有利于组织内部审计工作的转型与发展。其次，在开展每一个具体审计项目时，内部审计机构在审计前应当向组织内其他职能部门通报拟开展的审计项目并向其了解被审计单位的业务情况和内部控制。审计过程中对把握不准的问题，内部审计人员应当积极同相关业务部门进行咨询和探讨。审计结束后还应当将审计报告和整改意见同时抄送组织内其他相关职能部门，以强化内部审计成果的有效运用。

四、与组织外部相关机构和人员的关系协调

（一）与外部审计的关系协调

我国《内部审计具体准则第 2303 号》明确规定："内部审计与外部审计的协调是指内部审计机构与社会审计组织、国家审计机关在审计工作中的沟通与合作。"

社会审计组织是指会计师事务所，注册会计师依法接受委托，对财务报表是否按适用的会计准则和相关的会计制度的规定编制，在所有重大方面是否公允地反映财务状况、经营成果和现金流量等发表审计意见。国家审计机关是指代表国家依法行使审计监督权的行政机关，包括国务院和县级以上地方各级人民政府的审计机关。国家审计机关具有宪法赋予的独立性和权威性，对国务院各部门和地方各级人民政府及其各部门的财政收支，国有金融机构和企事业组织的财务收支的真实性、合法性和效益性依法进行审计监督。内部审计不管是与注册会计师审计还是与国家审计都是既有区别又有联系，各司其职，相互补充，相辅相成，共同构成了完整的审计监督体系。

内部审计是组织内部的自我监督和评价机制，属于组织管理层自我安排的自愿型审计，是根据本部门、本单位经营管理的需要自行安排的审计。注册会计师审计是接受组织所有者的委托，运用专业审计技术和方法，对组织财务报表的公允性发表审计意见的一种独立的审查监督活动，属于组织外部的社会监督机制。国家审计则是关注和审查各级政府部门、企事业单位的财政、财务收支的真实性、合法性和效益性，属于组织外部的国家监督机制。内部审计主要关注的是组织的微观经济效益，往往是从组织的利益出发评价其经济活动。内部审计可以帮助组织更好地规范自身的经济活动与财务收支情况，同时也可以积极地配合注册会计师和国家审计的工作，并接受注册会计师的评价和国家审计的业务监督及指导。内部审计作为组织内部的监督机制与作为国家和社会监督机制的国家审计和注册会计师审计在某些领域存在共同的关注点，在某些具体工作上也存在相同的范畴，因此，内部审计和外部审计就存在信息互通、资源共享的潜力，为此双方应当做好协调工作。

我国《内部审计具体准则第2303号》明确规定："内部审计应当做好与外部审计的协调工作，以实现下列目的：①保证充分、适当的审计范围；②减少重复审计，提高审计效率；③共享审计成果，降低审计成本；④持续改进内部审计机构工作。"

内部审计与外部审计的协调目标主要是监督组织经济活动的合法性和合规性，评价组织经营活动的效益性。不论是内部审计还是外部审计，对被审计单位经济活动的合法性、合规性和内部控制的有效性进行检查和评价，其目的都是为了帮助组织查缺补漏，提高管理效率。由于双方存在共同的关注点和相同的审计领域，外部审计就可以有效地利用内部审计的工作成果以提高工作效率，节约组织整体的审计费用，减少重复审计，提高审计效率。内部审计与外部审计在实现审计成果和信息共享的同时，内部审计还可以在外部审计的帮助下持续改进工作，实现为组织增加价值的目标。

我国《内部审计具体准则第2303号》明确规定："内部审计与外部审计的协调工作，应当在组织董事会或者最高管理层的支持和监督下，由内部审计机构负责人具体组织实施。内部审计机构负责人应当定期对内外部审计的协调工作进行评估，并根据评估结果及时调整、改进内外部审计协调工内部审计机构应当在外部审计对本组织开展审计时做好协调工作。"

内部审计与外部审计之间的协调，可以通过定期会议、不定期会面或者其他沟通方式进行。内部审计与外部审计的协调工作包括下列方面：（1）与外部审计机构和人员的沟通；（2）配合外部审计工作；（3）评价外部审计工作质量；（4）利用外部审计工作成果。

内部审计应当从知识层面、审计范围层面、审计工作底稿层面、审计结论和管理建议以及具体审计程序和审计方法层面与外部审计进行沟通：（1）在知识层面的沟通主要是指要经常交流工作经验、专业知识，讨论管理等方面的问题；（2）在审计范围层面的沟通强调的主要是明确双方的审计范围，外部审计在制定审计计划时应考虑双方的工作范围，以最大限度地减少重复性工作；（3）在审计工作底稿层面的沟通关注的主要是双方在审计工作底稿中记录的各种信息和取得的各种证据，以增加信息共享的领域，提高审计效率；（4）在审计结论和管理建议层面的沟通注重的主要是对双方已经形成的审计结论和管理建议的资源共享；（5）在审计程序和审计方法层面的沟通侧重的主要是对审计程序的安排和审计技术方法的应用，在发现问题时及时提请对方予以改进，以降低审计风险。

内部审计与外部审计应当在审计范围上进行协调，以配合外部审计人员的工作。在编制年度审计计划和项目审计方案时，应当考虑双方的工作，以确保充分、适当的审计范围，最大限度减少重复性工作。在条件允许的情况下，内部审计与外部审计应当在必要的范围内互相交流相关的审计工作底稿，以便利用对方的工作成果。内部审计与外部审计应当相互参阅审计报告。内部审计与外部审计应当在具体审计程序和方法上相互沟通，达成共识，以促进双方的合作。

我国《内部审计具体准则第 2307 号》明确规定："内部审计机构应当根据适当的标准对外部审计工作质量进行客观评价，合理利用外部审计成果。"

内部审计机构评价外部审计工作质量是指由内部审计机构对外部审计工作过程及结果的质量所进行的评价活动。内部审计机构适时对外部审计工作进行质量评价，可以在评估过程中发现问题，并及时提请和帮助外部审计及时纠正问题。内部审计机构在完成对外部审计工作质量的评估之后，也可以为充分地利用外部审计的工作成果以减少重复工作和提高审计效率创造必要的基础。

内部审计机构应当挑选具有足够专业胜任能力的人员对外部审计工作质量进行评价。评价外部审计工作质量，可以按照评价准备、评价实施和评价报告三个阶段进行。

在评价外部审计工作质量之前，内部审计机构应当考虑下列因素：（1）评价活动的必要性，如果外部审计工作与内部审计不相关，或者内部审计机构不打算利用外部审计工作成果，评价工作就没有必要进行；（2）评价活动的可行性，如果反映外部审计工作质量的证据无法获取，或者需要较高的收集成本，即评价工作的成本将超过不利用外部审计工作成果而由内部审计直接实施审计的成本，那么评价工作就缺乏可行性，也不需要进行；（3）评价活动预期结果的有效性，如果在评价活动前，内部审计机构对外部审计工作质量已存有疑虑，认为评价结果无法达到内部审计要求的可能性较大，内部审计机构就不需要进行评价。

在决定对外部审计工作质量进行评价后，内部审计机构应当编制适当的评价方案。评价方案应当包括下列主要内容：（1）评价目的，评价的主要目的在于利用外部审计工作成果；（2）评价的主要内容与步骤，评价的主要内容包括外部审计工作的具体内容及范围是否符合要求，外部审计所运用的程序、方法、依据及技术是否适当，外部审计机构及人员的资质是否符合要求等，评价方案中还应就评价的具体步骤作出详细说明，以对评价工作作出直接指导；（3）评价的依据，评价依据就是评价工作中所采用的标准，反映了内部审计机构对外部审计工作质量的要求；（4）评价工作的主要方法，评价方法既包括审核观察等一般方法，也包括与有关方面沟通协调等特殊方法，如果在评价方法运用上有特殊性，评价方案必须详细说明运用该方法的具体步骤和重要细节；（5）评价工作的时间安排，评价方案中应根据内部审计工作的需要和评价项目的复杂程度等各种因素，对评价工作的时间安排作出计划；（6）评价人员的分工，人员的分工要考虑各自的专业知识、业务能力以及工作经验。

内部审计机构应当取得反映外部审计工作质量的审计报告及其他相关资料。内部审计机构应当详细了解外部审计所采用的审计依据、实施的审计过程及其在审计过程中与组织之间进行协调的情况。如有必要，内部审计机构可以与外部审计机构就评价事项进行适当的沟通。

内部审计机构在评价外部审计工作质量时，应当重点关注下列内容：（1）外部审计机构和人员的独立性与客观性；（2）外部审计人员的专业胜任能力；（3）外部审计人员的职业谨慎性；（4）外部审计机构的信誉；（5）外部审计所采用审计程序及方法的适当性；（6）外部审计所采用审计依据的有效性；（7）外部审计所获取审计证据的相关性、可靠性和充分性。内部审计机构在评价外部审计工作质量时，应当充分考虑其与内部审计活动的差异。

内部审计机构在评价外部审计工作质量时，可以采用审核、观察、询问等常用方法，以及与有关方面进行沟通、协调的方法。内部审计机构应当将评价工作过程及结果记录于审计工作底稿中。内部审计机构作出外部审计工作质量评价结论之前，应当征求组织内部有关部门和人员的意见。必要时，内部审计人员也可以就评价结论与被评价的外部审计机构进行沟通。

内部审计机构完成外部审计工作质量评价之后，应当编制评价报告。评价报告一般包括下列要素：（1）评价报告的名称，例如“外部审计机构工作质量评价报告”；（2）被评价外部审计机构的名称，评价报告应说明被评价的外部审计组织的名称，必须写明该组织的全称；（3）评价目的，评价报告中必须说明内部审计机构评价外部审计工作质量是为了在哪些具体方面利用其工作成果，从而减少重复工作、提高审计效率；（4）评价的主要内容及方法，评价报告中必须说明评价外部审计工作质量所涉及的主要范围、内容以及所采用的评价程序、方法和评价依据等；（5）评价结果，评价报告必须说明内部审计机构的评价结论，包括外部审计工作质量是否符合内部审计要求，以及在哪些方面可以利用外部审计工作成果的说明等内容；（6）评价报告编制人员及编制时间。

（二）与外部专家的关系协调

我国《内部审计具体准则第2304号》明确规定：“内部审计机构可以根据实际需要利用外部专家服务。利用外部专家服务是为了获取相关、可靠和充分的审计证据，保证审计工作的质量。”

随着经济的快速发展，组织经营活动显现出多样性和复杂性的特点。内部审计在实施常规的财务审计之外，更注重的是实施管理审计。因此，内部审计不可避免地将遇到越来越多的特殊专业问题。如果内部审计人员不具备这些方面的技能和知识时，就必须聘请那些具备特定专业技能、知识和经验的机构或个人提供专业服务，以使内部审计在此基础上作出客观公正的审计结论。没有良好的人际关系，内部审计工作将无法顺利地进行，审计目标也无法实现。所以，在利用专家服务的过程中，内部审计人员需要与外部专家保持良好的人际关系。

我国《内部审计具体准则第2304号》明确规定：“利用外部专家服务，是指内部审计机构聘请在某一领域中具有专门技能、知识和经验的人员或者单位提供专业服务，并在审计活动中利用其工作结果的行为。”

当在内部审计过程中遇到特定资产的评估、工程项目的评估、产品或者服务质量问题、信息技术问题、衍生金融工具问题、舞弊及安全问题、法律问题、风险管理问题以及其他内部审计人员所遇到的难以决定、解决的问题时，可以由内部审计机构从组织外部聘请外部专家，也可以在组织内部指派。内部审计机构和内部审计人员可以在下列方面利用外部专家服务：（1）特定资产的评估；（2）工程项目的评估；（3）产品或者服务质量问题；（4）信息技术问题；（5）衍生金融工具问题；（6）舞弊及安全问题；（7）法律问题；（8）风险管理问题；（9）其他。

利用外部专家服务是为了获取相关、可靠和充分的审计证据，保证审计工作的质量。内部审计机构在利用外部专家服务时应分清外部专家与内部审计机构的职责。外部专家应当对其所选用的假设、方法及其工作结果负责；内部审计机构应当对利用外部专家服务结果所形成的审计结论负责。

内部审计机构聘请外部专家时，应当对外部专家的独立性、客观性进行评价，评价时应当考虑下列影响因素：（1）外部专家与被审计单位之间是否存在重大利益关系；（2）外部专家与被审计单位董事会、最高管理层是否存在密切的私人关系；（3）外部专家与审计事项之间是否存在专业相关性；（4）外部专家是否正在或者即将为组织提供其他服务；（5）其他可能影响独立性、客观性的因素。在聘请外部专家时，内部审计机构还应当对外部专家的专业胜任能力进行评价，考虑其专业资格、专业经验与声望等。

在利用外部专家服务前，内部审计机构应当与外部专家签订书面协议。书面协议主要包括下列内容：（1）外部专家服务的目的、范围及相关责任；（2）外部专家服务结果的预定用途；（3）在审计报告中可能提及外部专家的情形；（4）外部专家利用相关资料的范围；（5）报酬及其支付方式；（6）对保密性的要求；（7）违约责任。

内部审计机构在利用外部专家服务结果作为审计证据时，应当评价其相关性、可靠性和充分性。内部审计机构在评价外部专家服务结果时，应当考虑下列影响因素：（1）外部专家选用的假设和方法的适当性；（2）外部专家所用资料的相关性、可靠性和充分性。在利用外部专家服务时，如果有必要，应当在审计报告中提及。内部审计机构对外部专家服务评价后，如果认为其服务的结果无法形成相关、可靠和充分的审计证据，应当通过实施其他替代审计程序补充获取相应的审计证据。

五、内部审计机构内部的关系协调

内部审计人员是内部审计机构的细胞，内部审计机构的目标只有通过所有内部审计人员的合理分工并各尽其责才能实现，只有内部审计机构能够内求团结，才能外求发展。每个内部审计人员都直接代表着组织和内部审计机构的形象，内部审计机构成员间应建立并保持良好的人际关系，重视各成员间的人际关系、相互协作、相互包容，形成良好的团队精神。内部审计机构应当营造良好的人际沟通氛围，建立良好的人际沟通网络，将相关信息及时、准确地对所有的内部审计人员进行传达，使内部审计机构内部各层面的人员成为知情的参与者，促成内部审计人员之间的共识，产生激励作用，增强部门的凝聚力，实现预期目标。